主　编　陈井安

执行主编　杨　环

藏羌彝走廊研究

THE STUDY OF
ZANG-QIANG-YI CORRIDOR

（第四辑）

社会科学文献出版社
SOCIAL SCIENCES ACADEMIC PRESS (CHINA)

编 委 会

主　　　任：陈井安

委　　　员：（按姓氏笔画排名）

　　　　　　王　川　　石高峰　　任新建　　刘　勇　　孙　勇

　　　　　　巫　达　　张泽洪　　杨福泉　　赵心愚　　洛布旺丹

　　　　　　徐　平　　蒋　彬　　喇明清　　霍　巍

主　　　编：陈井安

本辑执行主编：杨　环

目　录

文化产业与旅游发展

加快高原牧区经济发展的几点体会[*]

加快高原牧区经济发展的几点体会[*]

王延中[**] 等

【内容摘要】 地处西藏高原腹地的阿里地区改则县，是全国海拔最高、面积最大、人口密度最小、基础设施最薄弱以及发展条件最恶劣的县域之一。该县虽然条件恶劣，但是作为高原牧区在改革开放四十年中还是取得了非常显著的成绩，本文对该县的实践经验进行总结，希望能给中国高原地区探索社会主义现代化道路提供一个鲜活的案例。

【关键词】 改则县　高原牧区　经济发展

阿里地区改则县地处西藏西部高原地区腹地，是全国海拔最高、面积最大、人口密度最小、基础设施最薄弱、发展条件最恶劣的县域之一。尽管条件十分艰苦，但这样一个高原牧业县在改革开放四十年中围绕"三牧"（牧业、牧区、牧民）现代化的主线，在新时代探索出了"六统一"的实践经验，为中国高原地区探索社会主义现代化道路提供了一个鲜活的案例。

一　改则县脆弱的发展基础和艰难的发展历程

改则县位于西藏阿里地区（素有"世界屋脊的屋脊"之称），全县平

* 本文根据"改则县改革开放 40 年发展经验"调研组调研报告压缩修改而成。调研组组长：王延中。成员：丁赛、方素梅、刘小珉、周静茹、于明潇、宁亚芳、吴春宝、杨春宇、殷丰收等。本文初稿由王延中、宁亚芳等完成，报告部分内容已刊发。

** 王延中，中国社会科学院民族学与人类学研究所。

均海拔 4700 米，最低海拔 4356 米，空气稀薄，气候干燥、寒冷，可以说是西藏乃至全国生产生活和工作条件最为艰苦的地区。改则县面积大、人口少、人口密度低，发展基础差。全县总面积为 13.6 万平方公里，草地面积 78706 平方公里，林地覆盖率 5.82%，水域湿地覆盖率 3.51%。草地面积总量不小，但受高原寒带干旱的季风性气候和地理环境影响，草地质量很差。全县年平均气温 0℃以下，平均降水不足 200 毫米，干旱，多大风，昼夜温差大，植被稀少，草场承载能力低下，牲畜存栏量和出栏量都不大，是典型的贫困落后地区。西藏和平解放初期，改则县人口不到 1 万，截至 2017 年底，总人口 25852 人。受制于恶劣的自然环境，改则县居民长期以来主要靠牧业维持生计。作为交通落后、生计困难的纯牧业县，改则县在教育、卫生等社会事业方面一直十分落后。在教育事业方面，受居住分散、牧业生产需要和教学设施、师资不足等因素影响，适龄儿童上学受教育的比例很低。在卫生事业方面，从整体上看，由于改则县的自然环境十分恶劣，生产生活条件差，社会公共服务不足，在很长时间内，改则县人均寿命只有 50 岁。20 世纪 50 年代末，改则县开始民主改革，自此党组织和基层组织逐步健全。正是在这种十分艰难的环境和条件下，改则县在党的领导下进行了现代化的艰难探索。

党的十一届三中全会的召开拉开了中国改革开放大业的序幕。改则县尽管地处我国西端边疆地区的高原腹地，属于当时改革开放的最末梢，但与全国其他地区一样，在改革开放的进程中不断探索实现现代化目标的路径。改则县改革的路径与内地农业地区既有相同之处，也有不同侧重。相同之处在于下放经营自主权。1980 年全面推进"五定一奖"（定草场、定畜群、定劳力、定产量、定报酬，超指标奖励）生产责任制，提高基层生产组织和牧民的生产积极性。1984 年"撤社建乡"，落实家庭经营责任制，实行"两个长期不变"政策（土地归户，自主经营长期不变；畜牧归户私有私养，自主经营长期不变）。这基本改变了民主改革以来建立的人民公社集体经营模式，恢复了传统的家庭经营体制。不同之处在于改则县为特殊的高原牧业区域，牧民群众依然实行集体牧场制度，以牧业作业组为单位，依据传统放牧习惯使用草场。全县于 1998 年开始草场围栏网建设，2005 年实施草场承包责任制试点，2006 年基本完成草场承包责任制。2008

年，改则县开展物玛乡夏秋季草场承包试点工作。按照"草场公有、承包到户、自主经营、长期不变"的原则，完成了草场承包的各项工作。针对草场承包之后的新问题，改则县 2009 年成立了 8 个农牧民经济合作组织，作为畜牧业发展的纽带。[①] 国家对牧区草场承包改革与生态环境保护给予了大力支持，按家庭人口和草场面积给予草场补贴。针对西藏特殊的发展环境，在改革开放过程中，国家给予了一定的特殊优惠政策。比如，按照 1980 年中央第一次西藏工作座谈会精神，免征牧业税，废除用工摊派任务，保障城镇职工居民基本生活供应，等等。1984 年和 1994 年中央第二次和第三次西藏工作座谈会，也分别实施了确保政策不变和扩大援助的一系列举措，希望西藏能够逐步缩小与全国平均发展水平的差距。这些特殊优惠与扶持政策一直持续至今，改则县也是这些优惠扶持政策的受益者。

改革开放以来，改则县经济规模不断扩大，产业类型日益多样化，就业结构与经济结构也持续发生调整与变革。"十二五"期间，全县共有 223 个规划项目，总投资 160246.9 万元，完成项目有 217 个（投资 155346.9 万元），其中基础设施项目 51 个（投资 28403.07 万元），农牧业项目 50 个（投资 15011.31 万元），教育项目 33 个（投资 8448.414 万元），卫生项目 14 个（投资 2626.27 万元），水利项目 10 个（投资 9390.52 万元），环保项目 10 个（投资 1072.596 万元），以工代赈项目 11 个（投资 1083 万元），维护稳定类项目 9 个（投资 2055.211 万元），交通项目 29 个（投资 87256.49 万元）。这些建设项目的重点不再仅仅聚焦于畜牧业，而是转向二、三产业，转向基础设施建设和社会公共服务事业。

调研发现，畜牧业仍是全县的支柱产业，绝大部分牧民依然从事放牧及畜产品粗加工，但第一产业的比重日趋下降。随着投资建设项目领域的拓宽，全县劳动力就业渠道和城乡居民收入方式也日益多元化。2014—2017 年，全县通过转移就业实现劳务创收依次为 309 万元、681.4 万元、788.5 万元和 1391 万元。[②] 改革开放以来改则县的经济产出和人均收入持

---

① 改则县地方志编纂委员会：《改则县志》中册。
② 数据来自改则县人力资源和社会保障局 2014—2017 年年度工作总结。

续增长，2017 年的农牧民人均纯收入按现价计算比 1980 年提高了 51.2 倍
（表 1）。

表 1 1980—2017 年改则县经济发展状况

年份	人口（人）	地方本级财政收入（万元）	农村生产总值（元）	农牧民人均收入（元）	第一产业比重（%）	第二产业比重（%）	第三产业比重（%）
1980	9988	25	206.6	187	—	—	—
1985	11729	16	573.5	443	—	—	—
1990	13400	244	938.4	619	93.5	0.04	6.46
1995	14634	350	3059.2	1417			
2000	16104	400	3033.4	1599	77.2	5.4	17.4
2005	19895	756	7312.3	1855	68.9	12.4	18.7
2010	22284	646	10479.1	3455	54.0	8.9	37.1
2015	25291	2344	34968.1	7940	36.4	15.2	48.4
2016	25349	2340	34968.1	8630	35.1	21.2	43.7
2017	25852	2621	30215.1	9769	38.8	15.1	46.1

资料来源：根据改则县统计局提供的《改则县 1990—2017 年历史数据汇编》、《改则统计年鉴 2016》、《改则统计年鉴 2017》和历年政府工作报告整理。

与全国相比，改则县的发展规模和收入增速并不十分突出，但是与逐水草而居的小规模游牧部落社会相比，改则县改革开放以来的发展变化却是惊人的。调研中不少干部群众表示，改革开放以来改则县的发展变化主要表现为两个方面。一是物质生活领域翻天覆地的变化。不论是交通、通信，还是牧民住房等日常生活的方方面面，当下改则县的物质条件已今非昔比。二是社会领域翻天覆地的发展。不论是学校教育、现代医疗卫生事业，还是公共文化事业、政府公共服务等，都在改革开放四十年中经历了从无到有、从有到优的发展过程。

改则县改革开放四十年取得的成绩是巨大的，翻天覆地的变化为现代化目标的实现奠定了一定的基础。但是，在改革探索和发展的过程中也面临着一些问题和挫折，这些问题和挫折主要表现为五个方面。第一，传统畜牧业的增长极限问题。尽管改则县的理论载畜量可达 120 万只，但该县的草场实际可利用面积无法承载理论载畜量。一方面，醉马草以

及虫害、疾病、气候灾害等制约了草场的可利用程度；另一方面，羌塘自然保护区的野生动物迅速增长对牲畜用草构成威胁，发展畜牧业与野生动物保护的矛盾上升。加之人工种草的面积和草产量也很有限，无法实现大规模种植。第二，生态环境保护力度不断加大对采矿业的发展形成很大制约。改则县境内矿产资源十分丰富，以砂金、硼锂矿、铜矿、盐湖等资源为主。早在 1992 年，改则县就拉开了全县矿产资源开发的序幕。矿产开采一直持续到 2005 年，改则县根据西藏自治区和阿里地区的有关规定，加强对生态环境的保护，对县内的矿产资源开采加强管理，全面停止了黄金矿的开采。而《西藏生态安全屏障保护与建设规划（2008—2030年)》和"建设美丽西藏"工作的推进，也使改则县矿产资源开采面临诸多制约。第三，劳动力素质不高，就业门路窄，外出务工经商难度大。长期以来，改则县牧民就业以家庭零散游牧生产为主，因游牧需占用大量家庭劳动力，牧区人口的受教育年限短。大部分牧业劳动力除拥有传统牧业技能外，缺乏参与现代农业生产、外出务工和从事服务业的劳动技能。第四，一家一户分散经营的局限性日益突出。家庭生产责任制的实施，让一小部分畜户或绝畜的牧民离开草场，不再从事畜牧业生产。随着就业形态的多元化，牧民收入的不稳定性增强，牧民之间的收入差距也逐步扩大，长期处于贫困状态的人口逐步增多。一家一户的牧民在市场竞争中的弱势地位突出，缺乏畜牧产品的市场定价权，缺少品牌意识，很难抗衡市场波动风险，增收难度加大。第五，特殊地区的社会维稳压力突出。西藏是特殊的边疆民族地区，处于反分裂斗争的第一线和前沿。改则县广大牧民受传统宗教和文化影响较深，文化程度不高，宗教信仰氛围较浓，抵御西方敌对势力、周边遏华势力和达赖集团分裂破坏势力的意识和能力不足。在全国快速发展而当地贫困人口脱贫难度很大的强烈对比下，当地牧民容易受外部环境影响，对社会稳定造成不利影响。为解决这些问题，改则县在该县物玛乡抢古村探索形成了以集体经济统一经营为核心特点的合作社牧业"六统一"模式，并且取得了显著成效。这一探索成为贫困牧区脱贫致富奔小康的一个突破口。

二　改则县专业经济合作组织的"六统一"模式

党的十八大以来，中央对西藏、四省涉藏州县、"三区三州"陆续采取了一系列特殊支持政策，国家和发达地区、大型央企国企也开展了多维度援藏，这为改则县提供了难得的脱贫致富奔小康的发展契机。在落实上述政策过程中，改则县充分发挥各级党组织的领导核心作用，围绕牧民增收和涉藏州县社会稳定的目标，以促进第一产业上水平和畜牧产业化为重点，积极引导牧民探索建设多种类型的专业合作经济组织，其中最典型的是抢古村①专业经济合作组织"六统一"模式。

经过前期的专业经济合作组织的探索实践，集体经济发展理念和思路逐步为改则县广大干群所接受，但是对分散经营的专业经济合作社的弊端也有所反思。2015 年，改则县将物玛乡抢古村列为牧区改革试点村，改革的主题是以合作社方式壮大村集体经济。针对以往单个牧民合作社规模小、经营粗放、抵御市场风险能力低、带动能力弱等问题，当地政府整合全村各类零散牧民专业合作组织，组建了抢古村牧民集体经济合作社。

抢古村牧民集体经济合作社以群众自愿为主，鼓励引导群众以牲畜入股、劳动力入股、联户放牧、草场流转的方式参与合作社运营。合作社按照"劳动力统一安排、草场统一管理、畜产品统一购销、经营收入统一分配、无劳力家庭和孤寡老人统一供养、在校生统一记分"（简称"六统一"）运作模式开展工作，促使传统粗放的牧业生产向科学化、集约化、规模化转变。2015 年抢古村牧民集体经济合作社入社成员有 71 户 256 人（剩余 15 户为常年在外经商的个体户、无畜户，仅户籍在抢古村），经营对象有 1 个施工队、1 个牦牛养殖基地、2 个集体茶馆、2 个集体商店、1 个农机修理厂、1 个象雄半细毛绵羊示范推广基地。

---

① 物玛乡抢古村位于改则县以西 50 公里处，1999 年撤区并乡后，设立村党支部委员会和村民委员会。抢古村下辖 4 个村民小组（阿热、萨布、尼玛龙、曲松玛），有 86 户 301 人。

（一）抢古村"六统一"经营模式的主要内容

1. 生产资料的集体化和规模化

抢古村牧民集体经济合作社的思路是，首先以畜牧入股、劳动力入股的方式实现全村畜牧业生产资料的集体化和规模化。合作社通过召开社员大会，确定抢古村牲畜入股人均 14 只（绵羊单位），其中个人股份占 40%，村集体股份占 60%。同时，将村内无畜户、个体户、搬迁户的闲置草场在依法、自愿、有偿的原则下流转给合作社，有效利用村内闲置草场资源。草场流转不仅避免了草场失管、失护、浪费等现象，还为村内无畜户、个体户、搬迁户提供了一定的经济收入。

2. 合作社管理工作的规范化

抢古村牧民集体经济合作社建立了《合作社管理办法》《合作社参股社员工分制、计分标准》《合作社社员入社申请登记》等规章制度，明确了组织形式和社员义务、权利等，由合作社成员集体选举出管理人员承担日常管理事务。这些实践进一步规范了合作社内部运营管理机制，加强了合作社管理人才的培养，提升了组织化管理水平和社员参与公共社会治理的能力。

3. 外部援助资源的整合利用

为提高外来扶持资源的使用效率，抢古村坚持"以规划统筹地点，以地点统筹项目，以项目统筹资金"的原则，建立了从规划编制、项目申报到资金使用的全程整合机制。2015 年以来，全村整合农牧、水利、扶贫等涉农项目资金 328 余万元，用于标准化牛圈、羊圈、人工种草等基础设施建设。此外，合作社将入社社员的草原生态保护补助资金进行整合，用于新建洗沙厂。得益于对项目资金和社员自有资金的整合，合作社的经营获得了县政府的担保，合作社申请银行贷款的额度显著提高。

4. 劳动任务的标准化工分核算

为增强社员自发参与合作社劳动的积极性，抢古村借鉴人民公社时期的工分制度，结合村内产业实际情况，确立了多劳多得的理念，并实行"劳动力统一安排"和劳动计工分机制。合作社会员大会确定，按不同工种设定计分标准：放羊 1 天计 16 分，放牛 1 天计 9 分，母羊或者母牛挤奶

1 天计 6 分，屠宰 1 只绵山羊计报酬 25 元，屠宰 1 头牛计报酬 100 元，施工队员工作 1 天计 17 分。对于学龄儿童和在校生则单独设立考核标准，每位在校生统一计 100 分。为保证学习时间，合作社不安排学龄儿童和在校生参加合作社的劳动，但是未上学或无故不上学的适龄儿童则不能参与合作社年底分红。工分制度的确立使多劳多得的理念深入人心，同时也为社员家庭的学生全身心上学提供了基本保障，解除了社员因家庭缺乏劳动力而阻碍子女接受教育的后顾之忧。这一制度是改则县落实扶贫、扶志与扶智的经验做法，在治理村民"等靠要"观念和行为方面发挥了很好的示范作用。

5. 劳动收入的统一按劳分配与共享

抢古村对合作社的收入统一进行按劳分配，实现人人参与劳动、共享劳动收益的收入分配机制。具体分配办法是：合作社年终纯收入的 82% 分红给社员，4% 用于扶持村内无劳力家庭和孤寡老人，6% 作为合作社管理人员的基本报酬，其余 8% 留作合作社的风险资金和周转资金。同时，村委会严格落实村务公开制度，对集体经济所有账目进行公示，大大提高了村民对"两委"班子的信任度。

（二）抢古村"六统一"模式的初步成效

1. 抢古村村民的收入显著增加

2013—2017 年，入社社员每年的人均收入（未包括政策性转移收入）分别为 7324 元、8215 元、10200 元、13094.58 元、14701.73 元。社员参与统一劳动的积极性和主动性显著增强。

2. 集体经济的经营规模不断扩大

抢古村养殖基地的牦牛数量由 2012 年的 74 头增至 2017 年的 314 头，象雄半细毛绵羊数量由 403 只增至 803 只。村集体商店的周转资金由 2014 年的 15 万元增至 2017 年的 50 万元，人工种草面积由 200 亩增至 1000 亩。

3. 富余劳动力多元创收局面基本形成

畜牧业实现规模化统一经营后，许多富余劳动力组建了劳务创收队伍。2017 年，抢古村 78 个劳动力从单纯的牧业生产中解脱出来，就近就便从事安居房、道路、围墙、温室等方面的施工，或从事服务业等行业，实现了单一收入向多元收入的突破，富余劳动力务工创收达 128.26 万元。

4. 入股分红的收入分配方式激活了牧民劳动的积极性

统一按劳分配和共享的收入分配方式，调动了社员勤奋劳动、积极创收的意识。按照"纯收入的82%分红给社员"的原则，2016 年入股社员户均分红 15501 元，最高分红 54240 元，最低分红 5971 元；2017 年入股社员户均分红 18903.9 元，最高分红 59318.15 元，最低分红 5365 元。

5. 老有所养，幼有所教，新增集体经济保障

合作社对全村无劳力家庭和孤寡老人提供统一的收入保障，2016 年全村 22 名无劳力家庭成员和孤寡老人每人分红 3734 元，2017 年每人分红 4388 元。这一做法避免了无劳力家庭和孤寡老人返贫现象的出现。为深入贯彻国家教育相关政策，合作社以鼓励和支持送子女入学为出发点，确定给每位在校生给予照顾性的工分 100 分。2016 年 1 工分折合 11.36 元，每名在校生分红 1136 元；2017 年 1 工分折合 11.5 元，分红 1150 元。总体而言，抢古村自行组织的收入再分配，壮大了村集体的民生保障功能，为牧民提供了来自村集体的补充保障，构建起多层次的社会保障体系。

6. 村内草场资源获得有效利用

统一经营的集体经济带动了村内草场流转，使闲置草场得到有效利用。这既提高了全村畜牧业的规模化水平和产能，又增加了流转户的收入。2017 年，全村草场流转金额为 47935 元，平均每户每年获得草场流转租金 3195.67 元。

三　高原牧业地区加快经济发展的一些体会

改则县在推进牧区改革试点过程中，除了在抢古村实行"六统一"模式之外，还在古姆乡珠玛日村念塔组实行了"联户放牧""帮扶牧场"等模式，各乡镇也在牧区改革总体要求的基础上参照抢古村和珠玛日村念塔组进行了发展集体经济的试点。但从目前各种集体经济的运行效果来看，抢古村"六统一"模式是比较有效的西藏畜牧业现代化发展路径。集体经济合作社统一经营涉及援助资源统一整合、劳动力统一安排、收入统一分配、草场利用统一管理、老幼统一保障，在推动牧民解放思想、传统游牧生产方式转型、生产资料优化配置、牧业现代化等方面都发挥了基础作用。对改则县进行调研后笔者有如下一些体会。

（一）党组织的引领示范是合作经济组织健康发展的根本保证

改则县的牧区改革试点工作得到了各级党组织的高度重视和支持。按照《自治区关于全面推进农村改革发展的意见》《中共阿里地委办公室关于转发〈昌都市卡若区阿里地区改则县自治区级农村改革试验方案的批复〉的通知》要求，改则县委、县政府制定了《改则县牧区改革工作实施方案》，出台了各项规章制度，同时县委、县政府领导多次下村调研和指导，深入推进牧区改革各项工作。在合作社具体运行中，村"两委"班子根据集体经济合作社经营范围，设立多个党小组，充分发挥党员先锋模范作用，党员与群众共同劳动。在共同劳动中，党员一方面带领社员解放思想，传授生产管理技能；另一方面，在收入分配时主动发挥让利于民的先锋模范作用，帮扶其他牧民家庭实现较快增收。在这一过程中，党组织的威信显著加强，群众对党组织的信任度极大提升。改则县党组织在牧业现代化改革中发挥了积极引领示范作用，很大程度上得益于藏族精英人士入党的比例较高。民族精英身份和共产党员身份的重合，能够更加有效地将政府投入的资源和本地资源进行结合，将地区发展与牧民获益进行结合，实现共赢局面。这是改则县在新时代坚持深化改革开放应当继续落实的经验。

（二）在脆弱的环境中发展集体经济的做法值得重视和推广

以抢古村为代表的集体经济合作社"六统一"模式探索，是在改则县人地资源矛盾突出，传统家庭独立放牧生产效率低下，牧民市场化意识、能力薄弱和增收难度大等现实背景中进行的。改则县集体经济"六统一"模式从本质上改变了传统家庭零散游牧的生产方式，组织化、规模化的牧业生产方式改变了以往单个牧民无法抵御自然灾害的状况以及遭遇自然灾害后无法开展救灾的困境。这种生产风险抵御机制的转变带动了牧民生活风险抵御机制的改变。一方面，集中居住和生产可以更好地组织动员大众参与，大大降低救灾的成本、提高救灾效率；另一方面，"六统一"模式中无劳力家庭和孤寡老人得到统一供养，牧民因此在生活层面新增了一道老年贫困风险保障机制。改则县集体经济合作社不仅实现了经济功能，也在实际运行中发挥了许多社会治理功能。发展集体经济符合各级党委、政府对本地发展的期望，也是特定条件制约下改则县牧民在市场夹缝中求生存、谋发展的积极探索。从经济生产功能来看，集体经济统一经营完善了风险抵御机制，并实现增收。共同富裕的理念在集体经济收入分配中得到强化，充分体现了改革发展成果共享的理念。在社会主义市场经济体制下，集体经济"六统一"模式把牧民的经济利益和牧区的社会和谐发展有机融合起来，实现了牧民进入市场的组织化。集体经济合作社对防止出现"等靠要"、不赡养老人等现象发挥了一定的积极作用，对宗教活动也能进行有效管理。实行集体经济统一经营和发展，是一种"低成本、高效率、多功能"现代化模式的探索。当然，改则县的牧业现代化处于起步初期阶段，采取"六统一"模式是符合该县历史文化背景和当前发展条件的。这些条件不是所有同类地区的村落都具备的，其实各地也不需要照搬。我们可以把改则县抢古村的发展作为高原牧业现代化道路探索的一种类型，是高海拔地区探索牧业现代化的一个新鲜案例。

（三）需要进一步整合提升集体经济合作社的经济发展动能和综合功能

改则县自改革开放以来依托本地干群的艰苦努力和外部资源援助，实现了经济社会发展的重大进步。但是受制于地理位置偏远和本地传统牧业生产观念根深蒂固，改则县经济市场化程度并不高。惜杀惜售、以存栏量为财富衡量标准等观念长期制约着牧民参与社会主义市场经济的积极性和能力的培育。改则县以发展集体经济统一经营的方式，通过提升牧业生产活动的组织化、畜牧业产品的规模化，来提升牧民对外来帮扶资源的充分整合与利用，进一步发展则需要在如何提升内部市场化水平、协调发挥好合作社多种功能等方面有新的探索。

（四）有效对接外部资源并把外部援助转化为内生发展动力至关重要

伴随着改革开放、西部大开发、对口援藏、扶贫开发、兴边富民、退牧还草等一系列战略措施，西藏经济社会发展成效显著。随着精准扶贫和援藏工作的深入推进，党的十八大以来的五年间，西藏全区地区生产总值突破千亿元大关，年均增长 11%；五年累计完成固定资产投资 5745.86 亿元，年均增长 24.7%，高出全国 10.4 个百分点；地方财政支出年均增长 15.1%。2016 年农村居民人均可支配收入达 9094 元，城镇居民人均可支配收入达到 27802 元，五年年均增长分别为 12.4%、10.9%。① 2017 年，西藏全年完成一般公共财政预算收入 185.83 亿元，同比增长 19.4%。全区城镇居民人均可支配收入 30671 元，同比增长 10.3%；农村居民人均可支配收入 10330 元，同比增长 13.6%。② 这些成绩的取得，一方面得益于外部资源的大量注入，另一方面离不开当地干部群众的奋斗。近几年西藏经济发展的历程告诉我们，广大农牧民必须调整、改变甚至放弃传统的生产生活方式，逐步走向现代化发展道路，把外部资源、压力转化为内生发展动力。这一步迈出之后，将进一步夯实西藏地区现代化的基础，启动和加快这些地区现代化进程。但不可忽视的是，西藏地处我国西部边疆，地理位置、自然环境等多方面因素综合决定了西藏的现代化道路充满艰辛和不易。西藏及涉藏地区实现社会主义现代化所拥有的基础与面临的约束条件与其他地区不同，仍然需要持续探索实现现代化的路径与办法。

（责任编辑　郭利芳）

---

① 《五年来西藏经济社会发展综述：一份漂亮的成绩单》，中国西藏新闻网，2017 年 10 月 20 日，http://www. xizang. gov. cn/xwzx/jjjs/201710/t20171020_146521. html，最后访问日期：2018 年 6 月 20 日。
② 《2017 年西藏自治区国民经济和社会发展统计公报》，中国西藏网，2018 年 4 月 15 日，ht-tp://mini. eastday. com/bdmip/180415114355972. html，最后访问日期：2018 年 6 月 20 日。

四川涉藏州县精准扶贫"退出村"后续发展面临的约束维度探究[*]

沈茂英^{**}

【内容摘要】 四川涉藏州县是"三区三州"深度贫困地区的重要组成部分，是全省最大的连片贫困区，集深度贫困地区、民族地区、重点生态功能区于一体，面临着生态保护与脱贫攻坚两大重点任务。在经过持续精准扶贫之后，已有贫困县摘掉了"贫困帽"，贫困村退出了"贫困村"名录，贫困户成功实现了"脱贫"，即县（贫困县）摘帽、村（贫困村）退出、户（贫困户）脱贫。本文以大渡河上游地区为例，研究精准扶贫"退出村"后续发展面临的诸如基础设施与公共产品持续维护、村级治理与集体经济发展、留村人口老龄化与劳动力高龄化、地方品种保护与外来引种和野生动物肇事赔偿不足等相关问题。

【关键词】 精准扶贫　"退出村"　约束维度　支持策略

一　研究背景

四川涉藏州县独特的自然环境与地形地貌，塑造了区内独特的地域文化与生产生活形态。在这个区域，看不见的变化同时存在于环境与社

---

* 本文系四川省软科学课题、2019 年度软科学项目"四川藏区精准扶贫退出村深度调查与后续支持研究"阶段性成果。

** 沈茂英，四川省社会科学院。

会经济之中，尤其是环境，几乎看不到地形地貌的改变，但根植于环境之中的村寨生产生活方式却在变化之中，这种变化带着浓浓的自然环境属性，是自然环境塑造之结果。社会经济的不断变化同样影响着自然环境，推动着环境生态保护的开展。自然环境与社会经济的相互作用与影响，客观上形成了四川涉藏州县乡村村寨特有的生存发展形态，以及"取之于自然，用之于自然"的自然环境支撑型生存策略。来自自然生态环境（包括山地农牧林）的产品在农户家庭中占据着绝对比重，形成了独特的现金收入低、食物构成多元、资产类型多样的高原山地生存文化模式。以现金收入、恩格尔系数、非农技能、受教育年限、通达性、公共服务等现代文明指标来衡量，这一地区无疑是社会经济发展的低谷区，① 与高耸的地势形成了鲜明对照，"一低一高"彰显出涉藏州县独特的环境和社会经济关系，也使四川涉藏州县成为四川境内面积最大、贫困成因最复杂、生态功能最显著的深度贫困地区。

　　四川涉藏州县长期持续性贫困，既是 21 世纪初的特殊类型贫困区，也是 2011 年的连片贫困区，又是 2017 年的"深度贫困地区"。② 到 2020 年彻底消除农村贫困问题，完成"县摘帽、村退出、户脱贫"，实现贫困人口"两不愁三保障"③。贫困村④是精准扶贫的重要瞄准对象，针对贫困村

---

① 据统计，2018 年，甘孜州农村居民人均可支配收入为 11555 元，其中工资性收入 2073 元，经营性净收入 7723 元，财产性净收入 160 元，转移性净收入 1599 元。四川省农村居民人均可支配收入 13331 元，其中工资性收入 4311 元，经营性净收入 5117 元，财产性净收入 379 元，转移性净收入 3524 元。可见，甘孜州农村居民在工资收入、转移性净收入两项上，还远远落后于全省平均水平；经营性净收入远高于全省平均水平，也证明这一地区农民生产生活依托于自然生态的特点。

② 2017 年 11 月印发的《关于支持深度贫困地区脱贫攻坚的实施意见》，明确将四省涉藏州县确定为"深度贫困地区"。

③ 《中国农村扶贫开发纲要（2011—2020）》提出，到 2020 年稳定实现农村贫困人口不愁吃、不愁穿，农村贫困人口义务教育、基本医疗、住房安全有保障，同时实现贫困地区农民人均可支配收入增长幅度高于全国平均水平、基本公共服务主要领域指标接近全国平均水平，简称为"两不愁三保障"。

④ 按照《甘孜藏族自治州农村扶贫开发管理办法》，贫困村是指无集体经济收入、农牧民人均可支配收入明显低于全省平均水平、贫困发生率明显高于全省贫困发生率的村，由政府部门通过上述指标进行识别、审定。贫困村由村民委员会申请，经乡镇人民政府初审公示、县（县级市）级人民政府审查公示、州级农村扶贫开发行政主管部门审核，报省级农村扶贫开发行政主管部门审定，由县（县级市）级人民政府公告。

的扶贫在 2005 年后农村扶贫开发 "一体两翼" 战略中就得到体现，"一体" 就是以重点贫困村为扶贫开发实施主体，"两翼" 是产业扶贫和劳务输出扶贫，在全国范围内确立 14.8 万个贫困村。进入精准扶贫战略实施期，特别是 "两办" 关于支持深度贫困地区脱贫攻坚的实施意见出台之后，贫困村的脱贫帮扶力度增加，帮扶机制不断完善。贫困村在驻村工作组与结对帮扶单位的支持下，制定了因村施策的脱贫攻坚与振兴规划，贫困村的脱贫攻坚进入快速发展期，精准扶贫 "退出村" 数量不断增加，到 2019 年底基本完成贫困村的退出。退出贫困的村落，将迈入乡村振兴和持续发展之路。

地理决定论已经被主流学术所抛弃，但正如联合国《2030 年可持续发展议程》以及《全球环境展望之六》所指出的，不同环境塑造了不同的地域文化，形成了具有环境烙印的文化生活与社会经济特点，① 而贫困又总是与自然生态环境相关联，来自环境的生态产品支持贫困村落贫困人口并形成贫困群体特有的生存特征。四川涉藏州县是一个具有巨大生态价值和生物多样性富集的区域，地势高耸、水系密集、气候寒凉、耕地破碎，成就了极低的人口分布密度和与此相适应的生产生活方式。一方面，极少变化的自然环境，慢慢铸就了适应环境的生产生活方式与地域文化，形成了独特的居住形态、建筑风格，人们或择高山夷平面而居，或逐水草而讨生活；另一方面，不断变化的社会经济与文化，也在改变着自然环境设定，通村通组道路乃至入户路改写了村落农户闭塞孤岛般的生活，村落与外界的商品流、信息流以及人口流动不断加快，继而影响自然环境条件。涉藏州县不变的，是地形地貌气候降雨等自然要素；变化的，是基础设施的完善、生存策略的不断重组构建、内外要素流动的加速、公共服务的不断完善等。人与地的关系、业与地的关系在变与不变之间调整适应。贫困村的成功退出代表精准扶贫的结束，退出之后的村落将开启新的发展目标，自然会面临着新的挑战和适应新的发展环境。尽管退出贫困之后，其自然环境设定并未发生根本变化，但社会经济文化因素却在不断变化之中。

① UN Environment, Global Environment Outlook（GEO-6）: Healthy Planet, Healthy People, https://www.unep.org/resources/global-environment-outlook-6.

二　田野观察：大渡河上游流域的两个贫困"退出村"

（一）大渡河上游流域界定

大渡河①上游在四川境内，指泸定县以上区域，在行政区域上由壤塘县、马尔康市、金川县、小金县、丹巴县、康定市等组成，是滑坡、泥石流等灾害发生次数最多的区域，也是横断山腹心之地，还是生物多样性最为丰富的地区。大渡河上游丹巴县城以上干流是大金川河，在丹巴县城接纳小金川河后，始称大渡河，丹巴县城因此而成为"大渡河上第一城"。大渡河上游地形地貌复杂多样，发育着横断山区最典型的干旱河谷区，以高山深切地貌为主。据中国科学院青藏高原综合科学考察队编写的《横断山区干旱河谷》一书介绍，大渡河上游的高山深切地貌在不同的地段表现出明显的差异，其中"周山—金川—安古塘—巴底"的上段部分"宽谷窄谷相间"，下段部分为"窄谷峡谷"；在"巴底—鸭包"段，则表现为"峡谷间窄谷"；在"牛厂—小金—小水沟"段，为"峡谷间窄谷"；在"江咀—泸定—德威"段，为"宽谷窄谷"。② 因而，丹巴的地形地貌，是"全世界绝无仅有的、最独特的地形地貌"，③ 堪称"地学博物馆"。

高山深切地形地貌，不仅为滑坡、泥石流等自然灾害提供了自然条件，也影响到城乡聚落的分布。地貌深切，人口分布多在高山夷平面，高山村寨多、河谷村寨少。高山村寨出行不便，村落形态相对封闭，村落人口生存更多依存于对自然环境的攫取而形成一种自给型自然经济。特殊的自然环境，也形成了特殊的经济活动与文化生活方式，封闭、自给自足等

---

① 小金川和大金川在丹巴汇合后称大渡河，丹巴是大渡河的起点。在地貌上丹巴属大渡河高山峡谷地带。这里的谷岭高差普遍在 2000 米以上，并且具有圈层性地貌形态。以丹巴章谷镇为中心，向外圈山体高度逐渐加大，高山、极高山位于边缘，中山则位于章谷镇周围。大金川、小金河、大渡河、东谷河与革什扎河以县城为中心，以 30 公里为半径，呈放射状散开，状若一朵盛开的梅花。参见李忠东、谭祎波《横断山的典藏胜景——丹巴》，《天下四川》2017 年第 8 期。

② 中国科学院青藏高原综合科学考察队：《横断山区干旱河谷》，科学出版社，1992，第 33 页。

③ 李忠东、谭祎波：《横断山的典藏胜景——丹巴》，《天下四川》2017 年第 8 期。

成为高山村寨独享的生存文化符号,代表着一种与现代社会发展完全不同的原生性贫困。缺水、可达性差是这些村寨的共有符号,现金收入低、农畜林产品商品率低、受教育年限少等几乎适用于每个村寨。基于改善可达性、公共服务、现金收入、集体经济等的精准扶贫策略在大渡河上游贫困村实施,2020 年实现全部贫困村退出和贫困人口脱贫。

(二) 高山农牧村——NZ 村

NZ 村,丹巴县东北部,距离县城 50 公里,距乡政府驻地 17 公里,属小金川河支流三岔沟流域。由 3 个村民小组 70 户农户 269 人组成,其中羌族人口占总人口的 80%以上。有耕地面积 370 亩,退耕还林面积 703.5 亩,草山面积 1.45 万亩,管护的森林面积 4.162 万亩,为农业和牧业兼有的村落。纯牧户 12 户 48 人(归属第三村民小组),农牧户(兼有少量放牧业,以奶黄牛为主)58 户 221 人(分属第一、二村民小组)。第一、二组人均耕地面积 1.67 亩、退耕还林面积 3.17 亩。

村内户籍人口中,60 岁以上村民 43 人(占总人口的 16.0%),其中 80 岁以上高龄老人 3 人(均为女性,最年长的 87 岁);17 岁及以下 74 人,占总人口的 27.5%;18—59 岁村民 152 人(其中学生 19 人,病残 13 人)。全村常年外出务工者(含自己开店创业)80 人(占劳动力总数的 66.7%)。村民重视教育,历年通过考学途径参加工作的人员有 30 余人。[①]村民认为"再苦再累也不能让小孩失学回家,女娃也一样"。牧业组有 4 户在县城购房,以照顾在县城上学的孩子。

传统粮食作物为小麦、胡豆、豌豆、洋芋、青稞、甜荞;主要经济作物为高山蔬菜、大蒜,[②]经济林木有苹果、核桃、花椒等;名贵药材有大黄、虫草、羌活、一枝蒿等;[③]畜牧业以牦牛、羊、藏猪为主。近两年脱

---

① 丹巴农户特别鼓励孩子上学,从丹巴考出去并在甘孜州 18 个县(县级市)中工作的人很多,回乡置业购房的人也很多。丹巴县城普通商品房售价超过 6000 元/平方米,贵的甚至达到 8000 元/平方米。

② 虽是经济作物但以自食为主。村民对蔬菜、大蒜的种植较为粗放,忽视蒜薹价值,也不会打蒜薹。在他们的传统认知中,打蒜薹影响大蒜的产量和品质。实际上,打蒜薹会促进蒜头生产、提高蒜头产量。

③ 这些药材都是野生的,村民未曾进行驯化栽种。2016 年开始尝试对村内野生的一枝蒿、羌活、大黄等进行栽培种植。

贫的主推增收致富作物为大蒜、一枝蒿、羌活、大黄、花椒，增收畜禽产品为牦牛、藏猪等。外出务工是村民最主要的收入来源，全村有 30 余户家庭在丹巴县城、康定市、乡政府驻地置业。每年 5 月开始挖虫草、6—8 月捡菌类、秋季挖药材，以自食和出售两种方式处置山货，出售所得现金是留守村民家庭的重要现金来源。虫草采集几乎是牧业组的专利，户均收入在 2 万元左右。

NZ 村是 2014 年确定的贫困村，当年有建卡贫困户 13 户 56 人（其中有 13 人为肢体残疾），贫困原因有残疾、疾病、学业以及发展动力不足、缺资金和技术等。村级贫困源于地理区位偏远和高海拔所带来的交通不便（出行难）、公共服务落后（生活用电、电信、宽带）、零集体经济（或空壳村）、贫困发生率高、就业途径单一等。以出行难为例，最近点村活动室（一组）到乡政府驻地 17 公里①，2017 年通村公路修通前有 11.5 公里是土路，农户出行必须依靠步行，且要用背篓背生活用品，有条件的家庭（外出务工家庭、小孩上学家庭）纷纷在县城和乡集镇购房置业。再看通信通电，村域范围内大部分地方没有移动信号（电信信号也比较弱）。2017 年该村已通过验收并退出贫困村序列，但牧业组 12 户（常住户 8 户）还没有通电，仍有 13 公里道路为土路。

表 1 2014 年 NZ 村人口基础信息

村组	农户（户）	农户人口（人）	建卡贫困户（户）	建卡贫困户人口（人）	距村活动室（公里）	开店户（户）	开店占比（%）
一组	32	113	5	23	0（村委会所在地）	10	31.3
二组	26	108	4	19	3.5（硬化路）	11	42.3
三组	12	48	4	14	16（含 3 公里硬化路）	3	25.0
合计	70	269	13	56	—	24	34.3

资料来源：根据驻村第一书记提供的材料、座谈等整理而成。

NZ 村三个村民小组由近及远散落在小金川河支流山岔沟水源涵养区。海拔最低（3200 米）的一组是中心，聚集农户最多、人口多；二组距离村

———
① 从乡政府到调研村（NZ 村），海拔从 2200 米抬升到 3200 米，硬化道路有 17 公里。

活动中心3.5公里,海拔3300米;三组距离活动中心16公里,海拔最高(3500米以上)、人口最少且以放牧为主。全村70户有24户在积累了务工经验后开店创业和置业,开店农户占农户总数的34.3%,二组(中梁子)更是超过42%,①带动约50名劳动力在这些店就业。在24户创业者中,还有6位女性,涉及的领域包括饭馆、洗车保养、美发等。牧业组则是富与穷的复合体。全组12户48人,存栏牦牛500余头,其中九龙种牦牛24头(户均2头)。牦牛3年出栏,平均体重在250公斤,每头牦牛售价在5000元左右。牦牛放养,基本不需要什么饲料等投入,仅在冬季喂点盐巴即可。牧业组的贫困主要表现为住房条件差、距离村级活动室路程远(16公里)、不通电等。除牦牛养殖收入外,这个组还有虫草、菌类等经营收入。用驻村工作组和村支书的话来讲,牧业组是该村最富裕的也是最穷的组,穷在不通路、没有电、距离村级活动室远,富在收入多元且人均占有资源多。

(三)干旱缺水——GZ村

GZ村是水子乡②境内海拔高、气候干暖、水源短缺、交通不便的一个藏族村寨,由四个村民小组构成,即拥波寨、河坝组、奔马寨、白呷纳寨。其中,河坝组位于东谷河下游河畔,有30余户,距离乡政府2—3公里,是区位条件最好的村域地灾搬迁重点接纳地;拥波寨是条件最艰苦、海拔最高的寨子,有户籍11户,其中常住农户2户(且为留守老人),其余9户都分散安置在乡政府附近以及河坝组;奔马寨和白呷纳寨相距1公里,合计有62户。村委会驻地(村级活动室)位于奔马寨内,海拔2540米,白呷纳寨距村级活动室不到1公里,拥波寨距离5公里,河坝组距离逾8.7公里(图1)。全村2017年底有92户365人,③分散在海拔1900—

① 二组中梁子生存条件较差,承受着地质灾害威胁,地下出水点多,对农户房屋形成威胁;海拔较一组高100米,耕地地力不如一组。这个组农户外出多,在外置业的也多。
② 水子乡,位于丹巴县城西南,因境内水子坝盛产水子米而得名。乡政府驻地距离县城3公里,地处东谷河下游,由10个村民委员会组成。耕地主要分布在东谷河两岸和半山腰。
③ 据书记介绍,他1979年担任村主任,1992年担任支部书记,一直以来,村内人口总量增加并不明显。1979年全村有57户不到300人(书记说,确切数据记不清楚了);1992年为60户300人左右;2017年为92户365人。户数增加较多但人口增长并不明显,户数增加是分家所致。

2700 米的东谷河岸，正处于降水量最少（660—700 毫米）的海拔带，加上地处东谷河的阳坡面，降水量偏低。GZ 村是 2014 年确定的贫困村，当年有建卡贫困户 14 户 70 人，主要集中在奔马寨和白呷纳寨，2017 年完成脱贫，2018 年成功退出贫困村序列。

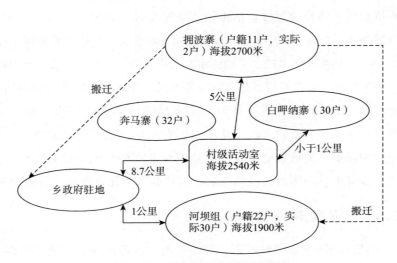

图 1　GZ 村各村民小组位置关系

GZ 村林草地资源相对丰富，有林地面积 7000 多亩，草山面积 6000 余亩，耕地面积 223.57 亩（人均耕地面积不足 1 亩），退耕还林面积 535.8亩（人均 1.5 亩左右），户均草原奖励补偿面积 38.6 亩（据此计算，全村纳入草畜动态平衡的面积为 3551.2 亩），呈现出人与耕地资源关系紧张状态。全村草原生态奖补补助为户均 96.5 元；公益林（森林生态效益）补助为人均 150 元/年。由于森林草地以生态保护和放牧为主，森林副产品（如菌类、药材等）资源偏少，GZ 村无菌类药材销售收入。全村以户为单位估算，户均饲养黄牛 3 头左右，主要用于挤奶和犁地。受制于干旱气候，在每年的 2—3 月，奶黄牛饲料不足。

在全村有户籍的 365 人中，65 岁以上有 36 人（其中，90 岁以上高龄老人 1 名），占 9.9%（超过全国平均水平）；60 岁以上 79 人，占 21.6%（丹巴县此比例为 16.2%），人口老龄化压力大。村民生育意愿较低，原本一对夫妇可生育三个孩子的政策在这个村未得到落实，生育两个孩子的现象普遍，三孩及以上家庭极少，出现年轻夫妻选择仅生育一孩。[1] 与村医访谈时得知，村医63岁，育有两个孩子，大儿子在理塘县做公务员，小女儿成家在村内当统计信息员；村支书有两个孩子且都已在成都置业成家。2010年后，村里90%以上学生外出上学后就不愿意回村，留村人口老龄化程度更高，杀年猪也找不到人了，白事同样找人难。用村支书的话说，GZ村是"老年人口不愿意走，年轻人口不愿意留"。[2] 留在村里的劳动力，都是些40多岁的妇女以及50岁以上的男子，摘花椒、收玉米等都需要换工。在交通不便的年代，年轻人出去就不愿回村，村内劳动力缺乏；路修通后，外出打工的年轻人还是不愿回村。村民因缺劳动力而选择退耕还林，种核桃、花椒以及其他用材树。

GZ村的贫困是源于基础设施落后（出行不便）、饮用水问题（缺水）、空壳村（缺乏集体经济）以及贫困发生率高。尽管村级活动室到乡政府垂直距离只有600多米，但路非常难走，在山坡上盘绕，从活动室过去有8.7公里。村落发展缓慢，是名副其实的贫困村。2014年，村内贫困户的认定标准为：一是上年或当年生病住院，住院费在十万元以上的，这类贫困户有3户；二是村民公认的，这种有2户；三是家里有两个学生在大学或中职院校上学的，共有3户；四是家里有两个小孩，离婚或丧偶而成为贫困户的，有2户；五是男人在家不干事，老婆在外面打工挣钱，住房较破旧的，这种类型的有1户；六是孤寡残疾等，有3户。在上述14户贫困户中，只有1户（第五类）属于边缘性贫困，大家并不认可，其余都是被村民理解的贫困户，是真正的贫困家庭和贫困人口。这种贫困户的认定标准极具特色，也符合当地实情，没有"扶"出来的矛盾现象。2017年底，GZ村贫困户已全部脱贫。

（四）贫困村退出贫困的标准与举措

贫困村退出有严格标准，主要衡量指标是"两个确保、两个完善"，

---

[1] 有的家庭即使有两个孩子且都是女儿，也不愿意生第三个孩子。这里的老百姓没有性别偏好，某种程度上甚至是偏好女孩，大约与丹巴独特的东女国文化相关。值得一提的是，丹巴有全省第一位藏族女地铁司机。

[2] 老年人不愿走，是指老年人不愿意跟随子女下山进城居住；年轻人不愿意留，是指学生毕业不愿意回村，外出打工的青年人同样不愿意回村。

基本内涵是"确保贫困发生率下降到 3% 以下、确保集体经济收入在 3 万元左右，基础设施和公共服务基本完善"。《四川省贫困县贫困村贫困户退出实施方案》规定，贫困村退出以贫困发生率为主要衡量标准，原则上贫困村贫困发生率降至 3% 以下，统筹考虑村内基础设施、基本公共服务、产业发展、集体经济收入等综合因素；在此基础上做到村村有集体经济收入、有硬化路、有卫生室、有文化室、有通信网络。① 按照这个标准，NZ村和 GZ 村两村均满足退出条件，建卡贫困户在对口帮扶、公益岗位就业、"低保"兜底等多种举措之下，已全部实现了脱贫；以通村硬化道路、通组道路等为核心的交通基础设施、以村级活动室（含卫生室、会议室、图书室等）为核心的公共服务、以互联网为主的网络建设等，均在 2017 年底全部完成，达到了基础设施基本完善的标准。仅有集体经济发展相对困难。为此，NZ 村在县级专项集体经济发展规划支持下，于 2018 年底启动了以藏式家具、一枝蒿中药材种植、集体牦牛牧场等为主的综合集体经济培育工程，借以实现集体资产的壮大和经济收入来源的稳定；GZ 村则在帮扶单位的支持下修建养鸡场、中药材基地、羊肚菌试点等，以支持集体经济发展。而且，县政府专门为贫困村集体经济发展组建了投资平台，每个贫困村有 50 万元资金可通过平台投入以获得稳定的收益。NZ 村在 2018 年底还启动了 80 万元资金用于集体经济发展项目。这样，集体经济发展也有了持续的保障。因而，这两个村先后在 2017 年和 2018 年退出贫困村序列，但继续享受贫困村的政策待遇。

三　案例村持续发展面临的多维度挑战

从 2014 年确定为贫困村，历经 2015 年、2016 年、2017 年、2018 年四年时间，NZ 村和 GZ 村相继完成脱贫工作而退出贫困村序列。时间短、任务重，成功退出实属不易。按照规定，2020 年前退出贫困村序列并不取消原有扶贫待遇或政策。从前期观察到的情况来看，两个村未来的持续发展

---

① 《我省明确贫困县贫困村贫困户退出标准》，四川省人民政府网，2016 年 8 月 24 日，ht-tp://www.sc.gov.cn/10462/10464/10797/2016/8/24/10393187.shtml。

仍面临着以下诸多维度的挑战。

发展主体——人(村民)的挑战。人或者说村民,是"退出村"持续发展的主体,包括村民的年龄构成、性别结构、受教育程度等在内的留村人力资本存量,直接决定村寨发展及其潜力。从两个"退出村"的常住人口结构来看,情形不太乐观:留村人口年龄结构不合理、老年人口(特别是75岁以上)多、年轻人口(40岁以下)少且还在持续流出。这样,老龄人口、病残人口,构成了留村常住人口。这种状况不会因通村道路、村级活动室等基础设施的改善而得到改善,相反在一定程度上更严重,因为这种改善会促使年轻人口持续流出。城镇多样的文化生活、就业机会、教育资源等对年轻群体产生强大的吸力,高山峡谷村落的自然环境、发展机会、劳动强度等又形成强大的推力,在推-吸双重作用之下,这类自然生计型的村落能留下的年轻人越来越少。留守在农村的人平均年龄逐年增加,身体状况也随着年龄增长而下降,对村落资源管护等心有余而力不足,固守着原有生活方式,其结果是村级集体经济发展缺少劳动力支撑,已经建成的村级活动室等公共设施利用率低。新出生人口又多在城镇,人口减少是一种持续的不可逆转的现象。年轻人留不住,老年人不愿走,老龄化人口堆积。如 NZ 村 70 户中就有 24 户因开店而常年在外,加上外出务工群体,留村常住农户不足一半,新建的红皮大蒜基地、牦牛养殖场、藏式家具加工厂等,都面临着劳动力短缺的压力。

基础设施和公共设施维护的挑战。道路与公共设施是衡量贫困村能否脱贫的关键指标,受制于独特的高山峡谷地貌,加上坡陡山高、自然灾害多等影响,两个村落曾长期依靠土路与外界保持联系。通村道路的竣工,彻底解决了村民的出行难问题。GZ 村的通村道路,垂直海拔也就 500 米,但路长 8.9 公里(投资 370 万元,每公里成本 41.6 万元),蜿蜒盘绕如长蛇般贴在陡峭的山坡上。这条不到 9 公里的通村道路,有不下十处回头线。2017 年底通车的公路在笔者入村调研时(2018 年 9 月)已出现三处塌方毁损,2018 年上半年安装的道路波形护栏(面临悬崖一侧)已被泥石毁坏,却无经费补装。NZ 村的通村道路距离更长、地质环境更复杂,同样面临着高额维护成本约束。除道路外,村级活动室、村级垃圾转运站等公共设施也存在维护与管理问题。

村（组）基层治理相关问题的挑战。村（组）基层是贫困村精准脱贫的核心和关键，驻村工作组成为建卡贫困村标配。以丹巴县为例，全县 54 个建卡贫困村，均派驻第一书记以及由帮扶单位组成的工作组，全面负责脱贫攻坚工作，包括对接县级部门、接受县州省等单位的检查、整理建卡贫困户资料等系列工作。以 NZ 村为例，驻村工作组有 3 名成员，分别是所在乡第一书记、帮扶单位责任人以及专职驻村干部，除第一书记年龄在 30 岁以上外，另外两名成员都不到 30 岁，成为该村最年轻的劳动力资源。村两委成员协助配合驻村干部工作，负责召集村民，落实地块、公益岗位人员安排等，为驻村干部与村民牵线搭桥。脱贫工作似乎成为驻村工作组的职责，村组两级队伍的作用显著弱化。一旦完成脱贫、驻村工作组离开帮扶村之后，村组相关工作推进、村集体经济收入分配等，有可能再次陷入混沌。村组两级队伍成员年龄老化现象严重，GZ 村村支书已经 70 岁了，村医生也 70 岁有余，村主任 50 余岁，且村组干部中除妇女主任外都是男性成员，而留守村内人员多数是老年人和女性。决策层的男性化与生产层的女性化，并不利于女性村民对村级发展项目的决策参与和女性村民的权益保护。同时，村级产业资金以及由此带来的村集体经济收益，缺乏明确的分配制度，还处于全方位把集体经济做大阶段。在治理方面，村民居住形态与居住方式的变化带来治理机制的挑战。无论是 GZ 村还是 NZ 村，都有大量村民在城镇或河谷置业安家，留存在村里的住房和土地，都委托邻居或由老人在家看守，其本人极少回家管护；村级治理难以适应村民居住形式和人口流动变化。因而，村级治理、村级资产以及村级收益分配机制等，是贫困村退出贫困实现可持续发展需要重点关注的内容。

村落传统品种与生态保护知识缺乏的挑战。多样性，不仅体现为生态系统多样、遗传多样、物种多样，也体现在食物体系多样、农畜品种多样、生态保护知识多样。村落生态知识是村民在长期适应当地自然环境中形成的生态观、认知体系、技术实践以及相应的管理制度的总和，体现出村域范围内"人—地—业"三者的协调性。在以增加收入为主的规划引导下，单一化地发展某类作物以取得规模化、市场化效应，原有地方品种种植面积不断减少并被不断淘汰，村民原本的留种选种习惯被种子商品化取代，传统作物品种面临着灭绝的威胁。除少量品种为原生产品外，这两个村的村民每年都需要从市场购买回玉米、甜荞、油菜、土豆等种子，当地传统的土玉米种、油菜种等基本消失，农户自己留种已成记忆。此外，在增收名义之下，村民淘汰原本保留的野生菌类、药材等采集习惯，采取竭泽而渔的挖掘方式，造成生态环境的再次破坏。以人居环境整治为名，在人口稀少且持续下降的村落建设垃圾处理转运中心，修建入户道路等，亦有可能再次形成对周边生态环境的持续扰动，威胁传统的生态文化观念。

集体经济发展及其收益分配的挑战。集体经济是衡量贫困村脱贫的重要指标，空壳村不能退出。在经历了土地确权等措施后，村集体拥有名义资产而缺乏实际资产，耕地、林地、草地等均承包到户，农户经营土地，收取林地管护费、草地放牧和草补资金，大部分村集体均缺乏可利用的资产以及产业。在精准扶贫中，村产业发展成为重要策略，用产业发展资金撬动村级主导产业发展。以 NZ 村为例，该村从县财政扶贫资金中获得 50 万元的产业发展基金，其中 5 万元出借给村内红皮大蒜基地，45 万元投资入股到县嘉绒投资有限公司。与此同时，县财政整合相关资金，在 NZ 村投入 80 万元产业发展基金，扶持红皮大蒜种植、牦牛养殖和藏式家具生产，以培育村级主导产业和村集体经济。在 GZ 村，则尝试着发展羊肚菌、集体养鸡场、中药材基地等项目，水成为这些项目是否成功的关键。但 GZ 村是当地最缺水的村落，旱季农户饮用水还不能足额保障，养鸡场用水、羊肚菌用水等更是无法保证。GZ 村村主任认为，帮扶部门建养鸡场、发展羊肚菌等创收举措，并不适合 GZ 村。反倒是这个村的核桃、花椒等传统特色产品更具有优势。

NZ 村 2017 年的集体经济收入构成如下：党员示范项目提留收益的 10%，合计 900 元；村集体用房租赁收入 10000 元；村产业扶持基金 5 万元，借支给村内专业合作社发展产业，年利息收入 1500 元；村产业扶持基金 45 万元，投资入股到县嘉绒投资有限公司，按照每年 5% 的保底收入，计有 2.25 万元。据此，该村当年集体经济收入总计为 3.49 万元，超过贫困村脱贫集体经济收入不低于 3 万元的标准。①

野生动物肇事增多与赔偿不足的挑战。野生动物增多表明生态环境改

---

① 资料来自该村第一书记提供的 NZ 村工作情况汇报。

善，才是值得高兴之事，但对于居住在林缘区和靠山吃山的人们来说，野生动物增多带来的更多是烦恼。动物们觅食无边界，农户庄稼地同样成为它们的目标，野猪、猴子、黑熊等侵扰农户庄稼地的现象不断增多。NZ村村民反映，有三分之一的庄稼被野生动物毁损。在小金县的SP村，高山两个村民小组不断遭到猴子、野猪的袭扰，三分之二的玉米被破坏。村民多次请森林公安到村上查看，动物们却似乎特别不配合，它们从不在森林公安驻村的时候出现，村民们不得已而调整种植结构甚至放弃玉米种植，改种动物们不喜欢的作物甚至种树。在GZ村，动物带来的侵扰同样防不胜防，其活动范围不断扩大甚至进入农户家里。然而，野生动物肇事引发的损害赔偿却难以到位，地方政府缺乏资金，也缺乏损害赔偿的标准。在调查中，无论是村干部还是农户，每每谈到这个问题，也就是摇摇头而已，都表示知道动物们的行为，对赔偿不到位也深表理解。但从农户视角，从村落视角，野生动物数量增加所带来的损害，最终应该通过某种途径得到补偿；或者说，动物数量增长也应该适度控制，不能超出这个区域的承载力。

结　语

虽然说山还是那座山，河还是那条河，村还是那个村，但建卡前、脱贫中与退出后的村容村貌、村级经济则在不断改变。现在，路通车行、宽带入户，村民在活动室聚集，花椒、核桃出村，图书音像进村，城市居民入村体验，村内人口持续流出，城乡交换的不仅是瓜果、蔬菜、信息、技术、资金，还有人口的交流融合，形成一种独特的体验乡村与体验城市的互动。

退出贫困的村落，完成了基础设施和公共服务的变迁，完成了集体经济的持续发力，完成了传统产业的商品化，完成了居住环境与居住风貌的升级改造。但在这个过程中，也面临人口的持续流出所形成的人口空心化、老龄化问题，而且这些问题不可逆转。如果说，发达地区周边乡村在城镇化发展到一定阶段后会有大量城归补位，抑制乡村人口减少，那么在全域重点生态功能区定位以及独特的自然环境约束之下，大渡河上游的GZ

村和 NZ 村这样的村寨，将注定是人口不断减少的村寨。在这种背景之下，寻求一种适应人口减少的发展路径，值得精准扶贫"退出村"考虑。而且，短期内聚集大量资金的这种脱贫攻坚，能够在短时间内改善村落可见的基础设施、公共服务、村容村貌，却不能根本改变村民的认知体系和激发村民内在的发展动力。村民要从"要我富"转变为"我要富"，还需一个相当长的时段。村级基层治理，也不能完全依靠驻村干部推动，培养村级自身的治理制度和能力，才能走得更远更久。也只有村级治理的完善，才能让村民可以靠山吃山、靠水吃水，让"绿水青山"变成"金山银山"。

（责任编辑　郭利芳）

基于第三次农业普查的甘南藏族自治州农户生产生活状况分析

王建兵　胡　苗*

【内容摘要】为摸清"三农"基本国情，查清"三农"新发展新变化，国务院于 2016 年 12 月组织开展了第三次全国农业普查。本文以甘肃省甘南藏族自治州第三次农业普查数据为基础，分析了现阶段甘南藏族自治州农业经营户和规模农业经营户的生产生活状况，为新时期实现小农经营与现代农业的有效衔接提供数据和理论支撑。

【关键词】甘南藏族自治州　农业普查　生产生活

农业普查是全面了解"三农"发展变化情况的重大国情国力调查。为摸清"三农"基本国情，查清"三农"新发展、新变化，国务院组织开展了第三次全国农业普查。这次普查的标准时点为 2016 年 12 月 31 日，资料时期为 2016 年度。开展第三次全国农业普查，查清我国农业、农村、农民基本情况，掌握农村土地流转、农业生产、新型农业经营主体、农业规模化和产业化等新情况，反映农村发展新面貌和农民生活新变化，对科学制定"三农"政策，促进我国实现农业现代化、全面建成小康社会，具有十分重要的意义。

甘南州位于甘肃省南部，是全国十个藏族自治州之一，地处青藏高原和黄土高原过渡地带，地势西北高、东南低，境内海拔 1100—4900 米，大部分地区在 3000 米以上。甘南州位于青藏高原东北边缘，南部与四川阿坝

---

*　王建兵、胡苗，甘肃省社会科学院。

州相连，西南部与青海黄南州、果洛州接壤，东部和北部与甘肃省陇南、定西、临夏毗邻，下辖合作市、临潭县、卓尼县、迭部县、舟曲县、夏河县、玛曲县、碌曲县一市七县。截至 2017 年底，甘南州总人口 74.23 万，有藏、汉、回、土、撒拉、满等 24 个民族，其中，藏族人口 41.51 万，占总人口的 55.92%，多信仰黄教（喇嘛教格鲁派）；城镇人口 24.36 万，城镇化率 32.82%。

本文以甘南藏族自治州（简称"甘南州"）第三次农业普查数据为基础，分析现阶段当地农业经营户①和规模农业经营户②的生产生活状况，为新时期实现小农经营与现代农业的有效衔接提供数据和理论支撑。

一 甘南州农业经营户生产生活状况

（一）基本情况

1. 甘南州劳动力资源充沛

根据第三次全国农业普查结果，甘南州 2016 年 12 月底有农业经营户 114294 户 501413 人。从年龄分布来看，甘南州人口中 15 岁以下（含 15 岁）占 30.9%，16—44 岁占 47.3%，45—59 岁占 15.1%，60 岁以上（含 60 岁）占 6.7%。从性别来看，甘南州人口性别比为 100.13（以女性为 100），低于我国总人口性别比（104.81）。甘南州县市中，合作市、舟曲县、碌曲县人口的性别比较低，分别为 96.5、97.8、91.9。

2. 迭部县人口婚姻状况最差

第三次全国农业普查结果表明，甘南州农业经营户中未婚人群占 38.6%，有配偶人群占 53.3%，离婚人群占 1.8%，丧偶人群占 6.3%，未婚、离婚、丧偶人群占比均高于甘肃全省平均水平，有配偶人群占比低于甘肃全省平均水平，婚姻状况不容乐观。

从各县市来看，迭部县和玛曲县未婚人群占比较大，分别为 44.6%、

---

① 农业经营户指居住在中国境内（未普查港澳台地区），从事农林牧渔及其服务业的农业经营户。

② 规模农业经营户指具有较大农业经营规模、以商品化经营为主的农业经营户。

45.2%；临潭县、合作市有配偶人群占比较大，分别为 57.8%、56.2%，迭部县占比最小，为 46.4%；碌曲县、玛曲县离婚人群占比较大，分别为 3.4%、3.8%，舟曲县占比最小，为 0.7%；迭部县丧偶人群占比最大，达到 7.6%，占比最小的是玛曲县，为 3.8%。由此可知，在甘南州的县市中，临潭县和合作市人口的婚姻状况相对较为良好，迭部县人口的婚姻状况最不容乐观（图 1）。

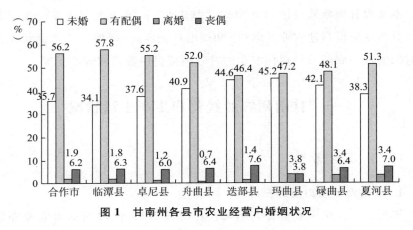

图 1 甘南州各县市农业经营户婚姻状况

3. 夏河县、合作市农业经营户文化程度较低，舟曲县农业经营户文化程度最高

第三次全国农业普查结果表明，甘南州未上过学的农业经营户占 17.6%，具有小学教育程度的占 59.5%，具有初中文凭的占 12.7%，具有高中或中专文凭的占 5.8%，具有大专及以上文凭的占 4.3%。甘南州农业经营户文凭在小学及以下的人口比重高于甘肃全省同类人口比重约 23 个百分点，而初中及以上学历人口比重低于全省同类人口比重约 23 个百分点。由此可见，甘南州农业经营户文化程度普遍较低。从各县市来看，夏河县、合作市小学及以下学历人口比重较大（85.3%、86.7%），初中学历人口比重较小（7.7%、7.9%），高中及以上学历人口比重较小（7.1%、5.3%），由此可见夏河县、合作市农户文化程度在甘南州 8 个县市中相对较低；与此相对的舟曲县小学及以下学历农户人口比重最小（68.9%），初中学历人口比重最高（18.2%），高中及以上学历人口比重相对较高（12.8%），表明舟曲县农业经营户文化程度在甘南州县市中相对较高（图 2）。

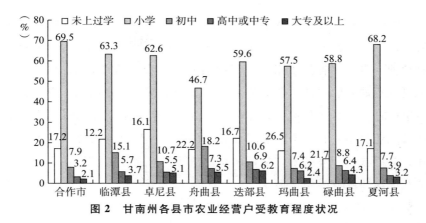

图 2 甘南州各县市农业经营户受教育程度状况

4. 夏河县和合作市在校学生人数比重较小

第三次全国农业普查结果表明，甘南州在校学生占比较高，为 22.1%。其中，碌曲县农户在校学生人数比重最大，约为 27.4%，其次是迭部县和玛曲县，在校学生人数比重分别为 26.4%、25.9%；夏河县和合作市在校学生人数比重较小，均约为 19%。

5. 甘南州农业经营户倾向于在本地活动

第三次全国农业普查结果表明，甘南州农业经营户中离开本乡镇 6 个月及以上的占比最小，为 6.4%，远远低于全省平均水平（16.6%）。其中，碌曲县离开本乡镇 6 个月及以上的农户占比最低，仅为 0.1%；占比最高的迭部县，为 12%，但也低于全省平均水平。

6. 甘南州绝大多数的农业经营户从事农业生产时间在 30 天以上

甘南州农业经营户从事农业生产的时间在 3 个月以上的占比为 51%，1—3 个月的占到 40%，4.4% 的农户从事农业生产时间为 15—29 天，其余的农户从事农业生产时间在 15 天以下。

7. 甘南州农业经营户从事的农业类型以种植业为主，畜牧业次之

第三次全国农业普查结果表明，甘南州主要从事种植业的农业经营户占 78.8%，19.8% 的农业经营户主要从事畜牧业，1.4% 的农业经营户主要从事林业。但这一情况具体到各县市中会有所差别，例如，碌曲县几乎所有的农业经营户都是主要从事畜牧业；临潭县、舟曲县、迭部县 90% 以上的农业经营户主要从事种植业；夏河县的农业经营户中，种植业和畜牧业几乎平分秋色。

　　在甘南州农业经营户从事的次要农业类型调查中，41.9%的农户选择没有，32.2%的农户选择畜牧业，17.3%的农户选择林业，8.5%的农户选择种植业。具体到各县市来看，玛曲县农户不存在次要从事的农业类型，也就是说玛曲县农户几乎全部从事畜牧业；临潭县、碌曲县、夏河县均有50%左右的农户没有次要从事的农业类型，其余县市则为30%左右。在从事次要农业类型的农户中，迭部县66.2%的农户从事的次要农业类型是畜牧业，夏河县41.5%的农户从事的是种植业，舟曲县和卓尼县约38%的农户从事的次要农业类型是林业。

8. 甘南州农业经营户接受过农业技术培训的占比较低

　　第三次全国农业普查结果表明，在甘肃省14个市州中，甘南州农业经营户接受过农业技术培训的占比最小，仅为3.5%，远远低于全省平均水平（15.9%）。其中，合作市接受过农业技术培训的农户占比最高，为10.1%；其次是碌曲县，占比为7.5%；占比最小的是夏河县，仅为0.7%。

9. 甘南州大部分农户没有从事非农行业

　　第三次全国农业普查结果表明，在甘南州农业经营户中，80.5%的农户没有从事非农行业，15.2%的农户从事非农行业的方式是务工，1.2%的农户是自营，从事非农行业方式为公职和雇主的农户占比则分别为0.2%和0.3%。其中，碌曲县99%的农户没有从事非农业活动，结合上文可知该县几乎全体农户主要从事畜牧业生产活动。在务工方式中，舟曲县农户占比最大，为23.9%；在自营方式中，夏河县农户占比最大，为1.8%。

10. 农业经营户中合作市空巢老人占比最小

　　第三次全国农业普查结果表明，甘南州农业经营户空巢老人的占比为5.5%，低于甘肃省其他13个市州。其中，舟曲县农业经营户中空巢老人占比最大，为8.9%；其次是临潭县，占比为7.5%；合作市空巢老人占比最小，为1.4%。

（二）生活状况

1. 用水用能状况

（1）甘南州大部分地区农业经营户饮用水状况良好

　　第三次全国农业普查结果表明，甘南州农业经营户中37.6%的农户饮用水来自经过净化处理的自来水，59.5%的农户饮用水来自受保护的井水和泉水，1.6%的农户饮用水来自不受保护的井水和泉水，0.6%的农户饮用水来自江河湖泊之水。其中，舟曲县65.4%的农户的饮用水来自经过净化处理的自来水，迭部县的饮用水几乎全部来自受保护的井水和泉水（图3）。

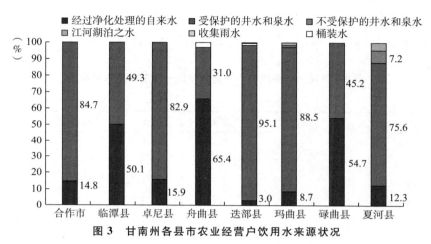

图3 甘南州各县市农业经营户饮用水来源状况

第三次全国农业普查结果表明，甘南州农业经营户中93.3%的农户认为取水无困难，3.9%的农户认为主要困难为间断供水，1.6%的农户认为主要困难为当年连续缺水的时间超过15天，1.2%的农户认为主要困难为单次取水往返超过半小时。除了玛曲县外，其他县市认为取水无困难的农户占比均超过90%；玛曲县18%的农户认为主要困难为间断供水（图4）。

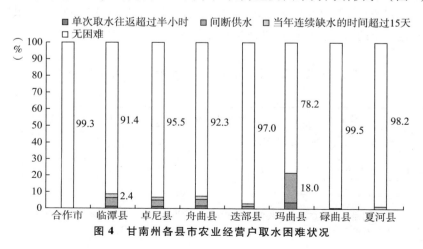

图4 甘南州各县市农业经营户取水困难状况

（2）甘南州农业经营户生活用能^①以煤和柴草为主

第三次全国农业普查结果表明，在甘南州使用一种主要能源的农业经营户中，生活用能为柴草的农户占比最大，为41.4%，几乎没有农户生活用能为沼气和太阳能。从各县市来看，迭部县73.8%的农户生活用能为柴草，玛曲县仅为13.5%；临潭县54.7%的农户生活用能为煤，玛曲县只有0.4%；但玛曲县有85.7%的农户生活用能为其他能源（表1）。

表1　甘南州各县市农业经营户使用一种主要能源的情况

单位：%

地区	柴草	煤	煤气、天然气	电能	太阳能	其他能源
合作市	50.3	16.0	0.7	6.2	0.0	26.8
临潭县	29.9	54.7	1.5	13.9	0.0	0.0
卓尼县	44.3	46.1	0.6	7.5	0.0	1.5
舟曲县	45.2	42.4	1.8	10.6	0.0	0.0
迭部县	73.8	3.5	0.2	21.6	0.9	0.0
玛曲县	13.5	0.4	0.0	0.1	0.3	85.7
碌曲县	53.0	12.4	0.2	0.2	0.0	34.1
夏河县	44.8	22.5	1.5	6.3	0.1	24.8

甘南州使用两种生活能源的农业经营户占比为27.7%，其中使用柴草和煤的能源组合的农户占比最大，为62.8%。在迭部县使用两种生活能源的农户中，82.6%的农户使用柴草和电能的组合；玛曲县94.4%的农户使用柴草和其他能源的组合；卓尼县79.8%的农户使用柴草和煤的组合（表2）。

表2　甘南州各县市农业经营户使用两种能源组合的情况

单位：%

地区	柴草和煤	柴草和煤气、天然气	柴草和电能	柴草和太阳能	柴草和其他能源	煤和煤气、天然气	煤和电能	煤和其他能源	煤气、天然气和电能	电能和其他能源	太阳能和其他能源
合作市	23.1	0.9	11.5	0.1	55.0	0.4	1.6	4.0	0.3	3.0	0.0

---

① 生活用能，指住户在家庭炊事和取暖中使用的主要能源，包括柴草、煤、煤气和天然气、液化石油气、沼气、电能、太阳能，以及其他能源如牛粪等。

续表

地区	柴草和煤	柴草和煤气、天然气	柴草和电能	柴草和太阳能	柴草和其他能源	煤和煤气、天然气	煤和电能	煤和其他能源	煤气、天然气和电能	电能和其他能源	太阳能和其他能源
临潭县	65.6	0.0	0.1	0.0	0.0	3.1	30.8	0.0	0.2	0.0	0.0
卓尼县	79.8	0.1	0.8	0.0	1.2	0.4	15.3	1.5	0.7	0.1	0.0
舟曲县	70.6	0.6	7.0	0.0	0.0	2.4	18.3	0.0	1.0	0.0	0.0
迭部县	13.0	0.3	82.6	3.6	0.0	0.3	0.0	0.0	0.1	0.0	0.0
玛曲县	0.0	0.0	0.1	0.3	94.4	0.0	0.0	2.3	0.0	0.8	1.9
碌曲县	10.0	0.0	0.8	0.2	52.7	0.2	0.2	35.6	0.0	0.2	0.2
夏河县	39.5	0.2	10.0	0.1	34.5	3.2	6.1	1.8	0.1	4.2	0.1

说明：其他能源不包括沼气、电能、太阳能。

2. 信息化状况

（1）甘南州农业经营户拥有电脑的数量极少

甘南州农业经营户家庭没有电脑的占 97.4%，家庭拥有 1 台电脑的占 2.5%，拥有 2 台电脑的占 0.1%，均低于甘肃省平均水平（分别为 86.8%、12.9%、0.2%）。从各县市来看，舟曲县和迭部县家庭拥有 1 台电脑的占比较大，分别为 3.9%、4.4%，且迭部县农户家庭拥有 2 台电脑的在甘南州所有县市中占比也最大，但也仅为 0.5%。由此可知，甘南州农业经营户信息化程度较低。

甘南州农业经营户在有电脑的情况下上过网的占 65.3%，其中舟曲县 76.4% 的农户上过网，占比最大；玛曲县 24.0% 的农户上过网，占比最小（图 5）。

（2）甘南州农业经营户网购经历较少

甘南州农业经营户家庭拥有 1—4 部手机的占比最大，为 94.4%。其中，拥有 2 部手机的家庭占比为 36.3%；其次是拥有 3 部手机的家庭，占 24.6%；拥有 1 部手机和 4 部手机的家庭占比分别为 19.0%、14.5%。甘南州有 86.0% 的农户没有网上购物经历，农户上网购物比例较低。其中，卓尼县、迭部县有网上购物经历的农户占到 25%，相对甘南州其他县市比例较高；玛曲县有网上购物经历的农户占比最小，不足 1%；其他县市占比在 10% 左右。

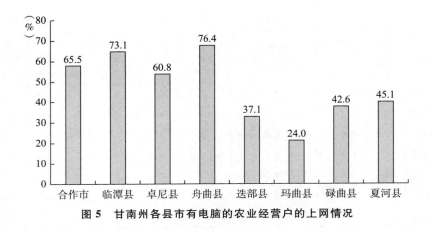

图5　甘南州各县市有电脑的农业经营户的上网情况

（三）生产状况

1. 牧草地（草场）情况

在甘南州有确权（承包）或经营的牧草地（草场）农业经营户中，舟曲县农户数量占比最大，为36.1%；占比最小的是临潭县，比例不足0.5%。在甘南州无确权（承包）或经营的牧草地（草场）农业经营户中，临潭县农户占比最大，为73.1%；占比较小的是碌曲县、合作市、玛曲县，均不足0.5%。在甘南州农业经营有确权（承包）的牧草地（草场）面积中，玛曲县农业经营户草场面积占比最大，为29.6%。在甘南州农业经营户2016年末通过转包、转让、出租等方式流出的牧草地（草场）面积中，夏河县农业经营户草场面积占比最大，达到48%；其次是碌曲县草场面积，占比为35.1%。在2016年末通过转包、转让、出租等方式流入的牧草地（草场）面积中，碌曲县农业经营户草场面积占比最大，为52.4%；其次是夏河县，占比为37.2%。在甘南州农业经营户2016年实际经营的牧草地（草场）面积中，玛曲县农业经营户草场面积占比最大，达到30.4%。

2. 甘南州使用电子商务销售农产品的比例整体偏低

在甘肃省14个市州中，甘南州农户通过电子商务销售农产品的比例最低，仅为0.7%。在甘南州各县市中，迭部县这一比例最高，为3.6%，但还是远低于甘肃省平均水平（5.6%）。这表明甘南州农业经营户对于电子商务销售农产品还不太熟悉。

二 甘南州规模农业经营户生产生活状况

（一）基本情况

第三次全国农业普查结果显示，甘南州有规模农业经营户 5437 户 30858 人。

1. 迭部县规模农业经营户婚姻状况最差

第三次全国农业普查结果表明，甘南州规模农业经营户未婚人群占 42.2%，有配偶人群占 50.6%，离婚人群占 2.1%，丧偶人群占 5.1%，未婚、离婚、丧偶人群占比均高于全省平均水平。从各县市来看，迭部县和玛曲县未婚人群占比较大，分别为 45.9%、45.3%，临潭县占比最小，为 34.7%；临潭县有配偶人群占比最大，为 60.0%，迭部县占比最小，为 45.7%；碌曲县、夏河县离婚人群占比较大，分别为 2.4%、2.5%；迭部县丧偶人群占比最大，达到 7.1%。由此可知，在甘南州各县市中，临潭县和舟曲县的婚姻状况相对较为良好，迭部县的婚姻状况最不容乐观（图6）。

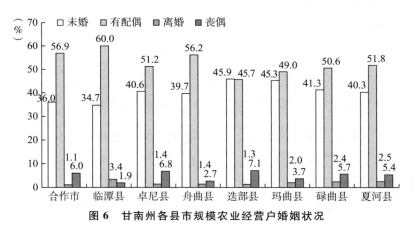

图6 甘南州各县市规模农业经营户婚姻状况

2. 夏河县、合作市规模农业经营户文化程度最低，临潭县规模农业经营户文化程度最高

第三次全国农业普查结果表明，甘南州规模农业经营户中未上过学的农户占 17.8%，具有小学教育程度的占 66.7%，具有初中文凭的占 7.6%，具有高中或中专文凭的占 4.9%，具有大专及以上文凭的占 3.1%。由此可知，甘南州规模农业经营户中小学及以下受教育程度的人口比重高于全省平均水平约 33 个百分点，而初中及以上受教育程度的人口比重低于全省平均水平约 33 个百分点。甘南州规模农业经营户文化程度普遍较低。从各县市来看，夏河县、合作市小学及以下学历人口比重较大（分别是 89.5%、88.7%），初中学历人口比重（分别是 5.4%、4.2%），以及高中及以上学历人口比重（分别是 5.1%、7.1%）较小，由此判断夏河县、合作市规模农业经营户文化程度在甘南州 8 个县市中相对较低。与此相对的临潭县规模农业经营户小学及以下学历人口比重最小（71%），初中学历人口比重最高（18.3%），高中及以上学历人口比重相对较高（10.8%），表明临潭县规模农业经营户文化程度在甘南州 8 个县市中相对较高（图 7）。

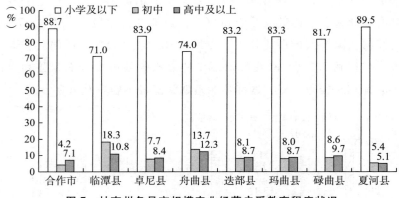

图 7　甘南州各县市规模农业经营户受教育程度状况

3. 夏河县和临潭县规模农业经营户在校学生人数比重最小

第三次全国农业普查结果表明，甘南州规模农业经营户在校学生占比最高，为 24.3%。其中，舟曲县农户在校学生人数比重最大，约为 29%；夏河县和临潭县在校学生人数比重较小，均约为 19%。由上文分析可知，临潭县规模农业经营户文化程度在甘南州中当属最高，但本部分得出临潭县在校学生人数比重最小，这并不矛盾，因为临潭县处于受教育阶段的人口比重较小，16—59 岁的人口占重最大。

4. 甘南州规模农业经营户倾向于在本地活动

第三次全国农业普查结果表明，甘南州规模农业经营户中离开本乡镇

6个月及以上的农户占比最小，为0.6%，远远低于全省平均水平（7%）。其中，玛曲县离开本乡镇6个月及以上的农户占比最低，仅为0.2%；占比最高的属临潭县，为5.9%，但也低于全省平均水平。

5. 甘南州大部分规模农业经营户从事农业生产时间在30天以上

第三次全国农业普查结果表明，甘南州规模农业经营户中52.6%从事农业生产时间在30天以上，且各县市这一比例均在50%左右；44.5%从事农业生产时间在15天以下。

6. 甘南州规模农业经营户从事的农业类型以畜牧业为主，种植业次之

第三次全国农业普查结果表明，甘肃省其他市州规模农业经营户从事的农业类型以种植业为主，畜牧业次之；而在甘南州，规模农业经营户从事的农业类型以畜牧业为主，种植业次之，主要从事畜牧业的农户占87.1%，10%左右的农户主要从事种植业，几乎没有农户从事其他农业活动。这一情况具体到县市中会有所差别。例如，碌曲县99.9%的规模农业经营户主要从事畜牧业，0.1%从事种植业；相反，迭部县100%的规模农业经营户、玛曲县79%的规模农业经营户主要从事种植业。在卓尼县规模农业经营户中，种植业和畜牧业几乎平分秋色。

在甘南州规模农业经营户所从事的次要农业类型中，60.3%无次要农业类型，25.6%选择种植业，10.5%选择畜牧业，3.6%选择林业。从各县市来看，碌曲县规模农业经营户不存在次要的农业类型，也就是说碌曲县农户几乎全部从事畜牧业；临潭县、舟曲县、玛曲县、夏河县均有50%左右的规模农业经营户没有次要农业类型；卓尼县、迭部县96.5%的规模农业经营户有从事的次要农业类型。在从事次要农业类型的规模农业经营户中，迭部县有接近60%选择畜牧业，卓尼县超过60%选择种植业。

7. 夏河县规模农业经营户接受过农业技术培训的占比最低

第三次全国农业普查结果表明，在甘肃省14个市州中，甘南州规模农业经营户接受过农业技术培训的占比最小，仅为1.4%，远远低于全省平均水平（25.2%）。其中，舟曲县接受过农业技术培训的规模农业经营户占比最高，为12.2%；其次是迭部县，占比为8.6%；占比最小的是夏河县，仅为0.2%。

8. 甘南州大部分规模农业经营户没有从事非农行业

第三次全国农业普查结果表明，甘南州 95.5% 的规模农业经营户没有从事非农行业，2.5% 从事非农行业的方式是务工，0.2% 从事的非农行业是雇主。其中，碌曲县 99.9% 的农户没有从事非农业活动，结合上文可知，碌曲县几乎全体规模农业经营户都在从事畜牧业生产活动；临潭县从事非农行业方式为务工和雇主的规模农业经营户占比较大，分别为 14.8%、1.9%。

9. 舟曲县、迭部县规模农业经营户几乎不存在空巢老人

第三次全国农业普查结果表明，甘南州规模农业经营户空巢老人的占比为 2.5%，低于甘肃省其他 12 个市州（除了定西市）。其中，玛曲县规模农业经营户空巢老人占比最大，为 6.2%；舟曲县、迭部县空巢老人占比较小，接近 0。也就是说，舟曲县、迭部县规模农业经营户几乎不存在空巢老人。

（二）生活状况

1. 用水用能状况

（1）甘南州大部分地区规模农业经营户饮用水状况良好

第三次全国农业普查结果表明，甘南州 21.4% 的规模农业经营户饮用水来自经过净化处理的自来水，68.7% 饮用水来自受保护的井水和泉水，8.6% 饮用水来自不受保护的井水和泉水，1.3% 饮用水来自江河湖泊之水。其中，舟曲县 93.3% 的规模农业经营户饮用水来自经过净化处理的自来水，迭部县的规模农业经营户饮用水几乎全部来自受保护的井水和泉水，夏河县 28.7% 的规模农业经营户饮用水来自不受保护的井水和泉水（图 8）。

第三次全国农业普查结果表明，甘南州 88% 的规模农业经营户认为取水无困难，9.8% 认为主要困难为间断供水，2.1% 认为主要困难为单次取水往返超过半小时，仅有 0.1% 认为主要困难为当年连续缺水的时间超过 15 天。其中，合作市、临潭县、卓尼县、迭部县、碌曲县、夏河县认为取水无困难的规模农业经营户占比达到或接近 100%，玛曲县 28.3% 的规模农业经营户认为取水困难主要为间断供水，舟曲县 13.3% 的规模农业经营户认为取水困难主要为当年连续缺水的时间超过 15 天（图 9）。

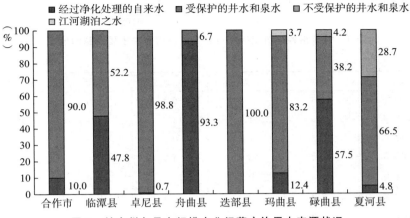

图8 甘南州各县市规模农业经营户饮用水来源状况

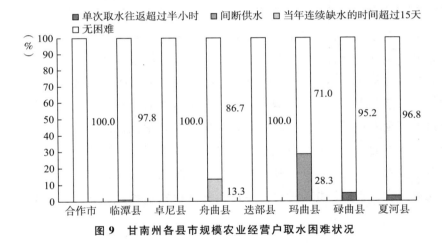

图9 甘南州各县市规模农业经营户取水困难状况

（2）生活用能以煤和柴草为主

第三次全国农业普查结果表明，在甘肃省14个市州中，甘南州使用一种主要能源的规模农业经营户占比最大，为80.9%，其中生活用能为柴草的规模农业经营户占比较大，为36.1%，另外还有接近50%的规模农业经营户生活用能为其他能源（不包括电能、沼气、太阳能），几乎没有规模农业经营户生活用能为沼气和太阳能。其中，迭部县82.3%的规模农业经营户生活用能为柴草，玛曲县仅8.3%的规模农业经营户生活用能为柴草；临潭县51.4%的规模农业经营户生活用能为煤，迭部县几乎没有规模农业经营户使用煤作为生活用能，但有 17.7% 的生活用能为煤气、天然气（表3）。

表3　甘南州各县市规模农业经营户使用一种主要能源的情况

单位：%

地区	柴草	煤	煤气、天然气	电能	其他能源
合作市	42.4	7.6	6.1	0.0	43.9
临潭县	32.0	51.4	15.4	1.1	0.0
卓尼县	56.5	41.5	0.7	0.1	1.2
舟曲县	71.4	23.8	4.8	0.0	0.0
迭部县	82.3	0.0	17.7	0.0	0.0
玛曲县	8.3	5.2	0.1	0.1	86.2
碌曲县	47.4	8.2	1.5	0.1	42.9
夏河县	42.5	5.5	2.5	0.8	48.5

　　甘南州使用两种生活能源的规模农业经营户占比为 19.1%，其中使用柴草和其他能源组合的占比最大，为 53.2%；使用煤和煤气、天然气能源组合的占比最小，为 2.9%。在迭部县使用两种生活能源的规模农业经营户中，几乎都在使用柴草和煤气、天然气能源组合；玛曲县使用两种生活能源的规模农业经营户中，有一半使用柴草和其他能源组合，另一半使用煤和其他能源组合；卓尼县超过97%的规模农业经营户使用柴草和煤能源组合；碌曲县、夏河县、合作市一半以上的规模农业经营户使用柴草和其他能源组合，临潭县和舟曲县一半以上的规模农业经营户使用柴草和煤能源组合（表4）。

表4　甘南州各县市规模农业经营户使用两种能源组合的情况

单位：%

地区	柴草和煤	柴草和煤气、天然气	柴草和其他能源	煤和煤气、天然气	煤和其他能源
合作市	34.6	0.0	65.4	0.0	0.0
临潭县	68.2	0.0	0.0	31.8	0.0
卓尼县	97.1	1.5	1.2	0.2	0.0
舟曲县	83.3	16.7	0.0	0.0	0.0
迭部县	0.0	100.0	0.0	0.0	0.0
玛曲县	0.0	0.0	53.9	0.0	46.1

地区	柴草和煤	柴草和煤气、天然气	柴草和其他能源	煤和煤气、天然气	煤和其他能源
碌曲县	1.0	4.8	83.2	0.6	10.4
夏河县	4.4	5.4	81.7	4.2	4.3

说明：其他能源不包括沼气、电能、太阳能。

2. 卫生状况

据第三次全国农业普查结果，甘南州45.7%的规模农业经营户家庭厕所类型是普通旱厕，47.7%没有厕所，这说明甘南州的卫生状况不容乐观，规模农业经营户卫生条件较差。其中，玛曲县接近80%的规模农业经营户家庭没有厕所，碌曲县、夏河县这一比例均约为40%，舟曲县为20%。普通旱厕在各县市较为常见，占比均达50%以上（不包括玛曲县）。

碌曲县4.3%的规模农业经营户拥有水冲式卫生厕所；舟曲县6.7%的规模农业经营户拥有水冲式非卫生厕所。家庭拥有卫生旱厕的规模农业经营户占比也较小，其中迭部县占比最大，为19%；玛曲县占比最小，几乎为0%。可见，甘南州中玛曲县卫生状况最为糟糕。

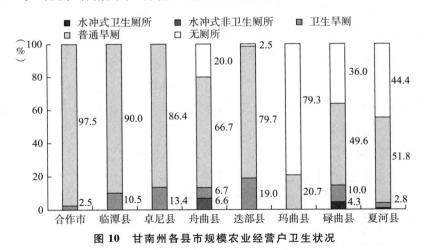

图10 甘南州各县市规模农业经营户卫生状况

（三）生产状况

1. 甘南州各县市规模农业经营户土地流转方式不尽相同

甘南州土地流转方式以转包、入股、出租为主。采用转包方式的规模农业经营户占 45.7%，采用入股方式的占 28.7%，采用出租方式的占 19.0%。从各县市来看，迭部县的土地流转当前仅有转包方式；临潭县 70% 以上的土地流转采用转包方式；碌曲县土地流转方式为出租；卓尼县和合作市均有 70% 以上的土地流转方式为入股。

2. 牧草地（草场）情况

在甘肃省有确权（承包）或经营牧草地（草场）的规模农业经营户中，甘南州规模农业经营户占比最大，为 30.8%。在甘南州有确权（承包）或经营牧草地（草场）的规模农业经营户中，玛曲县规模农业经营户占比最大，为 35.1%；占比最小的是临潭县，接近 0%。在甘南州无确权（承包）或经营牧草地（草场）的规模农业经营户中，临潭县规模农业经营户占比最大，为 50%；占比较小的是舟曲县和合作市，均接近 0%。在甘南州规模农业经营户确权（承包）的牧草地（草场）总面积中，玛曲县规模农业经营户草场面积占比最大，为 45.2%。在甘南州规模农业经营户 2016 年末通过转包、转让、出租等方式流出的牧草地（草场）面积中，玛曲县、碌曲县、夏河县规模农业经营户草场面积占比较大，均在 30% 以上；在 2016 年末通过转包、转让、出租等方式流入的牧草地（草场）面积中，碌曲县、夏河县规模农业经营户草场面积占比较大，均为 46%。在甘南州规模农业经营户 2016 年实际经营的牧草地（草场）面积中，玛曲县草场面积占比最大，达到 45%。在甘南州规模农业经营户打草量中，卓尼县规模农业经营户打草量（公斤数）占比最大，达到 98.2%。

3. 农业经营单位

（1）舟曲县使用雇工的规模农业经营户占比最大

在甘肃省规模农业经营户中，甘南州规模农业经营户雇工比例最小，仅为 1.2%。这说明甘南州规模农业经营户在进行农业经营性活动时，农业活动几乎全部由规模农业经营户自己家庭成员完成；但其中舟曲县例外，舟曲县 58.5% 的规模农业经营单位在使用雇工。

（2）甘南州规模农业经营户参加农业保险的意识较弱

甘南州 49.9% 的规模农业经营户仅参加了政策性保险，48.4% 没有参加任何保险，可见甘南州规模农业经营户的参保意识较弱。其中，卓尼县、碌曲县、夏河县接近或超过 90% 的规模农业经营户参加了政策性保险，迭部县只有不到10%的规模农业经营户参加了政策性保险。

（3）各县市经营单位牧草地（草场）情况

在甘南州有确权（承包）或经营牧草地（草场）的经营单位中，临潭县经营单位占比最大，为54.3%；占比最小的当属玛曲县，不足1%。在甘南州无确权（承包）或经营牧草地（草场）的经营单位中，舟曲县经营单位占比最大，为46.1%。在甘南州经营单位有确权（承包）的牧草地（草场）面积中，临潭县经营单位草场面积占比最大，为58.2%。甘南州经营单位2016年末通过转包、转让、出租等方式流入的牧草地（草场）面积中，夏河县经营单位草场面积占比最大，为49.2%；在2016年实际经营的牧草地（草场）面积中，临潭县经营单位草场面积占比最大，达到58%。在甘南州经营单位打草总量中，临潭县经营单位打草量（公斤数）占比最大，为62%。

三　甘南州农业经营户与规模农业经营户比较分析

（一）甘南州规模农业经营户和农业经营户基本情况比较

1. 婚姻状况具有一致性

针对农业经营户和规模农业经营户的婚姻状况比较，分别对未婚率、有配偶率、离婚率、丧偶率进行方差分析（表5—8），验证农业经营户和规模农业经营户之间存在的差异。

表5　未婚状况的方差分析

差异源	平方和	df	均方	F	显著性
组间	0.000	1	0.000	0.112	0.742
组内	0.022	14	0.002		
总数	0.022	15			

表6　有配偶状况的方差分析

差异源	平方和	df	均方	F	显著性
组间	0.000	1	0.000	0.160	0.695

续表

差异源	平方和	df	均方	F	显著性
组内	0.028	14	0.002		
总数	0.028	15			

表7 离婚状况的方差分析

差异源	平方和	df	均方	F	显著性
组间	0.000	1	0.000	1.762	0.206
组内	0.001	14	0.000		
总数	0.001	15			

表8 丧偶状况的方差分析

差异源	平方和	df	均方	F	显著性
组间	0.000	1	0.000	2.012	0.178
组内	0.002	14	0.000		
总数	0.003	15			

在未婚率、有配偶率、离婚率和丧偶率的方差分析表中，$p>0.05$，表明农业经营户和规模农业经营户在婚姻状况方面差异不显著，也就是甘南州农业经营户和规模农业经营户婚姻状况之间不存在差异。

2. 文化程度方面不存在差异

针对农业经营户和规模农业经营户的文化程度比较，分别对未上过学、具有小学教育程度、具有初中文凭、具有高中及中专文凭、具有大专及以上文凭的比例进行方差分析（表9—13），验证农业经营户和规模农业经营户之间存在的差异。

表9 未上过学的比例的方差分析

差异源	平方和	df	均方	F	显著性
组间	0.010	1	0.010	3.374	0.088
组内	0.040	14	0.003		
总数	0.049	15			

表 10　具有小学教育程度的比例的方差分析

差异源	平方和	df	均方	F	显著性
组间	0.021	1	0.021	3.893	0.069
组内	0.076	14	0.005		
总数	0.098	15			

表 11　具有初中文凭的比例的方差分析

差异源	平方和	df	均方	F	显著性
组间	0.001	1	0.001	0.524	0.481
组内	0.025	14	0.002		
总数	0.026	15			

表 12　具有高中及中专文凭的比例的方差分析

差异源	平方和	df	均方	F	显著性
组间	0.000	1	0.000	2.063	0.173
组内	0.002	14	0.00		
总数	0.003	15			

表 13　具有大专及以上文凭的比例的方差分析

差异源	平方和	df	均方	F	显著性
组间	0.000	1	0.000	0.004	0.950
组内	0.004	14	0.000		
总数	0.004	15			

　　从表 9—13 中可以看出，在农业经营户和规模农业经营户各种文化程度的比例的方差分析中，均显示 $p>0.05$，这说明甘南州农业经营户和规模农业经营户在受教育程度方面没有显著差异。

3. 在在校学生比例等四个方面均不存在差异

　　针对农业经营户和规模农业经营户的在校学生比例、离开乡镇 6 个月农户比例、受过农业技术培训比例及空巢老人比例的比较，分别对这几个方面进行方差分析（表 14—17），验证农业经营户和规模农业经营户之间存在的差异。

47

表 14　在校学生比例的方差分析

差异源	平方和	df	均方	F	显著性
组间	0.001	1	0.001	0.478	0.501
组内	0.021	14	0.001		
总数	0.022	15			

表 15　离开乡镇 6 个月农户比例的方差分析

差异源	平方和	df	均方	F	显著性
组间	0.005	1	0.005	5.016	0.042
组内	0.013	14	0.001		
总数	0.018	15			

表 16　受过农业技术培训比例的方差分析

差异源	平方和	df	均方	F	显著性
组间	0.000	1	0.000	0.038	0.848
组内	0.021	14	0.001		
总数	0.021	15			

表 17　空巢老人比例的方差分析

差异源	平方和	df	均方	F	显著性
组间	0.001	1	0.001	1.703	0.213
组内	0.010	14	0.001		
总数	0.011	15			

如表 14—17 所示，在对甘南州 8 个县市农业经营户和规模农业经营户在校学生比例、受过农业技术培训比例、空巢老人比例的方差分析中，$p > 0.05$，说明甘南州农业经营户和规模农业经营户在这几个方面不存在显著差异。但在离开乡镇 6 个月农户比例的方差分析中，$p < 0.05$，说明规模农业经营户和农业经营户在这一方面存在差异。

甘南州规模农业经营户和农业经营户离开乡镇 6 个月及以上的农户占比在甘肃省各市州中比例为最小，但两个最小比例之间存在差异，这一最小比例在规模农业经营户中为 0.6%，在农业经营户中为 6.4%。在规模农业经营户中，离开本乡镇 6 个月及以上的农户占比最高的为临潭县

（5.9%）；在农业经营户中，离开本乡镇 6 个月及以上的农户占比最高的为迭部县（12%）。

4. 规模农业经营户从事农业时间较短的比重高于农业经营户

针对农业经营户和规模农业经营户从事农业时长的比较，分别对工作时长为 1—14 天、15—29 天、30 天及以上几种情况进行方差分析（表18—20），验证农业经营户和规模农业经营户之间存在的差异。

表 18　工作时长为 1—14 天的方差分析

差异源	平方和	df	均方	F	显著性
组间	0.611	1	0.611	583.556	0.000
组内	0.015	14	0.001		
总数	0.626	15			

表 19　工作时长为 15—29 天的方差分析

差异源	平方和	df	均方	F	显著性
组间	0.002	1	0.002	1.898	0.190
组内	0.012	14	0.001		
总数	0.014	15			

表 20　工作时长为 30 天及以上的方差分析

差异源	平方和	df	均方	F	显著性
组间	0.000	1	0.000	0.026	0.874
组内	0.166	14	0.012		
总数	0.166	15			

如表 18—20 所示，在农业经营户和规模农业经营户工作时长为 1—14 天的方差分析中，$p<0.05$，说明农业经营户和规模农业经营户在这种情况中差异显著。具体来看，规模农业经营户中，44.5%的农户从事农业生产时间为 1—14 天；而在农业经营户中，这一比例仅为 4.1%。

5. 从事农业类型方面一致

针对农业经营户和规模农业经营户所从事的主要农业类型的比较，分别对从事种植业、林业、畜牧业农户比例进行方差分析（表21—23），验证农业经营户和规模农业经营户之间存在的差异。

表 21 从事主要农业类型为种植业农户比例的方差分析

差异源	平方和	df	均方	F	显著性
组间	0.247	1	0.247	2.004	0.179
组内	1.725	14	0.123		
总数	1.972	15			

表 22 从事主要农业类型为林业农户比例的方差分析

差异源	平方和	df	均方	F	显著性
组间	0.000	1	0.000	2.049	0.174
组内	0.002	14	0.000		
总数	0.002	15			

表 23 从事主要农业类型为畜牧业农户比例的方差分析

差异源	平方和	df	均方	F	显著性
组间	0.262	1	0.262	2.070	0.172
组内	1.772	14	0.127		
总数	2.034	15			

如表 21—23 所示，在农业经营户和规模农业经营户主要从事种植业、林业和畜牧业的农户比例方差分析中，$p>0.05$，说明农业经营户和规模农业经营户在这三个方面不存在差异。

针对农业经营户和规模农业经营户所从事的次要农业类型的比较，分别对从事种植业、林业、畜牧业以及没有次要从事农业类型的农户比例进行方差分析（表 24—27），验证农业经营户和规模农业经营户之间存在的差异。

表 24 从事次要农业类型为种植业农户比例的方差分析

差异源	平方和	df	均方	F	显著性
组间	0.085	1	0.085	2.339	0.148
组内	0.509	14	0.036		
总数	0.594	15			

表 25　从事次要农业类型为林业农户比例的方差分析

差异源	平方和	df	均方	F	显著性
组间	0.006	1	0.006	0.301	0.592
组内	0.276	14	0.020		
总数	0.282	15			

表 26　从事次要农业类型为畜牧业农户比例的方差分析

差异源	平方和	df	均方	F	显著性
组间	0.031	1	0.031	0.814	0.382
组内	0.540	14	0.039		
总数	0.571	15			

表 27　没有次要从事农业类型农户比例的方差分析

差异源	平方和	df	均方	F	显著性
组间	0.001	1	0.001	0.015	0.904
组内	1.295	14	0.093		
总数	1.297	15			

如表 24—27 所示，在农业经营户和规模农业经营户所从事的林业、畜牧业、种植业等次要农业类型和没有次要从事农业类型的农户比例方差分析中，$p > 0.05$，说明农业经营户和规模农业经营户在这几个方面不存在差异。

6. 从事非农行业方式一致

针对农业经营户和规模农业经营户从事非农行业方式的比较，分别对雇主、自营、务工、公职四种方式的占比进行方差分析（表 28—31），验证农业经营户和规模农业经营户之间存在的差异。

表 28　雇主方式比例的方差分析

差异源	平方和	df	均方	F	显著性
组间	0.000	1	0.000	3.209	0.095
组内	0.000	14	0.000		
总数	0.000	15			

表 29　自营方式比例的方差分析

差异源	平方和	df	均方	F	显著性
组间	0.001	1	0.001	3.351	0.089
组内	0.002	14	0.000		
总数	0.003	15			

表 30　务工方式比例的方差分析

差异源	平方和	df	均方	F	显著性
组间	0.077	1	0.077	2.656	0.125
组内	0.406	14	0.029		
总数	0.484	15			

表 31　公职方式比例的方差分析

差异源	平方和	df	均方	F	显著性
组间	0.000	1	0.000	0.005	0.945
组内	0.001	14	0.000		
总数	0.001	15			

如表 28—31 所示，在农业经营户和规模农业经营户从事非农行业方式的方差分析中，$p>0.05$，说明农业经营户和规模农业经营户在从事非农行业方式上不存在差异。

（二）甘南州规模农业经营户和农业经营户生活状况比较

1. 生活用水状况

（1）家庭饮用水来源状况基本一致

针对农业经营户和规模农业经营户家庭饮用水来源的比较，分别对来自经过净化处理的自来水、受保护的井水和泉水、不受保护的井水和泉水、江河湖泊之水、收集雨水这几个方面的占比进行方差分析（表 32—36），验证农业经营户和规模农业经营户之间存在的差异。

表 32　饮用水来自经过净化处理的自来水农户比例的方差分析

差异源	平方和	df	均方	F	显著性
组间	0.002	1	0.002	0.025	0.878

差异源	平方和	df	均方	F	显著性
组内	1.179	14	0.084		
总数	1.181	15			

表 33　饮用水来自受保护的井水和泉水农户比例的方差分析

差异源	平方和	df	均方	F	显著性
组间	0.001	1	0.001	0.016	0.901
组内	1.152	14	0.082		
总数	1.154	15			

表 34　饮用水来自不受保护的井水和泉水农户比例的方差分析

差异源	平方和	df	均方	F	显著性
组间	0.000	1	0.000	0.146	0.708
组内	0.010	14	0.001		
总数	0.010	15			

表 35　饮用水来自江河湖泊之水农户比例的方差分析

差异源	平方和	df	均方	F	显著性
组间	0.000	1	0.000	0.082	0.778
组内	0.003	14	0.000		
总数	0.003	15			

表 36　饮用水来自收集雨水农户比例的方差分析

差异源	平方和	df	均方	F	显著性
组间	0.000	1	0.000	0.820	0.380
组内	0.000	14	0.000		
总数	0.001	15			

如表 32—36 所示，在农业经营户和规模农业经营户家庭饮用水来自经过净化处理的自来水、受保护的井水和泉水、不受保护的井水和泉水、江河湖泊之水、收集雨水的方差分析中，$p>0.05$，说明农业经营户和规模农业经营户在饮用水来源方面没有差异。

（2）家庭获取饮用水困难情况一致

针对农业经营户和规模农业经营户家庭获取饮用水困难情况的比较，分别对单次取水往返超过半小时、间断供水、当年连续缺水的时间超过 15 天、无困难这几个方面的占比进行方差分析（表37—40），验证农业经营户和规模农业经营户之间存在的差异。

表 37　单次取水往返超过半小时的农户比例的方差分析

差异源	平方和	df	均方	F	显著性
组间	0.000	1	0.000	0.003	0.956
组内	0.003	14	0.000		
总数	0.003	15			

表 38　间断供水的农户比例的方差分析

差异源	平方和	df	均方	F	显著性
组间	0.000	1	0.000	0.007	0.934
组内	0.095	14	0.007		
总数	0.095	15			

表 39　当年连续缺水的时间超过 15 天农户比例的方差分析

差异源	平方和	df	均方	F	显著性
组间	0.000	1	0.000	0.292	0.597
组内	0.016	14	0.001		
总数	0.016	15			

表 40　获取饮用水无困难农户比例的方差分析

差异源	平方和	df	均方	F	显著性
组间	0.000	1	0.000	0.014	0.906
组内	0.106	14	0.008		
总数	0.106	15			

如表37—40所示，在农业经营户和规模农业经营户家庭饮用水困难情况的方差分析中，$p>0.05$，说明农业经营户和规模农业经营户在获取饮用水困难方面没有差异。

2. 生活用能状况

针对农业经营户和规模农业经营户生活用能情况的比较，分别对使用柴草、煤、煤气和天然气、电能这几个方面的农户比例进行方差分析（表41—44），验证农业经营户和规模农业经营户之间存在的差异。

表 41　柴草作为生活用能的农户比例的方差分析

差异源	平方和	df	均方	F	显著性
组间	0.005	1	0.055	0.117	0.737
组内	0.583	14	0.042		
总数	0.588	15			

表 42　煤作为生活用能的农户比例的方差分析

差异源	平方和	df	均方	F	显著性
组间	0.019	1	0.019	0.478	0.501
组内	0.550	14	0.039		
总数	0.569	15			

表 43　煤气、天然气作为生活用能的农户比例的方差分析

差异源	平方和	df	均方	F	显著性
组间	0.011	1	0.011	4.801	0.046
组内	0.033	14	0.002		
总数	0.044	15			

表 44　电能作为生活用能的农户比例的方差分析

差异源	平方和	df	均方	F	显著性
组间	0.026	1	0.026	10.069	0.007
组内	0.036	14	0.003		
总数	0.061	15			

如表41—44所示，在农业经营户和规模农业经营户生活用能为柴草、煤的方差分析中，$p>0.05$，说明农业经营户和规模农业经营户在这两个生活用能方面没有差异。在生活用能为煤气和天然气、电能的方差分析中，$p<0.05$，表明农业经营户和规模农业经营户在这两个生活用能方面存在差异。

具体表现为：使用煤气、天然气的农业经营户平均比例低于规模农业经营户约 6 个百分点，使用电能作为生活用能的农业经营户平均比例高于规模农业经营户约 8 个百分点。

（三）生产状况比较：牧草地（草场）情况

在有确权（承包）或经营的牧草地（草场）农户中，临潭县的农业经营户和规模农业经营户差别最大：农业经营户数目占比仅为 0.3%，而规模农业经营户数目占比达到 54.3%。在无确权（承包）或经营的牧草地（草场）农户中，除了临潭县，各县市农业经营户数目均少于规模农业经营户数目。在家庭承包或有确权的牧草地（草场）面积中，临潭县农业经营户几乎没有承包草场面积，而规模农业经营户承包草场面积占总面积的 58.2%。在 2016 年末通过转包、转让、出租等方式流入的面积中，除了临潭县，各县市农业经营户流入面积均多于规模农业经营户流入面积。在 2016 年末实际经营的牧草地（草场）面积中，临潭县农业经营户几乎没有承包草场面积，而规模农业经营户承包草场面积占总面积的 58%。

四 结论与建议

（一）结论

从整体来看，甘南州农村居民在饮水、做饭、取暖、出行等基本生活方面得到了有效保障，电脑、手机等日常通信工具的普及率在逐渐上升。农村居民的生活质量有了较大改善，大部分农户实现了"两不愁三保障"；规模农业经营户和农业经营户之间在各个方面既存在不同点，又存在相同点。这既离不开中央和省级各项惠农政策的实施与落实，又离不开精准帮扶工作的持续跟进。

在看到这些来之不易的成绩的同时，还应该看到甘肃农村的落后面貌没有得到根本性改变。存在的问题主要表现在以下几个方面。

第一，由于民族地区区位封闭和文化观念的差异，甘南州农户所从事的农业类型以种植业为主，畜牧业次之。农户接受过农业技术培训的占比较低，并倾向于在本地活动，不愿意去外地打工。农民收入主要依靠种植业和养殖业，收入来源较为单一，存在较高的市场风险。从气候和地理位置方面来讲，甘南州能够适合种植业发展的区域非常有限，作物产量往往比较低，甚至在旱灾年份颗粒无收。对于养殖业来说，缺少产业链延伸和深加工企业，同时由于信息不对称和缺少产品定价话语权，农户往往是"谷贱伤农"效应的受害者。

第二，从农业生产规模来看，甘南州规模农业经营户和农业经营户婚姻状况具有一致性，文化程度、在校学生比例、离开乡镇6个月农户比例、受过农业技术培训比例及空巢老人比例的比较不存在差异。规模农业经营户从事农业时间较短的比重高于农业经营户，显示出规模农业经营户有较高的劳动生产率。农业经营户和规模农业经营户在煤气和天然气、电能两个生活用能方面存在差异，是由于天然气管道布局只在城市和大的社区实现，从而反映出规模农业经营户的居住条件优于农业经营户。

第三，农产品的销售渠道比较传统，对电子商务等新业态、新模式的使用程度较低。甘肃省很多农产品比较有地方特色，但没有打开全国知名度。因此，在使用电子商务等新的营销渠道之前，需要首先做好特色农产品的宣传和包装，形成固定的品牌和一定的影响力。这不仅需要企业的投入，更需要政府的政策和平台支持。

第四，甘南州未婚、离婚、丧偶人群占比均高于全省平均水平，有配偶人群占比低于全省平均水平。农村孩子"结婚难"的现象比较严重，尤其是经济越困难的地方，这个问题就越突出。"结婚难"的问题在表面上看是经济问题，其实背后隐藏着重大的社会安全隐患，值得高度重视。而与这个问题叠加的是农村居民文化程度偏低，尤其是民族地区辍学率依然较高。虽然国家实行了九年义务教育，但对民族地区居民文化程度的影响仍有待加强。

（二）建议

1. 扶贫先扶智，改变农村面貌的关键在于改变农民的思想观念

在广大农村地区，大部分农民的基本生活得到了有效保障。如何能够让大家过上更好的日子，不断提高生活质量，就成了现在和未来需要关注

的重点话题。需要强调的是，在科技发展日新月异的今天，如果农民仍然保持现有的保守和安逸的观念，未来不仅无法过上好日子、提高生活质量，反而可能会比现在更加艰难。因此，推进农村可持续发展和高质量发展的关键在于改变农民的思想观念。

2. 扩大农村和农民贷款额度和用途，延长贷款使用期限

农村居民脱贫致富的途径是多种多样的，如果政府对贷款用途限制过死，增加政府干预的因素，不利于发挥生产经营的积极性。贷款用途可扩展至交通运输业、餐饮业、加工业、旅游业等多个可增加农户收入的行业和领域。根据不同产业的生产周期，贷款期限延长至3—5年，以适应农户生产经营的需求。

3. 发挥政府宏观调控的优势，力争初级产品定价的话语权

甘肃的农村居民通过养羊、养牛以及种植瓜果等脱贫致富，由于这些行业的产品都是初级产品，位于价值链的起点，在缺少深加工提高产品附加值的情况下，一旦出现供过于求的现象，初级产品的价格就会受到较大的打压，无形中会增加生产者的经营风险。因此，应从政府调控的层面，主动把握初级产品定价的话语权，稳定初级产品的价格，避免出现较大的波动，为农村居民脱贫致富保驾护航。

4. 避免扶贫中的"空心化"，构建稳定脱贫机制

目前采取的脱贫措施主要有政府贴息的银行贷款、财政补贴、财政救济等，通过这些资金鼓励有经营能力的农民发展生产和提高收入，同时对没有劳动能力的农民直接发放低保。但有劳动能力而没有经营能力的农民往往得不到扶贫政策的恩惠，仍然会处于贫困的边缘。同时，在农村有两件事最为重要，分别是教育和看病，虽然农村实行九年义务教育和医保的全覆盖，但还不足以弥补上大学和患大病给家庭带来的沉重负担，因此增加农民的大学教育保险和提高医保的报销比例、扩大医保的报销范围显得非常重要。总之，要构建稳定的脱贫机制，需要以政策的组合拳为依托。

5. 切实提高民族地区居民文化程度，大力提倡移风易俗的婚姻新风尚

民族地区居民文化程度的提高对于维护民族团结和地区稳定具有重要的现实意义。在精准扶贫的过程中，在民族地区可以把提高学生的入学率和受教育时间作为重要工作来抓。通过多种形式宣传和提倡简单、节俭、自由的结婚新风气，同样可以树立正面典型，传递正向能量，应将这项工作作为基层政府和村委会的日常工作予以开展。

（责任编辑　郭利芳）

藏羌彝走廊凉山彝绣产业化发展
助力脱贫攻坚的调研思考

蔡莉英*

【内容摘要】凉山彝族自治州是国家战略藏羌彝文化走廊发展规划的核心区域，同时也是国家脱贫攻坚的重点区域。近年来，地方党委、政府以非物质文化遗产的传承保护与发展为抓手，加快建设具备引领示范效应的特色文化产业，促进凉山特色文化产业发展，取得了一定的成效。本文以国家级非物质文化遗产凉山彝绣为调研对象，对如何促进凉山彝绣产业化发展助力脱贫攻坚提出对策与建议。

【关键词】藏羌彝走廊　彝绣　产业化　脱贫攻坚

凉山彝族自治州是国家战略藏羌彝文化走廊发展规划的核心区域，是国家脱贫攻坚的重点区域，也是全国最大的彝族聚居区，是四川省民族类别、少数民族人口最多的地区。2018 年总人口 521.69 万，彝族人口 275 万，占总人口的 52.71%。区域内有藏、蒙古、回、傈僳、纳西、傣、布依族等 14 个世居民族。历史上，凉山是早期频繁迁徙的"民族走廊"的腹心地带，是茶马古道上的重要驿站和古"南方丝绸之路"的必经之地，是民族交往交流交融的走廊。在历史的进程中，各民族之间相互影响、相互促进、相互融合，形成了生态独特、形态多样的地域文化。现有包括民间文学、民俗、传统音乐、传统技艺、传统美术等在内的国家级非遗名录项目 18 项、省级非遗名录项目 104 项、州级非遗名录项目 261 项、县级非

---

* 蔡莉英，中共凉山州委党校。

遗名录项目 554 项，有国家级非遗项目代表性传承人 12 名、省级传承人 104 名、州级传承人 192 名。2014 年，国家级非遗名录项目"彝族火把节"入选联合国教科文组织"人类非物质文化遗产代表作名录"。

凉山彝绣是国家级的非物质文化遗产。近年来，在地方党委、政府探索文化产业扶贫的实践中，彝绣产业化发展正逐渐成为破解凉山州深度贫困的有力抓手。

一 藏羌彝走廊凉山彝绣产业化发展是实现可持续发展的有效路径

（一）凉山彝绣是传承千年的民族文化瑰宝

据史料记载，彝族纺织和服饰制作孕育于母系氏族时代。彝族刺绣技术产生的时间大约是三国时期，至今已有约 1700 年的历史。彝族史诗《勒俄特依》载："在大雁的故乡……蒲家生三女：长女蒲莫基玛嫁姬（漆树）家，次女蒲莫达果嫁达（蕨草）家，幼女蒲莫列衣未出嫁……她三年设织场，三月制织机，发明了最早的纺织技术。"史诗中还说，有一天蒲莫列衣正在织布，空中飞过的龙鹰身上掉下三滴血，分别落在姑娘的头、腰和百褶裙上，于是蒲莫列衣喜结珠胎，之后生下彝族父系始祖支格阿龙。① 这就是说，彝族纺织和制衣技术产生于母系氏族时代，彝绣亦随之应运而生。《后汉书·南蛮西南夷传》载，彝族先民已能"染采文绣蜀"，唐代时有所发展，至明清时期彝族已能绣出"青绫盖蓝天，红绫铺赤地，黄绫现彩龙……精心地刺绣，绣出红日影"等精美纹样。

凉山彝族刺绣是一种物化了的精神产品，集中体现了凉山彝族的历史文化、社会特点、生活环境、审美情趣和宗教信仰，具有较高的文化价值和美学价值。彝绣色彩典雅、图案自然逼真、技法娴熟、风格独特。尤其是图案纹样取材于大自然和劳动生活中所观察接触的各种事物的形体，充分体现了凉山人民对自然的崇拜和对生活的热爱。如动物纹样有蟹足纹、羊角纹、牛

---

① 凉山彝族自治州人民政府组织选编《中国彝文典籍译丛》第 1 辑第 1 卷《勒俄特依》，四川民族出版社，2006，第 26—28 页。

眼纹等，是祖先对游牧生活的一种表达方式，代表着幸福、财富。植物纹样有蕨笈纹、太阳花纹等。蕨笈是世界上最古老的植物之一，是彝族祖先采集的重要食物来源，彝族先民常靠它渡过饥荒，称其为"救命草"；太阳花纹则代表了彝族人对太阳的崇拜。几何纹样中，常见的有日月纹、波浪纹、旋涡纹、彩虹纹、星纹等，用于表达对天体的崇拜，并有祈福避灾之意，保佑彝族同胞都能平安，无天灾人祸，农业和畜牧业有好的收成。器物纹样有火镰纹、锅庄纹、石阶纹，都是彝族人在生活中常用的生活用品。这些富有文化内涵的纹样代代相传，形成了今天的彝绣特色。

（二）凉山彝绣是民族文化产业发展的重要资源

随着国家文化发展战略及四川行动计划的深入实施，民族地区民族文化发展战略也面临着重大转型，文化发展目标因此发生重大变化。民族文化不仅是保护对象，也是重要的经济发展路径，成为带动全部经济活动的综合发展目标和文化软实力的重要组成部分。经过一段时间的研究探讨，政府和学界都认识到"民族文化要进入国际主流社会，最好的办法就是通过市场途径，这是一条被认可的途径，也是市场经济条件下最可行的途径"。[①] 产业化既可以推动民族文化走向全国乃至世界，也可以促进文化的传承、整合和创新，更可以促进民族地区的经济社会发展。凉山彝绣的民族性、传承性和稀缺性决定其经济价值的增值性和其必然成为民族地区文化产业差异的重要表现。其所蕴含的丰富文化符号成为文化产品符号价值生产的原材料，其生产性保护开发具有广阔的发展空间和良好的市场前景。文化产品具有广泛的参与性和消费性，是推动民族文化产业发展的一个新的增长点。

（三）产业化是凉山彝绣可持续发展的内在需求和有效途径

千年历史的演进，凉山彝绣在形式、内容等方面不断地演化，形式上的复古不是保护的目的，保护的目的是传承与发展。凉山彝绣活态流变的基本特性，决定了对其实施的不是静止的、凝固的保护，而是动态的、为

---

① 柳斌杰：《探索文化产业的理论和实践问题》，《大学出版》2003 年第 4 期。

发展的保护。凉山彝绣为濒危文化，产业化发展是其可持续发展的有效途径之一，把彝绣资源转化为发展文化产业的文化竞争力，赋予它自我发展的能力，保护和发展才能够形成源头活水的良性循环。国家层面鼓励和支持发挥非物质文化遗产资源的特殊优势，在有效保护的基础上，合理利用非物质文化遗产代表性项目开发具有地方、民族特色和市场潜力的文化产品与服务。在多元化的今天，市场化已成为凉山彝绣较好的载体与传播空间，也是其保护与发展的重要手段，通过产业化发展的形式，推动凉山彝绣更好地融入民众的生产生活中，为传承与保护打好基础。

二 凉山彝绣产业化发展现状及面临的问题

根据联合国教科文组织的定义，文化的产业化就是根据工业标准进行生产、再生产和组成文化产品与服务的一个过程，而所谓的工业标准，则主要指标准化、规模化、专业化和连续性。[①] 进行非物质文化遗产开发和利用的产业化经营，有利于文化资源的合理配置、有效传承和文化资本的不断积累。一个民族赖以存在和发展的特有的生存方式、生活智慧、思维方式、想象力和文化意识等非物质文化遗产的产业化经营，就是一种文化不断积累和传承的过程。凉山彝绣的产业化保护可以通过产业链，以彝绣作为核心文化符号，带动相关配套产业的发展，这是实现文化大发展、大繁荣的优势竞争力，是发展文化产业、创意经济的法宝。在凉山决胜全面小康的关键时期，高度重视凉山彝绣产业化的经济和社会价值，对于助力脱贫攻坚以及实现可持续发展具有较强的现实意义。

（一）凉山彝绣产业化发展的现状

按照产业化发展的要求，根据调研情况，凉山彝绣的产业化发展初具规模效应，凉山彝绣已经成为彝族妇女和家庭摆脱贫困的重要产业。一是国家及地方政策支持，推动凉山彝绣产业化发展战略措施的有效落地。近年来，先后出台《国家"十三五"时期文化发展改革规划纲要》《文

---

① 李思屈、李涛：《文化产业概论》，浙江大学出版社，2007，第78页。

化部"十三五"时期文化产业发展规划》《关于实施中华优秀传统文化传承发展工程的意见》等一系列文件。凉山州州委、州政府为加快凉山彝绣产业的进一步发展、争创地方品牌、促进地方经济发展、助力凉山脱贫攻坚，拟定了凉山彝绣产业化发展的规划，即 2020 年初步建成产业园和 10 个产业基地，年总产值达 1.39 亿元；帮助 20 万左右困难妇女实现居家灵活就业，走上脱贫致富的新路子；通过着力打造凉山彝绣，以带动其他产业增加值达 2.78 亿元。有效的政策措施，推动了凉山彝绣产业化发展战略的落地。

二是稳定的市场需求，奠定了彝绣产业化发展的基础。凉山彝绣产品稳定的消费者主要是凉山 275 万彝族同胞，他们每人有不止一套带有彝绣的传统彝族服装，在婚丧嫁娶、重要节庆的时候穿。另外在滇、黔及国内外其他地区的彝胞中也有一定量的消费者，在旅游景点以及学校、酒店、宾馆等地都有彝绣市场，这些现实需求为凉山彝绣的产业化发展奠定了基础。

三是产业内形成了一些彝绣龙头企业。在政府的支持下，凉山彝绣产业在市场化的发展进程中，逐步形成了一些龙头企业，如贾佳服饰、古夷彝绣、昭觉服装厂等，这些企业吸引了大量的彝绣绣娘及相关人员，比较好地解决了民族地区部分农民工就业难的问题，也在一定程度上促进了社会的进步、稳定和发展。

四是初步组建起一支彝绣绣娘队伍。为了推进凉山彝绣的产业化发展，凉山州总工会、凉山州妇联、凉山农校、西昌现代职业学校、各县中职服装专业以及凉山彝绣的非遗代表性传承人通过各种形式，对绣娘进行了培训。至 2018 年 10 月，全州 11 个县市已培训绣娘 7000 多人次，初步建立起一支凉山彝绣的绣娘队伍。

五是彝绣已成为帮助凉山彝族妇女及家庭脱贫的产业。据统计，2017年，全州彝绣产品年销售总额达到 6000 多万元。凉山已脱贫的 500 多个村，有绣娘们的辛勤付出。在调研中我们发现，许多原本在外务工的妇女，纷纷从新疆、广东等地返回西昌、昭觉、冕宁、普格等地从事彝族服饰的加工与营销工作，实现了居家就业的梦想。

（二）凉山彝绣产业化发展面临的问题

一是政府的重视程度不够，凉山彝绣产业未纳入国贫县产业发展规划，在脱贫攻坚中作用发挥不够。凉山彝族自治州是将古老彝绣文化保护得最完整的地方，区域内尤其是凉山彝区有丰富的彝绣传统文化资源，也有市场的需求。调研却发现彝绣产业并没有纳入国贫县的产业发展规划，由此可见国家民族文化产业化战略并未得到地方政府的充分重视，彝绣产业发展未来前景尚不明朗。

二是凉山彝绣产业链短小脆弱，市场竞争力不强。产业链的结构组成，通俗来说是指产业链的整个构成过程，也即某个产品实现最终交易的整个发生过程，从原材料供应到产品的整个价值增值过程。① 产业链基本包括产品设计、原料采购、加工制造、物流运输、订单处理、批发经营和终端零售等环节。就彝绣产业原材料而言，彝族服饰绣片中大多是成批进来的机绣产品，如花边、压条，包包面料、衣裤的图案多数是机制绣品，特别是学生校服，很多花纹是在成都、昆明等地印染的纹样、图案。就产品而言，在入户调查的70多家彝族服饰生产销售一体的店铺中，所生产服饰几乎都是采用统一的图案、花色，没有产品辨识度，缺乏个性与创新，市场竞争力较弱。就产业发展情况而言，产业规模较小，缺乏具有较强推动力和影响力的龙头企业，导致民族文化产业市场竞争力不强、经济效益不高、品牌效应不突出，适应不了市场发展的需求。2018年8月6日，魅力中国城市文旅项目推介暨签约仪式在西昌举行，凉山州共签署项目19个，协议金额达1134.98亿元，但其中没有发现彝绣产业的项目。就市场销售而言，销售方式传统、保守，缺乏专业的市场策划及营销人才，主要通过传统的集市、门店进行销售，也有一些荷包等小饰品在旅游景区被兜售。在淘宝网站上用"大凉山+彝绣""大凉山+彝族+刺绣""凉山+彝绣"等关键词进行搜索，只能搜到极少数的产品，这些产品主要为手包或者背包等。另外凉山彝绣产业还面临着绣娘数量锐减，遭遇现代服饰的挤压，

---

① 张延坤：《产业链理论研究》，硕士学位论文，河北工业大学，2012，第19页。

以及在市场化的过程中风格特征被"弱化"、内容形式被"异化"等问题。①

三是凉山彝绣的产业化发展面临资金不足、专业化人才匮乏的窘况。在调研中发现，资金短缺成为制约县域彝族刺绣发展的重要因素。多家彝族刺绣协会负责人反映的主要问题都是缺乏资金支持，协会无法购买相关刺绣材料，无法组织扩大再生产。融资渠道也不顺畅，农户很难向金融机构贷款，协会也因缺乏相应的担保或者抵押能力，融资困难。资金不足成为凉山彝绣产业发展的瓶颈。而彝绣专业化人才匮乏的问题集中体现在三个方面。第一，凉山彝绣产业人才整体文化水平较低。调查发现，绣娘、绣工、彝绣门市负责人受过大专以上教育的占 2% 左右，初中以下学历的占 40% 左右，不识字的占到 45% 左右。因为文化水平低，他们在彝绣制品的制作中，基本是传承传统的纹样、图案、种类等，不具备彝绣作品的创新与发展能力。第二，设计人才缺乏。一些彝绣企业家尽管已经意识到需要对产品进行设计创新，但由于文化教育水平低，又没有接受过专门的设计训练，心有余而力不足。另外，有一些高校的学者也在进行设计研究，但是，他们更多地局限于学术理论方向的研究，虽然有精彩的成果，但是，这些研究成果与实际生产结合度不够，并没有产生很好的科研转化效应。第三，生产人才不足。通过问卷调查"您家中女性谁的绣花技能最好"，发现调查对象选"奶奶和外婆"的占 20%，选"妈妈"的占 52.4%，选"姐姐和嫂子"的占 6%，选"本人和妹妹"的占 2%。这一组数据表明，现在的年轻女性已经很少学或不再学彝族刺绣，彝绣人才队伍面临断层的危险。

三　推进凉山彝绣产业化发展助力脱贫攻坚的对策建议

（一）强化政策机制，为凉山彝绣产业化发展提供保障

一是加强各级党委、政府重视的力度，合力推动凉山彝绣的产业化发

---

① 凉山州妇联：《拓展彝绣产业路子，助力贫困妇女脱贫攻坚调研报告》，2018 年 11 月，第 35 页。

展。将彝绣产业纳入国贫县产业发展规划，形成党委领导、政府履责、社会协同、贫困群众参与、机制保障的格局，推进彝绣的产业化发展。二是积极搭建彝绣产业健康发展的服务平台。由州移民局牵头，设立彝绣产业扶贫专项资金；做好凉山彝绣产业发展的信贷支持工作，完善金融对凉山彝绣产业扶贫专项政策，加强贫困地区农村征信体系建设，提升贫困人口的金融意识，有效利用金融扶贫政策，解决好彝绣产业发展资金不足的问题。三是成立凉山彝绣专家服务团队。从省内外的社会团体及省内高校中招募相应的工作人员，对从彝绣产品的设计、市场调研、产品生产到市场体系构建的整个产业链进行全方位指导，通过专家服务团队精准植入更多的帮扶活动，不断优化企业发展环境，减轻企业负担，进一步促进凉山彝绣产业提升，形成合力，推进凉山彝绣的产业化发展。四是加大产业协会的建设力度，提升彝绣产业水平。加强彝绣行业协会的建设，使其真正成为政府与企业之间的桥梁，向政府传达企业的共同要求，协助政府制定和实施行业发展规划、产业政策、行政法规和有关法律。同时，制定并执行行规行约和各类标准，协调本行业企业之间的经营行为；对本行业产品和服务质量、竞争手段、经营作风进行严格监督，维护行业信誉，鼓励公平竞争，打击违法、违规行为等，为凉山彝绣的产业化发展提供制度保障。

（二）要处理好凉山彝绣传承与创新的关系，有效解决市场化过程中风格特征被"弱化"、内容形式被"异化"的问题

"无论采用何种方式，包括生产性方式和产业化方式，都必须以非遗项目的核心技艺（而不是技术）和核心价值（原本的文化蕴涵）得到完整性的保护为前提，而不是以牺牲其技艺的本真性、完整性和固有的文化蕴涵为代价。"[①] 保持原真，首先要做好彝绣地域文化元素的筛选工作。传统文化是一个庞杂的系统，彝族刺绣主要涉及彝族服饰或旅游纪念品的设计，要将传统文化融入彝族刺绣中，就必须对内容内涵极为丰富的凉山彝族刺绣文化元素进行系统完整的挖掘、识别、梳理和筛选，纳入数据库，

---

① 刘锡诚：《非遗产业化——一个备受争议的问题》，《河南教育学院学报》2010 年第 4 期。

为彝绣图案设计者和绣娘提供全方位的凉山彝绣文化呈现，让设计者和绣娘能够深刻理解凉山彝绣文化的真正含义，知晓凉山彝绣与其他绣品在区域特征、民族特色、纹样风格等方面的区别，使他们在进行创造的时候能更好地保持凉山彝绣的本真。其次提高政府职能部门、彝绣社会组织及从业者的"非遗"保护意识，加强市场监管力度，为民族文化的传承与发展营造一个良好的环境。在充分尊重彝绣项目的真实性、保护好本真形式和核心内涵的前提下，进行色彩、图案、题材、载体的创新，例如在保留彝族黑、红、黄三原色为主的前提下将现代色彩表现形式纳入彝绣配色中；选取意义积极的神话传说、生产生活图景、山川风景图、历史故事以及大凉山有代表性的旅游景点等设计图案、纹样，制作各类彝绣产品，通过彝绣产品让人们感悟凉山民族文化的魅力；拓宽"彝绣"产品的身份思路，使彝绣从"礼服"回到"常服"身份，在现有彝绣实用品类基础上创新拓展其使用范围，如被套、窗帘、汉族服饰等都可以尝试，从而激活市场需求，让凉山彝绣走得更远。

（三）以品牌建设为抓手，促进凉山彝绣产业的全球化发展

《文化部"十三五"时期文化产业发展规划》明确了"加强文化品牌建设"的重要性。美国市场营销协会将品牌定义为"一个名称、名词、符号、象征、设计或其组合，用以识别一个或一群出售者之产品或劳务，使之与其他竞争者相区别"。[①] 可以看出，品牌的最大特点在于独立性和差异性。每一种"非遗"都具有鲜明的文化差异和巨大的文化价值，都是"先天性"独一无二的品牌，产业化的前景十分美好。从心理学的角度讲，品牌是消费者最容易也最愿意接受的直接感知，亦是最可信赖的依靠。

一是在彝绣产品生产经营中，倾力打造"中国彝绣之乡"品牌，积极做好商标注册、专利申报及知识产权保护工作。

二是切实做好凉山彝绣品牌的推广工作。随着凉山彝绣产品市场的逐渐成熟，具有彝族特色的彝绣作品带有的地域特点，本身就会构成一种品牌印记。凉山彝绣已经有核心价值和品牌识别系统，继续推进品牌化战

----

① 孙天：《非物质文化遗产的产业化发展路径研究》，《艺术百家》2018 年第 1 期。

略，打造彝绣品牌架构，依据现有的彝绣企业规模与发展阶段、产品特点、消费者心理、竞争格局与品牌推广能力等实际情况，进行理性的品牌延伸扩张。从产品的设计、生产到销售，从品牌建设到推广过程，要尝试引领消费者的生活方式。按照自媒体时代新兴消费者对时尚和个性的推崇，在凉山彝绣产品中，除了以经典的图案和花色对传统文化进行标记和传承外，也要尽可能满足不同消费者对个性化和定制文化产品的需求，注重市场细分和产品设计，进一步培养忠实客户。注重龙头企业的培养，建设产业集群，扩大产品识别度和认知度。

三是积极做好彝绣产业（产品）的展览、博览会等宣传工作。会展经济具有客流、信息流、资金流等高度集中的优势，不仅可以高效推广企业产品，提高知名度，还能为企业提供技术与服务的机会。因此，彝绣产品、彝绣企业应扎实做好会展营销，让企业的生存和发展在展会经济这个平台上求得突破。例如举办或者参加少数民族民俗博览会、彝绣时装展示会、彝绣设计比赛、彝绣创业设计大赛等，进一步提升品牌的知名度，实现产业带动效益。

四是促进彝绣产业与相关产业的融合。凉山历史悠久，文化灿烂，尤其是大凉山彝族文化更具魅力，吸引了不少中外游客。探索彝绣产业与全域旅游的融合推进，既能创造社会价值和经济价值，又能提升彝绣产品的知名度。可以利用凉山彝族国际火把节开设彝绣产品专场展示、展演，拓展以彝族刺绣服饰为标志的彝族服饰类旅游商品，设计打造彝绣类体验性活动，满足游客观赏类、体验类、购物类、修学研究等需求，推动凉山彝区综合性文化旅游目的地的建设。

五是推动国家"非遗+扶贫"战略在凉山落地生根。"非遗扶贫"就是以非物质文化遗产的保护和传承发展为核心，以非遗产品为载体，通过互联网技术和电子商务平台对非遗产品进行设计、生产、管理和营销，让更多的非遗手艺人借助其自身技艺实现就业增收。[①] 凉山是第一批"非遗扶贫"的重点支持地区，地方政府要高度重视，利用国家层面的支持以及

---

① 许朝军：《"非遗扶贫"是个好主意》，映象网，2018 年 1 月 24 日，http://www.hnr.cn/news/pl/yxwp/201801/t20180124_3061475.html。

"唯品会驻四川凉山传统工艺工作站"的机遇，抓好凉山彝绣品牌符号的设计、市场标准的制定工作，以及系列彝绣时尚产品的研发，创新彝绣生产经营模式，采取"企业+协会+绣娘""互联网+彝绣"等模式，切实加大与唯品会、唐人坊等平台的合作，走联合生产经营之路，为凉山彝绣产品更多地占领国内市场并拓展国际市场，逐步实现凉山彝绣产业的全球化发展开辟新路。

（四）加大对彝绣产业人才的培养力度，逐步建设一支专业化的彝绣人才队伍

产业要发展，人才是关键。一是将彝族刺绣传承教育纳入中小学人才培养计划。随着服饰生产现代化和彝族女孩受教育程度的提高，古老的彝绣面临着后继乏人的危机，将彝绣纳入中小学手工劳动和兴趣教育，有利于彝绣在传承中获得保护。

二是在职业教育中专项培养彝绣技能人才。在职业教育中将彝族刺绣技能教育纳入职业技能培养计划，一方面可以依托四川应用技术学院、西昌学院以及各县的职业高中，积极申报并开设彝族刺绣专业，将彝族刺绣技能人才培养纳入服装专业教育进行专项培养，逐步形成本科、专科、高职等不同层次的人才培养格局，形成人才梯队；另一方面，在学校的专业培养过程中，聘请彝绣非遗代表性传承人参与教学活动，充分展示彝绣文化的魅力，并且充分利用和发挥彝绣龙头企业的作用，建立彝绣产业实践基地，强化实践能力的培养，发挥校企合作优势，培养高层次的彝绣专门人才。

三是引进彝绣产业高端人才。创设良好的人才引进环境和人才引进机制，设立彝绣产业专业引进方案，采取设立首席专家、技术顾问，开展技术合作、对口支援、团队引进等方式，多渠道引智引才，推进凉山彝绣产业发展。

四是加强对彝区农村妇女进行专项彝绣技艺培训。在彝绣产业发展过程中，彝区妇女是生产的主力军。在过去培训的基础上，切实加大培训力度，采取"走出去、请进来"、以赛（彝绣技能大赛）代训等多种方式，对绣娘进行培训，开阔她们的视野，提升她们对彝绣文化内涵的理解能力

和对核心技艺的把握能力。通过各种教育培训手段，打造一支专业化的彝绣人才队伍，夯实凉山彝绣产业化发展的人才基础，也为凉山的脱贫攻坚以及乡村振兴提供不竭的动力。

（责任编辑　郭利芳）

西南民族地区资源型产业结构的
演进与发展

郭利芳[*]

【内容摘要】经济发展的理论和实践证明，产业结构演进和发展与经济之间是有着特殊关联的。经济发展史沿着产业结构的有序演进而展开，由以第一产业为主的农业社会向以第二产业为主的工业社会转变，再转向以第三产业为主的后工业社会。经济发展水平与产业结构高度化的演进也是同步的。西南民族地区资源型区域——攀西地区，是资源比较富裕的区域，其产业以资源型为主，研究攀西民族地区资源型产业结构的演进，对于攀西民族地区的产业结构调整和优化是有一定积极作用的。

【关键词】 西南民族地区　攀西民族地区　资源型产业结构

一　攀西地区的基本情况

（一）资源型产业的定义

本文对资源型产业的定义是建立在资源的开发与加工（包括可再生资源和不可再生资源）基础上的，这里的资源主要是指土地资源、水资源、矿产资源和生物资源。[①]

---

[*]　郭利芳，四川省社会科学院。

[①]　更深入的论述参见郭利芳《资源丰裕型民族地区产业结构转型与升级研究——以攀西地区为例》，经济科学出版社，2015。

（二）攀西地区概况

本文中的攀西地区是"攀枝花和西昌"的简称，包括攀枝花市和凉山彝族自治州2个市州的22个县（市、区）。攀西地区共有市级行政单位2个，县级行政单位22个；辖区面积6.7万平方公里，占全省的13.8%；人口是590.73万，占全省的6.2%。该区域是我国乃至世界上资源富集、组合比较合理的资源"聚宝盆"，也是我国西部最有发展潜力的区域之一。该地区位于长江上游经济带。[①]

（三）攀西地区的资源

攀西地区是世界上少有的资源富集的地区，是我国优势资源开发的重点地区，拥有富甲天下的矿产资源。攀西地区矿产资源种类很多，总量也很大，组合优越，开发利用的条件很好。攀西地区的水电资源富集，是该地区最具有开发优势的资源。生物资源达6000多种，其中，高等植物有200多科5000多种；野生脊椎动物有607种，渔猎动物有82种，国家珍稀动物有50多种；野生真菌有500多种，占四川省真菌总种数的40%。攀西地区旅游资源优势突出，类型多样。当地少数民族比较多，民族风情的旅游景观也很丰富，其中最著名的是凉山彝族自治州的火把节。

攀西地区的产业结构优化不仅在西部地区，就是在全国，也是做得很好的。为了使攀西地区得到更好发展，仍需要进一步推动整个资源型产业的结构调整。

二　攀西地区的三次产业现状

几十年来，攀西地区国民经济已经得到了健康稳定的发展，三次产业也呈现出全面协调发展的态势，产业结构调整的步伐加快。表1为攀西地区2006—2019年三次产业结构的比例变化，从中可以看出，第一产业下降了近7个百分点，第三产业上升了近10个百分点。

---

① 解洪：《攀西新跨越——攀西地区区域规划研究》，四川大学出版社，2008，第2页。

表 1　2006—2019 年攀西地区三次产业比重

单位：%

	2006年	2007年	2008年	2009年	2010年	2011年	2012年	2013年	2014年	2015年	2016年	2017年	2018年	2019年
第一产业比重	24	22.6	20.6	21.2	18.9	16.2	18.5	17.9	15.9	14.8	13.9	12.87	13.5	17.1
第二产业比重	44.1	45.4	48.1	49.1	51.1	42	60.8	56.9	55.3	58	56.34	51.25	49	41.34
第三产业比重	31.9	32	31.4	29.7	30	13.7	27.3	25.6	28.5	27.3	29.76	35.88	37.5	41.56

资料来源：根据 2006—2019 年《四川统计年鉴》《凉山彝族自治州统计年鉴》《攀枝花统计年鉴》整理。

从就业结构的角度来看，攀西地区三次产业就业人员结构如表 2 所示。

表 2　2006—2019 年攀西地区三次产业就业结构

单位：%

	2006年	2007年	2008年	2009年	2010年	2011年	2012年	2013年	2014年	2015年	2016年	2017年	2018年	2019年
第一产业就业比重	75.2	75.06	71.53	69.39	68.27	66.26	65.74	65.33	64.65	63.12	62.18	61.04	60.32	59.67
第二产业就业比重	9.7	9.72	13.95	10.94	12.39	13.01	12.87	12.36	13.04	14.29	15.31	16.19	17	18.91
第三产业就业比重	15.1	15.22	14.31	19.67	19.33	20.72	21.4	22.31	22.31	22	22.51	22.77	22.68	21.42

资料来源：根据 2006—2019 年《四川统计年鉴》整理。

（一）第一产业现状

根据"三次产业分类法"划分规定的国民经济部门中的第一产业指的

是以利用自然资源为主，生产不需要深加工就可以用来消费的产品或者说是工业原料的部门，包括种植业、林业、牧业、渔业等。随着经济的快速发展，攀西地区的第一产业产值在国民经济中的比重有所下降，但是一直到 2019 年，第一产业就业的人数比重仍然很高，达到了 59.67%。可以看出农业收入仍然是农民的主要收入。

合理的农业产业结构对于农业健康、持续的发展是有很大促进作用的。改革开放以来，攀西地区的农业产业结构调整成果显著。2019 年全年，攀西地区实现农业总产值 740.32 亿元，粮食生产再创新高，2019 年粮食作物播种面积是 120.6 万公顷，增加 2.56 万公顷，比上年增长 2.2%。经济作物增产增效，2019 年烤烟产量达到 11.8 万吨，比上年减少 2.07 万吨。水果产量达到 221.4 万吨，比上年增加 1.76 万吨。蔬菜产量达到 412.4 万吨，比上年增加 31.1 万吨。林业也取得了新的进展，2019 年攀西地区完成造林面积 13.17 万公顷，比上年增加 0.52 万公顷。其中，完成退耕还林面积是 7647 公顷，比上年增加 2134 公顷。①

（二）第二产业现状

根据"三次产业分类法"划分的国民经济部门中的第二产业指的是工业和建筑业，其中工业又包括制造业、采掘工业、自来水、电力、蒸汽、热水、煤气等。攀西地区工业产业结构调整效果比较明显。2019 年，攀西地区继续推进工业带动经济发展的策略，攀枝花四大支柱产业完成总产值情况如下：钢铁产业 456.32 亿元，增长 23.1%；钒钛产业 66.54 亿元，增长 46.7%；能源产业 236.76 亿元，增长 32.5%；化工产业 72.58 亿元，增长 64.7%。② 凉山州支柱产业中，黑色金属矿采选业增长 21.5%，有色金属矿采选业增长 17.5%，黑色金属冶炼压延加工业增长 10.4%，有色金属冶炼压延加工业增长 41.6%，电力生产和供应业增长 29.5%。③ 工业结构调整取得了很大的进展，为攀西地区的工业经济发展提供了活力。根据统

---

① 资料来自攀枝花市 1999—2019 年《国民经济和社会发展统计公报》，凉山州1999—2019年《国民经济和社会发展统计公报》。
② 资料来自攀枝花市 2019 年《国民经济和社会发展统计公报》。
③ 资料来自凉山州 2019 年《国民经济和社会发展统计公报》。

计资料，攀西地区 2019 年规模以上工业企业实现主营业务收入 2738.3 亿元，增长 23.4%；利税总额和利润总额分别达到 207.51 亿元和 102.86 亿元，分别增长了 40.8% 和 52.4%。建筑业也得到了快速发展，2019 年攀西地区资质等级以上的企业是 409 个，实现总产值 570.02 亿元，企业数比上年减少 3 个，但是总产值增长了 26%。2019 年攀西地区建筑业实现增加值 172.07 亿元，比上年增长 21%。[①]

（三）第三产业现状

第三产业是服务性质行业的合集，主要包括流通、服务两个大的部门，但是它的发展程度决定着一个国家或者地区的经济发展水平。[②] 攀西地区的服务业发展起步比较晚，总体水平也不是很高。改革开放以来，攀西地区的服务业发展势头比较好，发展也比较迅速，成为地方经济的重要组成部分。2019 年攀西地区第三产业增加值达到 116.56 亿元，比上年增长 9.9%。随着社会和经济的发展，第三产业的绝对值有了提高，而且占国内生产总值的比例也比上一年增长了 1.8 个百分点。攀西地区的旅游资源造就了地区旅游业发展的独特条件：自然景观丰富，民族风情浓郁，人文景观特色鲜明。尤其是冬季，阳光明媚、温暖宜人，融民族风情、自然生态、高科技和休闲于一体，可以成为西部重要的冬季阳光旅游胜地。再者，攀西地区的地理区位使得其具有对外开放与提升城市功能的优势，可以成为商贸物流枢纽中心。交通运输业稳步发展，邮电业也得到了快速发展。总的来讲，在国家积极的财政政策和西部大开发政策的引导下，攀西地区的第三产业在新时期得到了较好发展。

三　西部大开发以来西南民族地区资源型产业结构演变和发展

改革开放以来，随着社会、经济的发展，攀西地区经济总量也呈现出

---

① 资料来自攀枝花市 2009—2019 年《国民经济和社会发展统计公报》，凉山州 2009—2019 年《国民经济和社会发展统计公报》。

② 参见国家统计局在 2003 年公布的《三次产业划分规定》。

增长的趋势，各个产业的产值不断增长，在国民经济中的比重也发生了很大的变化。攀西地区政府始终把资源型产业结构的优化和发展作为一项重要的战略措施，不断促进优势产业的发展，并取得了阶段性的成果。产业结构得到有效调整，日趋合理与高级化，但是仍然存在着一些问题。从表3中可以看出，2006—2019年，攀西地区的经济得到了快速发展，地区生产总值从2006年的649.67亿元增长到2019年的2686.43亿元。攀西地区的第一、二、三产业产值分别由2006年的115.01亿元、348.09亿元和186.57亿元增加到2019年的459.34亿元、1110.53亿元和1116.56亿元，第二产业的增长速度最快。三次产业不仅在绝对产值上发生了变化，而且其构成比例也由2000年的24∶44.1∶31.9变为2019年的17.1∶41.34∶41.56，第一产业的比重下降了6.9个百分点，第二产业下降了2.76个百分点，第三产业增加了9.66个百分点。从总体来讲，攀西地区的资源型产业结构由传统的第一产业占相当大的比重，逐渐向第一产业所占比重逐渐减小、第二产业所占比重逐渐增加、第三产业所占比重基本保持不变转变。从工业化发展阶段与产业结构的变化规律来判断，攀西地区目前已经处于工业化发展阶段，整个产业结构向着合理化的方向发展。

表3　2006—2019年攀西地区生产总值与三次产业产值一览

单位：亿元

年份	生产总值	第一产业产值	第二产业产值	第三产业产值
2006	649.67	115.01	348.09	186.57
2007	796.09	147.07	432.64	216.38
2008	988.69	176.96	559.65	252.08
2009	1051.19	177.78	556.14	317.27
2010	1308.18	193.55	757.68	356.95
2011	1645.76	218.74	1011.35	415.67
2012	1862.74	244.57	1149.31	468.86
2013	1601.76	259.88	1194.38	517.97
2014	2184.82	282.7	1286.18	565.96
2015	2240.02	294.89	1315.68	635.46
2016	2029.36	314.96	1399.5	704.14

年份	生产总值	第一产业产值	第二产业产值	第三产业产值
2017	2288.5	333.68	1366.9	724.14
2018	2706.71	347.31	1344.26	1015.11
2019	2686.43	459.34	1110.53	1116.56

从工业化国家产业结构发展趋势来看，第二产业所占比重会逐渐上升，到一定程度后就会回落；第三产业会呈现出上升趋势，而且所占比重会越来越大。工业化国家在早期，实现转变的临近点大都是在工业所占比重达到50%左右；在工业化后期，工业的比重就下降到30%左右，而且第三产业的比重也已经超过了第二产业的比重；然后第三产业发展逐渐放缓，第二产业又超过第三产业，比重达到40%左右。从变化趋势可以看出，在未来攀西地区的经济发展中，第二产业还是作为主要产业，并且所占比重还有可能继续攀升，第一产业和第三产业的比重差距也将继续扩大。第二产业仍然是攀西地区以后发展的主要内容。

（责任编辑　陈云）

推进青海涉藏地区社会治理体系和治理能力现代化的思路与对策

陈　玮　张立群　高永宏*

【内容摘要】涉藏地区社会治理体系和治理能力现代化是国家治理体系和治理能力现代化的题中应有之义。青海在推进涉藏地区社会治理体系和治理能力现代化过程中积极实践、勇于探索，取得了明显成效，积累了丰富经验，同时也存在一些制约因素，需要从顶层设计和研究，发挥民族区域自治制度的治理作用，提高城乡基层依法治理能力，提升民生保障水平，实现生态保护与经济社会发展双赢，完善藏传佛教寺院社会化治理，推进交界地区平安与振兴，巩固提升精准脱贫成果，促进各民族交往交流交融，争取国家政策支持等方面持续发力。

【关键词】青海涉藏地区　治理体系　治理能力　现代化

一　青海推进涉藏地区社会治理体系和治理能力现代化的做法与成效

党的十九届四中全会指出，国家治理体系和治理能力是中国特色社会主义制度及其执行能力的集中体现。社会治理体系和治理能力是一个地方在党领导下管理各方面社会事务的制度体系和制度执行能力的集中体现。

---

*　陈玮、张立群、高永宏，青海省社会科学院。

涉藏地区社会治理体系和治理能力则是国家治理体系和治理能力的有机组成部分，与国家治理体系和治理能力是矛盾的特殊性与普遍性的关系。在青海这样的多民族地区，没有涉藏地区社会治理体系和治理能力的现代化，就没有国家治理体系和治理能力的现代化。

中央第六次西藏工作座谈会召开以来，青海省委、省政府认真贯彻落实会议精神，强化顶层设计，推动体制机制创新，结合实际，积极实践，勇于探索，建立了城区、农村、牧区三种类型，市州、县市区、乡镇、村社区社会治理四个层级的青海涉藏地区特色治理模式，形成了层级分明、条块结合、上下联动、多方参与的社会治理格局，进一步建立健全了基层组织、服务管理、维稳工作、法治保障、治安防控、公共安全、心理服务等社会治理体系，社会治理能力和水平得到进一步提升，人民群众的获得感、幸福感、安全感连续数年稳步攀升。①

一是涉藏地区社会治理与创建民族团结进步示范省相互融合、相互促进。近年来，涉藏地区各级党委、政府在总结社会治安综合治理基本经验、整合综治维稳和涉藏维稳各方面资源的基础上，将民族团结进步示范省的创建作为凝聚人心、长期建藏的重要工作，将社会治理创新作为维护社会稳定的抓手，为涉藏地区长治久安和科学发展提供了全新的借鉴与示范样本。截至2019年底，青海涉藏六州均已成功创建全国民族团结进步示范州，民族团结进步事业走在了全国前列。

二是藏传佛教寺院管理法制化常态化机制基本建立。涉藏地区各级党委、政府积极探索适应新形势新任务的综合性、立体化、常态化治理模式，坚持管理与服务并重的原则，进一步健全完善乡村治理与寺院管理协调联动的机制，实现地方经济社会发展规划对寺院基础设施建设、公共服务、社会保障全覆盖。经过多年来持续不断努力，党委、政府依法管理宗教事务的能力得到有效提升，宗教教职人员和信教群众的法治观念进一步提高，藏传佛教服务于社会的作用更加显现。

三是涉藏地区城乡基层治理体系和治理能力不断完善和提升。涉藏地区各级立法机关和行政机关坚持科学立法、民主立法、依法立法，不断健

---

① 李雪萌：《描绘基层社会治理新画卷》，《青海日报》2020年1月8日。

全完善社会治理的法规政策体系，构建起较严密的社会治理制度体系和较完备的社会治理保障体系，城乡基层治理体系不断完善，党组织领导的自治、法治、德治相结合的城乡基层治理格局初步形成。下大气力持续实施"三基"建设等能力提升工程，基层干部党员"四个意识""两个维护"更加坚定，以村（社区）党支部为核心的涉藏地区基层组织建设得到进一步加强，城乡基层干部特别是村（社区）领导班子抓基层治理的基本能力有了明显提升。

四是涉藏地区法治政府建设步伐不断加快。有效纠正违法行政和不规范行政执法行为，下大气力解决群众"办事难""跑腿多"等问题，加快法治政府、服务型政府建设步伐，政府公信力得到明显提升。对宗族势力利用习惯法干扰行政、司法、教育，扰乱正常社会秩序的行为，依法处理，妥善解决各类矛盾纠纷，对反分裂反渗透斗争常抓不懈，维护宪法和法律尊严、维护国家法律统一实施的观念更加深入人心，涉藏地区长治久安的大局更加稳固。

五是交界地区平安与振兴工程有效实施。青海省积极推动在青甘川交界地区实施"平安与振兴工程"，加大投入力度，一批民生工程得以实施，基础设施得以改善，交界地区长治久安和科学发展的基础更加牢固。积极探索交界地区毗邻乡镇、村（社区）党组织之间建立"联合党工委""联合党支部（党小组）"，推动形成以"联防、联动、联保、联建、联治"为主要内容的区域联动协作机制，交界地区社会综合治理机制不断完善。通畅交界地区各民族之间交往交流交融渠道，积极搭建毗邻村（社区）民间友好联谊联动平台，推动建立矛盾纠纷预防和协作调处机制，交界地区民族交往交流交融持续深入。

六是涉藏地区脱贫攻坚目标实现。青海省不断加大脱贫攻坚力度，压实各地各级责任，精准识别、精准施策、精准脱贫，2020年底涉藏地区建档立卡贫困人口清零目标如期实现，"两不愁三保障"问题得到有效解决，贫困发生率进一步降低，贫困群众的获得感、幸福感明显增强。反贫困工作重心将向进一步巩固精准脱贫成果、常规减贫、缩小收入差距、城乡反贫困政策一体化等方面转移。

七是生态保护与经济社会发展良性互动。青海各族人民牢记习近平总书记"四个扎扎实实"重大要求，把生态保护责任牢牢扛在肩上，强化顶层设计，初步形成了具有青海特色的"四梁八柱"生态文明制度体系，国家公园示范省建设取得重大进展，生态文明建设不断迈上新台阶。积极探索涉藏地区生态保护与经济社会发展双赢的实现路径，妥善处理自然保护地保护与利用的关系，充分调动农牧民投身生态保护的积极性、主动性，促进重要生态产业持续健康发展，生态保护与经济社会发展呈现良性互动的局面。

二　青海涉藏地区社会治理实践中的经验与启示

中央第六次西藏工作座谈会以来，青海涉藏地区各级党委、政府在社会治理实践中不断探索，涌现出了一批行之有效的典型治理经验和成功做法，已成为新时代"枫桥经验"青海化的成功实践，对全国其他涉藏地区社会治理具有一定的借鉴示范作用。

一是"班玛经验"及其升级版。2013 年 12 月起，按照青海省委安排部署，集省、州、县三级之力，在班玛县开展了为期半年多的集中整治工作，把依法治理摆在首要位置，坚持"什么问题突出就重点整治什么问题""什么性质的矛盾就按什么性质处理"。经过半年多的集中整治，初步实现了由应急维稳向常态化管理、由被动防控向主动创稳的转变，为进一步健全完善维护涉藏地区社会稳定的长效机制奠定了坚实基础，初步形成了以人为本、管理与服务并重、"管脑子"与"管肚子"同步共进等为核心理念的涉藏地区治理"班玛经验"。"班玛经验"形成后，很快在青海其他涉藏地区推广运用，各地结合本地实际，不断创新实践、推陈出新，又形成了升级版的"班玛经验"。"班玛经验"及其升级版的启示是，对于社会治理中存在的主要矛盾和突出问题，要"两手抓，两手都要硬"，既要专项治理，又要依法治理；既要源头治理，又要常态化治理；既要强化管理，又要注重服务。只有这样，才能从根本上解决问题。

二是玉树"村寺并联治理"模式。玉树地震后，面对灾后重建中发现的一些亟待解决的突出问题，玉树州委、州政府及时推出治村必治寺、治寺必治村的"村寺并联治理"新思路新方法，将寺院作为社会治理单元，建立健全矛盾纠纷联合调处、突出问题联合治理、社会治安联合防控、重点人员联合管理、基层平安联合创建的"五联机制"。① 通过实施"村寺并联治理",树立了法律权威,维护了良好的社会治安环境。这一做法的启示是,不能孤立地看待某一事物,一切事物都处于普遍联系之中,唯有用唯物辩证的观点、普遍联系的方法看待问题,才能找到解决问题的有效办法。

三是藏传佛教寺院三种管理模式。2013 年初,青海省委、省政府创造性地提出了"共同管理""协助管理""自主管理"三种新型寺院管理模式。即对问题突出、维稳隐患较多的寺院单设寺院管理委员会,并与寺院民管会一起,共同进行管理;对民管会管理能力弱、管理制度不健全的寺院,以州(市)、县佛教协会名义委派干部进入民管会,实行协助管理;对一贯爱国爱教、管理规范的寺院,委派指导员,不住寺,实行自主管理。② 这一做法的启示是,三种管理模式找准了加强和创新寺院管理工作的切入点,体现了因寺施策、标本兼治、循序渐进、着眼长远的管理理念。

四是涉藏地区牧业合作"拉格日模式"。位于黄南州泽库县西部的拉格日村,人均草场面积不足 100 亩。牧民采用传统分散经营方式,带来了草场超载、过度放牧、产能下降、发展不可持续等一系列问题。在政府指导下,2011 年拉格日村组建了专业合作社,吸纳部分牧户入社,整合草场和牲畜,探索形成了统一管理、利益共享、风险共担的合作模式——拉格日模式。截至 2018 年末,合作社入社牧户占全村牧户的 98.9%,整合草场占全村草场总面积的 95.9%,牲畜入股数量占全村存栏牛羊总数的98.8%。2012—2018 年合作社累计现金分红 2714.98 万元,2018 年人均收入达到 15330 元。拉格日模式最为显著的经验是保护和修复了生态环境,做到"禁牧""减畜"双轮驱动,走出了一条生态、生产、生活协调可持

① 才项多杰、谢热:《积极探索藏区社会治理新路径新方法——"村寺并联治理'玉树模式'"探析》,陈玮主编《2018 年青海经济社会形势分析与预测》,社会科学文献出版社,2018。

② 陈玮、谢热等:《青海省推行藏传佛教寺院"三种管理模式"成效及经验》,陈玮主编《2017 年青海经济社会形势分析与预测》,社会科学文献出版社,2016。

续发展的路子。拉格日模式的启示是，走合作经济之路，发展壮大集体经济，是乡村治理必不可少的物质基础。同时，还要尊重自然规律，遵循经济规律，才能实现人与自然和谐相处及可持续发展。

五是高海拔移民搬迁德吉村模式。位于黄南州尖扎县昂拉乡黄河岸边的德吉村，是一个由2镇5乡251户贫困农牧户组成的易地扶贫搬迁集中安置点。这些农牧户原先居住在高海拔浅脑山地区，由于生存环境恶劣、致富无门，面临着"一方水土养不活一方人"的困境。2016年，尖扎县将区位优势明显、生产生活条件较好的德吉村确定为易地扶贫搬迁集中安置点。为实现"搬得出、稳得住、能致富"的目标，德吉村依托黄河水利风景、气候等优势，创新探索易地扶贫搬迁新路子，积极融入民俗文化、黄河文化和农耕文化等元素，培育了以乡村旅游为龙头，特色农业、文化和光伏等一、二、三产业深度融合的"多业共生、多轮驱动"扶贫产业格局，走上了以"文化旅游＋精准扶贫＋乡村振兴"为特色的脱贫致富道路。① 这种"德吉村模式"的启示是，精准脱贫与乡村治理有密不可分的联系，以人为本"换脑子"、挪个地方"换活法"，在精准脱贫中解决好贫困群众的后续产业和就业问题，对于维护社会和谐稳定至关重要。

六是"党建＋村规民约"拉乙亥麻做法。海南州共和县倒淌河镇拉乙亥麻村以前是一个远近闻名的"问题村""后进村"。2010年，以村两委班子换届选举为契机，在上级党委、政府指导下，新班子从加强基层党组织建设入手，强化制度建设，创新管理方式，探索出"党建＋村规民约"的基层治理经验。村党支部首先对各项管理制度进行了梳理完善，制定了《村规民约96条》，形成了规范和约束干部群众的管理监督制度，有效遏制了歪风邪气，形成了邻里和睦、毗邻友好的良好局面。同时在发展生态畜牧业、基础设施建设、乡村旅游、实用技能培训上下功夫，打出了品牌、取得了实效，推动村级各项事业协调发展。短短几年，拉乙亥麻村成为基层党建、基层治理的一面旗帜。拉乙亥麻做法的启示是，建强基层党组织、配优两委班子特别是党组织负责人，是做好基层社会治理工作的关

---

① 顾丽娟、杜雪琴：《山上的问题山下解决——探访青海省尖扎县昂拉乡易地扶贫搬迁安置点德吉村》，《甘肃日报》2019年11月15日。

键；重视发挥乡村行为规范作用，健全完善村规民约，是形成良好乡风民俗的保障；将二者有机结合起来，就能激发出"1+1>2"的强大正能量。

七是生态管护公益性岗位一岗多责制度。青海涉藏地区特别是三江源区各级政府紧紧抓住国家实施三江源生态保护和建设工程、三江源国家公园体制试点的契机，创新社会治理体制机制，探索出了生态管护公益性岗位一岗多责制的典型经验。如地处三江源国家公园黄河源园区的玛多县，立足国家公园黄河源园区体制试点，每户安排一名生态管护员，将原有的党建网格、综治维稳网格等进行整合，实行"多网合一"，赋予区内3042名生态管护员基层党建、生态保护、精准扶贫、维护稳定、民族团结等职责，以基层党建为统领，实施"六位一体"网格化管理，实现了社会治理创新升级，达到了共建共治共享的社会效果。[①] 这一做法的启示是，涉藏地区基层社会治理创新不能"隔空放箭"，需要找到国家政策和当地实际、群众需求的契合点，找准突破口，找好抓手，调动各方面的积极性，才能形成共建共治共享的社会治理新格局。

三　青海涉藏地区推进社会治理现代化的制约因素

青海涉藏地区社会治理虽然取得了明显成效，积累了丰硕经验，但在工作推进中仍存在一些制约因素。

一是影响涉藏地区社会稳定的因素复杂多元，维护地区稳定特别是反分裂反渗透任重道远。

二是涉藏地区项目建设配套资金落实难，财税优惠政策力度小，自治地方立法质量有待提高。

三是涉藏地区基层组织建设相对滞后，一些偏远地区基层党组织建设有待加强，"三基"建设水平有待提升。

四是区域、城乡发展差距不断拉大的趋势较为明显，统筹区域、城乡发展任务繁重。

---

① 罗连军：《"六位一体"助推黄河源头生态文明建设上台阶》，《青海日报》2019年4月15日。

　　五是涉藏地区地广人稀，基础设施落后，社会治理成本较高，偏远地区基础设施建设亟待加强。

　　六是涉藏地区基本公共服务水平较低，民生改善力度仍需加大。

　　七是涉藏地区尚存一些历史遗留问题，如归国藏胞管理问题、因宗教信仰和经济利益而产生的民族宗教问题、部落宗族势力和习惯法回潮等，给社会治理带来的影响不容忽视。

四　对策建议

（一）加强涉藏地区社会治理体系顶层设计和研究

　　一是深刻把握涉藏地区社会发展的阶段性特征。当前正处在从应急维稳向常态维稳的转变时期，在特定历史背景下，涉藏地区的"五位一体"也呈现出"外力强劲与内力不足并存"的特点。政治建设方面，维护国家安全日益重要与局部边远地区维稳隐患尚未消除并存；经济建设方面，全面建成小康社会巩固提升与涉藏地区经济发展相对滞后并存；社会建设方面，国家支持力度持续加大与涉藏地区社会发育程度相对落后并存；文化建设方面，思想教育引导不断深入与意识形态领域斗争严峻复杂并存；生态文明建设方面，生态环境保护不断强化与绿色发展不足并存。

　　二是加强涉藏地区社会治理方面的制度建设。宏观上，需要与民族区域自治制度进行深度融合，形成良性互动态势，完善市场经济制度、社会建设制度、民族文化制度、生态保护与建设制度。微观上，首先，要加强社区自治制度建设，有效解决社区自身素质不高、应对突发事件能力欠缺、治理过程中只有自上而下的指挥而缺少自下而上的反馈等问题，形成社会治理相关机制；其次，重视宗教事务治理制度建设，严格规范藏传佛教事务管理，坚决改变信教群众在遇到矛盾与问题时，往往通过寺院、活佛和习惯法解决的做法；最后，强化社会治理主体多元化制度建设，按照共建共治共享社会治理制度要求，进一步明确不同社会治理主体的地位、职责、权限等。

　　三是深入开展涉藏地区社会治理理论与实践问题的研究。首先，理论上应当侧重于社会治理多元化的研究，探讨其模式、特性、构建等问题，推动形成"小政府、大社会"的社会治理架构；其次，实践上应当始终体现党的统领作用，围绕党的执政能力建设，带动和激发涉藏地区社会治理的内生动力，形成"不同范围、不同层面、不同群体"的社会治理格局；最后，理论与实践结合上要重视社会问题与非法政治诉求的界限与区别，对因民族宗教引起的社会问题要高度关注，切实加以解决，对一些不法分子大肆传播"藏独"言论、蛊惑和操纵不明真相的群众而引发的社会事件要依法处理，使社会治理实现有序化。

（二）发挥民族区域自治制度的治理作用

一是落实民族区域自治制度相关规定。在贯彻落实民族区域自治条例的基础上，需要通过自治对各类社会治理资源进行统筹协调和综合运用，用制度的引领实现社会治理的整体效果。同时，要完善各项制度规定，建立相关治理机制，形成社会治理的"微循环"，构建"全方位、多层次、立体化"的治理格局。

二是始终体现民族区域自治制度的内在要求。以《中华人民共和国宪法》《中华人民共和国民族区域自治法》《国务院实施〈中华人民共和国民族区域自治法〉若干规定》等法律法规为依据，明确中央与地方在自治范围和治理权限上的划分，要依法依规理清少数民族的内部事务与外部事务，做到在政策界限上明确、在法律法规上准确、在具体事务上精准，使社会治理在民族区域自治制度的框架内得到有效体现，实现治理的有效落实。

三是加强青海省涉藏地区现行自治条例的修订完善工作。进入新时代，在维护国家统一、保障少数民族合法权益、促进涉藏地区全面发展与进步的前提条件下，为适应社会治理体系和治理能力现代化要求，需要在自治条例中体现立、改、废、释问题，将社会治理体系的制度建构、社会治理能力的提升水平体现为规范性条文。需要进一步明确涉藏地区自治条例中的社会治理问题，使之具有地方特色，以实现社会治理的相关规定与地区环境相契合，并根据实际状况建立相互嵌入式的社会结构，使社会治理具体化和个性化。通过地方性法规突出涉藏地区社会治理价值定位，使社会治理体现出当地民族的获得感、幸福感和安全感。

（三）不断提高涉藏地区城乡基层依法治理能力

一是夯实涉藏地区城乡基层社会治理基础。针对涉藏地区城镇少数民族聚居区、游牧民定居区、生态移民社区等因社会治理体系尚不完善、公共服务供给未能及时跟进而成为新的矛盾多发区的状况，需要按照治理体系构建要求，形成综合治理态势，在社会治理基础方面做好纵向和横向协调服务。在纵向上明确各行业的工作定位，突出系统指导和管理，做到强化职责、明确要求、精准施策；在横向上形成相关部门的整体合作、协调推进，建立信息共通共享的治理工作长效机制，体现出通过管理实现治理的效果，切实夯实社会治理基础，形成基层社会治理制度。

二是不断加强涉藏地区城乡基层组织建设。根据社会治理体系和治理能力现代化要求，相应推进涉藏地区社会治理，实施"党建+涉藏地区社会治理""村寺并联治理"等有效载体和形式，发挥基层组织在推进社会治理实践中的引领作用，最大限度地实现人民的根本利益、凝聚人民的共识，使社会治理产生实际效能。

三是大力提升涉藏地区城乡基层干部依法治理能力。加强干部队伍建设，造就一支懂法、守法、用法的高素质基层干部队伍，培养在法治引导下的"重法治、解纠纷、求实效"的工作能力。要着眼于提高法律业务素质，增强法治本领，抓好学用结合，强化教育引导，建立能力提升机制，激发竞争择优内生动力。实施法治能力培训工程，强化基层干部藏汉双语法治学习培训，为涉藏地区社会治理提供有力的智力支持和行动保障。

（四）不断提升符合涉藏地区实际的民生保障水平

一是大力提高涉藏地区各类教育质量和水平。基于涉藏地区教育教学质量相对偏低的实际情况，需要提升教育内涵发展，统筹推进各类教育协调发展。首先，落实学前教育、义务教育、普通高中、中等职业学校等项目的保教质量标准，提高义务教育质量，继续巩固提高《青海省民族地区义务教育学校教学质量提升计划（2016年—2019年）》所确定的措施和实施效果，加快推进双语教学质量，实现国家通用语言文字教学全覆盖；其次，建立健全专业教育培养质量标准，引导职业院校科学合理设置专业，以职业需求为导向，对接行业标准和职业标准，提升职业教育学生素养和可持续发展能力；最后，完善对口援青教育模式，力争每州建设1所中职学校，实行对口支援省市行业企业与涉藏地区职业教育产教融合、校企合作的"双元"育人模式，形成职业学校"1+X"证书制度。

二是积极改善涉藏地区医疗卫生条件。首先，制定《青海省医疗卫生体制改革"十四五"规划》，提高卫生健康服务的可及性和可负担性；其次，合理配置卫生健康资源，鼓励社会资本投入，落实社会办医的各项政策，建立与涉藏地区经济社会发展水平相适应的卫生健康服务体系；再次，提升医疗服务水平，加强涉藏地区公立医院内涵建设，完善分级诊疗，推行便民惠民措施，建立区域医疗中心，加强重点专科、地方病防治能力建设，着力提高县级医院疾病诊治水平；最后，积极发展中藏医疗事业，充分发挥中藏医药在治未病、健康保养和养生等方面的独特优势。

三是不断提高涉藏地区城镇就业率。首先，建立终身职业技能培训制度，完善重点群体就业支持体系，不间断、滚动式地推进，突出技能培训、实岗训练，以适应企业需求；其次，形成灵活多样的就业途径，实行"创业带就业"，大力推行"大众创业万众创新"，鼓励农牧民群众积极参与，以市场为导向，灵活多样地实现创业；再次，健全劳动关系协调机制，构建和谐劳动关系，促进涉藏地区劳动者有效实现体面劳动、全面发展；最后，完善基层公共就业平台和窗口，筑牢为民服务的前沿阵地，打通服务群众的"最后一公里"。

四是继续加大涉藏地区基础设施建设力度。加大对基础设施建设的投入力度，形成通达高效、区域城乡共享、互联互通的综合基础设施，促进各类要素自由流动，为市场经济发展提供基础支撑。全面建成格库铁路、西成高铁，及时推进青藏铁路格拉段扩建改造项目；积极推进西昌、格成铁路前期工作，加快形成铁路"1288"新构架。建成国家高速公路网省内路段，打通通往甘肃方向六条和四川、西藏、新疆方向各一条的高速公路省际通道。建成黄河干流防洪工程、黄河沿岸四大水库灌区。加快推进清洁能源开发，扩大光伏发电年度新增规模，实现重点生态功能区工作重心转移，推动节能减排和绿色发展。

（五）努力实现涉藏地区生态保护与经济社会发展双赢

一是落实好生态保护优先战略。首先，完善涉藏地区生态文明制度体系，在已出台的《青海省生态文明建设促进条例》的基础上，按照全面统筹山水林田湖草沙系统治理的原则，以国家公园建设为统领，制定与完善三江源国家公园、祁连山国家公园、青海湖国家公园、昆仑山国家公园等相关生态保护制度，形成国家公园制度群建设；其次，完善生态文明建设的政策措施，健全政府主导、企业和社会参与、市场化运作、可持续发展的生态文明建设机制，实现规范化运行；最后，实行空间、总量、环境准入分区产业化管理，采取一条红线管控重要生态空间，制定生态环境准入清单，明确禁止和限制的环境准入要求，促进涉藏地区生态保护与高质量发展相协调。

二是推动涉藏地区文旅产业创新发展。首先，实现政策实效化，抓好《青海省关于加快发展文化产业的意见》《青海省加快提升旅游业发展行动方案》《进一步推进藏羌彝文化产业走廊建设的实施方案》的落实落地，上下衔接、部门融合、协调推进；其次，促进文旅产业业态健康发展，推动冰雪旅游、温泉旅游、自驾车旅游、藏医药康养旅游，加强旅游与相关产业的深度融合发展；最后，塑造文旅产业品牌，通过政策、资金等多方面支持，形成具有较强影响力和市场竞争力的文旅产业品牌，带动乡镇文化街的有序发展。

三是振兴涉藏地区传统产业和新兴产业。首先，重视传统畜牧业发展，在大力调整产业结构的基础上，加快发展生态畜牧业，推动早期出栏和舍饲养殖相结合，减轻冬春草地的载畜量，引导传统畜牧业走向"高精端"之路，促进传统畜牧业提质增效；其次，培育发展高原特色新兴产业，立足于区域资源禀赋，加快生产基地和产业带建设，发展农畜产品精深加工业，不断提高农牧业生产经营水平，打造生态农牧、推进绿色发展；最后，形成畜牧业、渔业、草业、农畜产品加工业的新产业，重视牦牛产业、青稞产业、冷水鱼产业，建立产业联盟，做大做强，并创建"青字号"农畜品牌，助推其成为绿色农产品的地理标志。

（六）不断完善藏传佛教寺院社会化治理

一是打造藏传佛教寺院"三种管理模式"升级版。"三种管理模式"升级版需要在制度、体制、机制上创新：制度上应当严格落实寺院的"僧人管理、佛事管理、寺院管理"规定；体制上要形成寺院的"部门管理、民主管理、社会管理"整体联动；机制上要规范"共同管理、协助管理、自主管理"运行模式，按照转化标准与要求，跟进寺院的动态管理，将寺院纳入社会和依法管理范畴。实现"寺院管理村级化、僧人管理公民化、内部管理制度化、财产管理集体化"。做到通过"人"的有效管理实现"事"的有效落地，使寺院"三种管理模式"升级版实现规范化运行。

二是不断强化宗教教职人员和信教群众的法治意识。宗教教职人员和信教群众应当树立法治意识，正确处理国法与教规的关系，教规必须服从国法。要在国家法律规定的范围内，积极改进和完善教规，主动适应社会发展需要，依法行使宗教信仰自由权利。深入持久地开展青海创新的"法律进宗教活动场所"活动，形成系统工程，从目标、运行和措施上细化、量化、标准化，广泛开展法治宣传教育引导工作，使教职人员和信教群众严格遵守国家法律法规，做到自觉守法、遇事找法、解决问题靠法，以法律来保障自身合法权益，以合法渠道表达合法诉求和法定权利。

三是积极探索藏传佛教与社会主义社会相适应的新路径。"相适应"要做到：一方面党和政府要积极引导和善于引导宗教，应当立足于团结广大信教群众，共同致力于中国特色社会主义事业的建设；另一方面宗教界和信教群众要积极作为，明确宗教所处的社会是什么性质的社会，宗教同社会是什么样的关系。"相适应"需要明确在中国特色社会主义制度下，应当热爱祖国，拥护中国共产党的领导，拥护社会主义制度，遵守国家的法律法规和方针政策。

（七）加快推进青甘川藏交界地区平安与振兴

一是积极探索交界地区社会综合治理协调新机制。从国家层面进一步统筹涉藏地区社会综合治理工作，促进省区之间在依法打击违法犯罪、加强宗教事务管理、推进社会稳定和形成社会综合治理等方面的沟通联系，共同制定协作配合指导意见。同时，在内在和外在两个方面进行拓展和延伸。内在方面，青海涉藏州县层面，要整合有效资源和力量，大力推广"一站式"工作模式，提高综治工作和行政管理水平；乡镇层面，建立综治中心，形成"责任下沉、人员下沉、服务下沉"的网格化基层社会治理模式；游牧民定居地区，实行"集中居住、集中建设、集中管理"。外在方面，实行"交界地区一体化、治理精准化、管理统一化"的运行方式，采取"社区（村）+网格+住户"的治理模式。开展"以点带面、以面带区、以区带省"的合作治理机制，形成交界地区社会综合治理的"信息共用、资源共享"，发挥协作配合的整体联动效益。

二是大力推进交界地区经济发展和群众收入增长。青海省实施"平安与振兴"工程以来，已初见成效，但仅靠一省之力，难以从整体上改变这一区域的经济和社会现状。建议形成四省涉藏地区经济协调联动格局，统筹规划、整体发展。加大公共服务的广度与力度，将交界地区的就业、社保、教育、卫生、扶贫等社会保障和水、电、路、气、房等基础设施建设纳入国家和有关部门的"十四五"规划，予以重点支持。强化劳动力技能培训，鼓励创业带动就业，提供全方位公共就业服务。

三是广泛开展交界地区民族团结进步共建活动。首先，开展群众性活动，要把维护群众的根本利益作为共建活动的出发点和落脚点，使共建活动顺应民心、符合民意；其次，体现实践性效果，交界地区差异较大，需要结合自身实际，制订具体方案，坚持因地制宜，着力解决突出问题，找准切入点，扩展突破口，形成交界地区的特色和亮点，在取得实效上下功夫；最后，实现方法创新，注重借鉴好的做法，根据社会治理体系和治理能力现代化的要求，不断丰富创新共建活动的内容和载体，形成共建的制度机制，实行交界省（自治区）协调、互通、合作等机制，深入总结地区实践，推广行之有效的经验，提升共建活动的层次和水平，使共建活动具有吸引力和引领力，为交界地区民族团结进步营造浓厚的氛围。

（八）进一步巩固涉藏地区精准脱贫成果

一是强化运用扶智扶志措施助力脱贫。首先，实行正向激励与反向约束相结合，聚焦精神领域脱贫攻坚的突出问题，深挖根源、解剖分析、理清思路，找准对策、因地制宜、精准施策，正确处理稳步帮扶与贫困群众自身努力的关系，强化脱贫光荣导向；其次，注重培养贫困群众依靠自力更生实现脱贫致富的意识，创造条件提高贫困地区和贫困人口自我发展能力，激励和引导贫困群众转变观念，依靠自己的能力创造幸福生活，实现"真脱贫、脱真贫"；最后，制订涉藏地区"精神脱贫"工作方案，细化与落实相关规定与要求，并实行量化考核评估，形成制度层面的操作。特别是要加强对信教群众思想、文化、道德、法律、感恩意识和社会主义核心价值观等方面的宣传教育，树立自尊自爱自强观念，切实从思想上消除贫困人员精神上形成的"思维定式"。

二是确保按期实现国家现行标准下贫困人口全部清零。首先，推动发展生态畜牧业，推广"拉格日""梅陇"生态畜牧业合作社发展模式，并实现涉藏地区全覆盖，让贫困群众借助产业发展实现稳定增收，同时做好提档升级工作；其次，推进乡村旅游扶贫，在做好目前 98 个乡村旅游扶贫的基础上，按照建设旅游扶贫"大环线"思路，打破县乡村区划，全力打造精品乡村旅游线路，开放旅游产品，提升带动效益；最后，继续以多种方式增加公益性岗位，做到有劳动能力、有意愿的贫困家庭全覆盖，并且纳入国家财政预算长期给予支持。

三是把脱贫后续产业与巩固脱贫成果紧密结合。首先，壮大牦牛、青稞产业，通过中长期发展规划，加大对种养、加工、销售等各个环节的扶持力度，谋划涉藏地区"一盘棋"，培育知名品牌，对接市场，提高产品附加值；其次，推动民族手工业发展，持续加大对民族手工业的政策支持力度，通过多渠道培训壮大从业人员队伍，实现就地就近创业增收；最后，加大光伏扶贫扶持力度，应当充分利用涉藏地区光照资源优势，以国家清洁能源示范省建设为契机，加大光伏扶贫指标落地，实现非贫困村全覆盖，强化扶贫产业，以有效巩固扶贫成果。

（九）大力促进各民族交往交流交融

一是进一步改进宣传教育方式方法。首先，坚持以中国特色社会主义核心价值观为指导，紧扣"讲什么、怎么讲、谁来讲"，进一步加强和改进思想教育方法，突出维护稳定宣传教育，组织专门队伍，针对不同社会群体，开展宣传教育活动，实现思想教育引导全覆盖，其次，加强意识形态领域安全建设，牢牢掌握舆论斗争主动权，将宣传教育工作延伸到政治、经济、文化、社会和生态建设各个层面；最后，充分整合宣传教育资源，注重广播电视、互联网、手机等媒体平台，开展大规模、立体化、多领域宣传，用群众的语言提升群众的思想认知，注重说服力、感染力和亲和力。

二是全面实现民族团结进步示范省创建目标。在八年民族团结进步先进区创建的基础上，全面贯彻落实党和国家民族政策，坚持和完善民族区域自治制度，坚持各民族一律平等，保障少数民族合法权益，使平等团结互助和谐的社会主义民族关系得到巩固；涉藏地区"五位一体"全面发展，基本设施不断改进和完善，地区之间发展差距明显缩小，民生得到显著改善；建立健全示范省创建的体制机制，形成评估体系，落实目标责任制，以有效体现创建的执行力；民族宗教事务管理法治化水平不断提高，宗教中国化方向持续推进，宗教与社会主义社会更加适应，坚决反对分裂渗透活动，使和谐稳定的社会基础更加坚实。

三是打牢"三个离不开""五个认同"思想基础。首先，要在全社会广泛开展民族团结进步宣传教育活动，使党的民族理论政策和法律法规为广大群众所掌握，增强维护民族团结的自觉性和坚定性；其次，要落实好中央关于在各级各类学校广泛开展民族团结教育的决策部署，推动党的民族理论和民族政策、国家民族法律法规进课堂、进教材、进头脑，使各民族同呼吸、共命运、心连心的优良传统得以发扬、传承；最后，推进民族团结进步事业，创造一切条件和环境，使"三个离不开""五个认同"的思想更加深入人心，并外化为实际行动。

（十）积极争取国家政策支持和对口支援

一是紧盯国家支持涉藏地区发展政策走向。首先，加大对涉藏地区均衡性转移支付力度，提高转移支付补助系数；其次，实现涉藏地区生态保护全覆盖，完善"五大生态版块"，筑牢国家生态安全屏障，加强国家公园示范省建设，健全生态补偿机制；再次，基础设施建设项目资金投入方面需要给予特殊倾斜，比照新疆、西藏的投资政策执行，促进公共服务设施标准化；从次，重视青海涉藏地区处于古丝绸之路南线、唐蕃古道和藏羌彝走廊的战略枢纽地位，构建立体化对外开放大通道；最后，建立涉藏地区电力普遍服务成本补偿机制，形成科学合理的长效机制。

二是积极主动将涉藏地区发展纳入国家宏观战略。首先，要将涉藏地区基础设施建设继续纳入国家建设项目规划，使铁路、公路、航空、管道、电网、信息、物流等基础设施逐年改善推进；其次，继续争取中央财政对涉藏地区转移支付，加大对地区的投入力度，涉藏地区应当发挥政策的利好作用，进一步提高资金使用效能。

三是争取对口支援有更大力度。首先，争取增加对口支援涉藏地区的发达省市、中央国家机关和企业数量，逐步提高援青资金比例，加强与对口支援央企的沟通衔接，争取形成稳定、平衡、可持续的支援保障机制，提高援助的有效性；其次，大力开展教育、就业、智力援青，研究制定教育援青规划，进一步强化完善教育援青政策措施，将在支援省市举办涉藏地区内地高中班、中职班列入国家教育支援计划；再次，建立教师对口支援长效机制，扩大支援省市重点院校优势专业面向涉藏地区的定向招生规模，落实六省市和支援的央企每年为涉藏地区生源特别是少数民族高校毕业生提供一定数量就业岗位等政策；最后，教育部部属院校和对口支援省市重点院校"团队式"对口帮扶民族高校，制定切实可行的智力支援规划，大力开展人才援助，为涉藏地区经济社会发展、平安建设提供人才、技术和智力支持。

（责任编辑　杨环）

岷江上游茶马古道的族群流动与宗教传播

张泽洪*

【内容摘要】 岷江上游的灌县、汶川、茂县、松潘，历史上属于藏彝走廊的通道之一，水草丰美的岷江河谷是古代游牧民族迁徙往来的坦途。元明清时期，随着回族移民不断迁徙进入岷江上游地区，岷江上游已成为藏、汉、羌、回等多个族群交会之地。本文侧重从岷江上游茶马古道族群与多元宗教的学术视野，探讨岷江上游茶马古道商贸与多元宗教传播的关系。

【关键词】 茶马古道　族群流动　宗教传播

一　岷江上游茶马古道的路线及族群考察

岷江上游是西南六江流域之一，历史上就是西南少数民族迁徙的走廊。岷江上游河流湍急，舟楫不通，族群的迁徙和文明的传播主要沿岷江河谷陆路进行。历史上岷江上游茶马古道的商业贸易线路，是从成都出发，经犀浦、郫县、灌县，沿岷江河谷的绵虒（汶川）、茂州（茂县），北上松州（松潘）。岷江上游终端的松潘，是茶马古道的重镇。民国《松潘县志》卷3《边防总论》说："松潘毗连边塞，据岷江上游，北望河湟，南通汶灌，广袤数千里。"① 唐代以来，松潘就为川西边地的藩篱，而沿线

---

* 张泽洪，四川大学道教与宗教文化研究所。
① 张典等修，徐湘等纂民国《松潘县志》，民国13年（1924）刻本。

的叠溪、茂州、威州、灌口，逐一构成川西的屏障。所谓"叠、茂、威、灌，为松之脉络"，准确反映了岷江上游的历史地理态势。

茶马古道是中国历史上西南和西北以马帮为主要贸易方式的商贸通道，岷江上游是西南茶马古道重要支线之一。现在学术界所谓的岷江上游茶马古道，历史上又称岷山道、松茂古道、甘松古道。明洪武十一年（1378），御史大夫、平羌将军丁玉平定岷江上游地区，明朝设置松州、潘州、茂州三卫，以控制此古氐羌之地。郭子章《西南三征记》载松潘卫通成都的道路：

> 卫故有二路，东路由江油抵龙州。西路由灌口、威茂抵迭溪，悬岩羊肠，道莫通五尺，山间盘错，羌环居菁，列寨四十有八。①

史称松茂诸番四十八寨，即指岷江上游羌戎人所居之地。明代西路由灌口抵达松潘的道路相当艰险困难。岷江上游中段的威州、茂州是羌人聚居之地，也是松茂古道上的冲要，史称"威茂两郡，旧为绵虒、冉駹地。南连灌口，关全蜀之咽喉；北抵蚕陵，当甘松之冲要。东接龙州，有阴平之险；西控诸羌，为彝夏之交"。② 宋范镇《送冯枢密还朝诗序》亦说：

> 茂州羌，汉冉駹之道也。距成都十舍而遥，虽属蜀郡，而不以中国之法治之，故其叛服不常，缓则盗边，急则啸聚，自昔然也。③

此记载说明北宋茂州的族群主要是羌人。大致到明清时期，茂州的羌人仍有很多。嘉靖《四川总志》卷16"茂州羌民"条载："茂州羌蛮，地方数

---

① 见乾隆《四川通志》卷42《艺文》，《景印文渊阁四库全书》第561册，台北：台湾商务印书馆，1986，第428页。又民国《松潘县志》卷8载郭子章《西征记》说："松潘古氐羌地，自洪武十一年御史大夫丁玉讨平之，设松潘卫，卫故有二路，东路由江油抵龙州。西路由灌口、威茂抵迭溪。鸟道羊肠，莫逾咫尺，山势盘错，羌居环列，共寨四十有八。"

② 周文英：《张参戎德政序》，丁映奎纂修乾隆《茂州志》卷8，清乾隆五十九年（1794）钞本。

③ 见周复俊编《全蜀艺文志》卷32序下，《景印文渊阁四库全书》第1381册，第351页。

千里，旧领羁縻九州，皆蛮族。"① 乾隆《茂州志》卷 4《武备志》载："茂州氐羌，地方数千里，始在万山。"② 所谓的羌蛮、氐羌，即指茂州的羌族人。"茂州龙溪十八寨，羊肠一线，羌番杂处。……大抵茂去省近，汉夷相半。"③ 岷江上游支流杂谷脑河左岸支流龙溪沟的龙溪十八寨，历史上是茂州南路生番分布的重要地区，这些所谓的生番即未归附王化的羌族人。清代《茂州志》的羌番指羌人，而汉夷则泛指茂州境内的汉族人和羌族人，总之清代茂州境内是羌族、汉族杂居之地。

岷江上游茶马古道北端重镇松潘，亦号称古冉駹之地。从唐广德初始陷于吐蕃，至宋代亦为吐蕃控制，由此形成松潘地区番多汉少的族群格局。历史上所谓的松潘蛮、松潘番、松潘番蛮，概指松潘地区的藏族人。明洪武十二年（1379），丁玉率军平息松潘南路诸番反叛，并遣宁州卫指挥高显重建松潘城。松潘卫作为藏、汉、羌多族会聚的重镇，在明代具有特殊的地位。明章潢《图书编》卷 48《松潘事宜》论松潘之地位时说：

> 松潘二镇，为蜀城之右臂，系全省之安危。松潘不守，则威、灌之藩篱不固，而沃壤千里之区，亦几于危薄而不安矣。④

乾隆《四川通志》卷 3 下《形势·松潘卫》评述松潘在四川地理位置中的重要性时说：

> 松潘一卫，逼处万山。雪山峙其东，火焰踞其西，洮河浸北，汶岭屏南。待饔飧于郫、灌，寄咽喉于江、龙。诚三川之雄镇，全蜀之藩篱也。⑤

民国《松潘县志》卷 3 载：

---

① 刘大谟等修，王元正等纂，周复俊、崔廷槐重编嘉靖《四川总志》，明嘉靖二十四年（1545）刻本。
② 丁映奎纂修乾隆《茂州志》，清乾隆五十九年（1794）钞本。
③ 丁映奎纂修乾隆《茂州志》，清乾隆五十九年钞本。
④ 章潢：《图书编》，《景印文渊阁四库全书》第 970 册，第 135 页。
⑤ 乾隆《四川通志》，《景印文渊阁四库全书》第 559 册，第 147 页。

然则松潘为边地藩篱，东道龙安粮运之来源不竭，南界汶灌商货之销路可通，前代筹边者设都统于松潘，总制军务，其次龙安、维茂，两路分兵，资为羽翼。明之挂印将军，清之挂印总镇，尊其位，重其权，层层节制，指臂灵通。①

史称松潘为番蜀要害地、四川屏蔽、边地藩篱，都有强调松潘地理位置重要之含义。作为四川西部边陲重镇，松潘被称为"蜀西之门户"。② 松潘也是联结丝绸之路的要道，从松潘北上陇西，至兰州与长安西域丝路相接；另一路穿过松潘草地进入青海，到敦煌亦接通丝绸之路大道。

明代初期川西茶马贸易兴盛，岷江上游汶川、茂县、理县、松潘的商业集镇逐渐形成，岷江上游古道从南北朝、唐宋时期联结吐谷浑的岷山道，成为中国西部茶马贸易的重要通道。嘉靖《四川总志》卷16《钦差巡抚都御史刘大谟博采茶议》说："国初定鼎金陵，除和番牧，雅州、松州、河州，有茶马互市，马之资于此者，才千百之十一耳。"③ 明代在岷江上游的松州（松潘）设有茶马司，委任茶马使管理茶马贸易事宜。松州茶马互市的设立，使明代茶马之法、茶马金牌制度在岷江上游地区得以推行，是岷江上游茶马古道开通的重要标志。

由成都至松潘的茶马古道是明代川西驿站的路线，说明政府重视并实施对茶马贸易的管控。明代在四川重要交通线路设置驿站，西路驿站就沿岷江上游茶马古道开辟。嘉靖《四川总志》卷16载四川驿传时说：

由成都府境永康驿、太平驿、寒水驿、安远驿、护林驿抵茂州，自茂州溯而西北，由长宁驿、来远驿、归化驿、镇平驿、古松驿，亦抵松潘卫，为西路。④

---

① 张典等修，徐湘等纂民国《松潘县志》，民国13年刻本。
② 曹学佺：《蜀中广记》卷31《边防记第一·川西·松潘》，《景印文渊阁四库全书》第591册，第393页。
③ 刘大谟等修，王元正等纂，周复俊、崔廷槐重编嘉靖《四川总志》，明嘉靖二十四年刻本。
④ 刘大谟等修，王元正等纂，周复俊、崔廷槐重编嘉靖《四川总志》，明嘉靖二十四年刻本。

明代成都府西路各驿站，均设立在岷江上游沿线要道，即永康驿（灌县）、太平驿（汶川东）、寒水驿（汶川西）、安远驿（茂州南）、护林驿（茂州城）、长宁驿（茂州北）、来远驿（叠溪西）、归化驿（松潘境内）、镇平驿（松潘东）、古松驿（松潘卫城）。

另一条称为北路的驿站，则是从川北的绵州、江油、龙安进入松潘。嘉靖《四川总志》卷16载：

> 自广汉驿西北，由成都府境金山驿、西平驿、武平驿、小溪驿、溪子驿、水进驿、小河驿、三舍驿抵松潘卫，为北路。①

北路从成都锦官驿经金山驿（绵州）、西平驿（江油）、武平驿（龙安东）、水进驿（龙安西）、小河驿（龙安西）、三舍驿（松潘东）至松潘卫，为川西茶马古道的另一通道。

明代为了保持茶马古道的畅通，在岷江上游重要交通隘口设置关堡，以防止羌人的袭击。万历《四川总志》卷22载岷江上游沿线的关堡时说：

> 自茂州以北镇戎堡、椒蔺堡、长安堡、韩胡堡、松溪堡、长宁堡、穆肃堡、实大关新堡、马路堡、小关子抵迭溪千户所。北行至汉关墩、新桥堡、普庵堡、太平堡、永镇堡，抵松潘界。……又自茂州南路，迁桥墩、黎蔺头、白水墩、塩盉头、独脚门楼、瞭远墩、四顾墩、羊毛坪、五星墩、文镇抚村、大宗渠、石鼓村、七星关、雁门堡、青坡堡，抵威州，州有千户所，至汶川堡、彻底关，抵灌县界。②

乾隆《四川通志》卷4下《关隘》载松潘卫周围的关隘有：望山关、雪栏关、风洞关、黑松林关、红崖关、三舍关、镇远堡、小关堡、松垭堡、三路堡、师家堡、四望堡、西宁关、安化关、百胜堡、新镇关、净江堡、归化关、北定关、镇江关、平夷关、镇平堡、镇番堡、靖夷堡、流沙

---

① 刘大谟等修，王元正等纂，周复俊、崔廷槐重编嘉靖《四川总志》，明嘉靖二十四年刻本。
② 虞怀忠等修，郭棐等纂万历《四川总志》，明万历九年（1581）刻本。

关、虹桥关、谷粟堡、高屯堡、羊裕堡、唐舍堡、黄胜关、涪阳戍、黄沙坝、漳腊堡、赤磨镇、叠溪、南桥关、马路堡、新桥堡、太平堡、石臼戍、麻答嘴寨、双马寨、荒寨、水草坪。① 如此众多关隘的设置，凸显明清时期岷江上游茶马古道的重要性，也是当时族群关系紧张的客观反映。

二　清代以来岷江上游的茶马贸易

早在唐代岷江上游茶马贸易就已开通。至清代，岷江上游的茶马贸易线路已是连接川西汉藏羌地区的经济纽带。岷江上游南段的灌县和北段的松潘，是西路边茶的重要集散之地，② 松潘更是川西茶马贸易的大市场。而沿线的汶川、茂县为茶马贸易的重镇。民国《松潘县志》卷 2《实业》载松潘商业时说：

> 商货分输出、输入两种。输出品购自成都、温、崇、彭、灌、江、彰、安、绵各县者，以大小茶包为大宗，绸缎、绫绉、洋广、匹头、毛绸、花线、土布次之，铜铁、瓷器暨各杂货、各食品又次之，运往关外南北番部售销。输入品易自关外生番部落者，以羔羊皮、野牲皮、羊毛为大宗，香茸、贝母、大黄、甘松、虫草各药材次之，牛羊牲畜又次之。运入本省暨直隶、河南、上海及沿江沿海各埠售销。交易时期，每岁汉番运货，结队行走。大抵六七月，皮庄登市。八九月，鹿茸、贝母、大黄、甘松、牛羊登市。十月以后，羊毛登市，麝香杂药暨各山货，则无定时，商帮有草地帮、西客帮、河南帮、陕帮、渝帮之别。若米面帮、森林帮，资本较微细矣。各帮字号以丰盛合、本立生、义合全、杜盛兴开岸最早，聚盛源、裕国祥、协盛全次之。老号二三百年，余皆百数十年不等。资本雄厚，交易和平，尤重信义，不似内地商场之刻薄，盖习惯使然耳。③

---

① 乾隆《四川通志》，《景印文渊阁四库全书》第 559 册，第 181—182 页。
② 雅安、天全、荥经等地所产的边茶专销康藏，称"南路边茶"。
③ 张典等修，徐湘等纂民国《松潘县志》，民国 13 年刻本。

当时岷江上游茶马贸易的"边茶"，是用茶树的老叶子和嫩枝制作而成，四川平武、北川、安县、灌县就是边茶生产地，经松潘城专销松潘草地及青海、甘肃藏区。聚盛源茶行在北川的曲山、都坝河、擂鼓坪、安县的茶坪以及灌县等地都有采集边茶的基地。① 民国《北川县志》卷9载：

> 县属陈家坝、漩坪、曲山场、擂鼓坪、羊角乡等处，每年产边茶约六七十万斤以上。……近年茶商丰盛合、义合全、本立生、裕国祥、聚盛源，均往县属采购边茶，运往松潘营销。县属向产腹茶，每年约计十万斤以上。②

光绪《增修灌县志》卷12载：

> 其连枝叶砍者，名马茶，夷人所食，每岁运售金川。③

这种马茶民间又称为"方包"，因将原料茶筑制于方形篦包中得名，由于用马驮运故称"马茶"，是西路边茶销量较大的一种。

民国《灌县志》卷4《食货书》载：

> 边茶于夏初采伐，名刀子茶。邑境岁约千余包，余由邛、蒲、崇、彭等处采买，岁约二三万包，营销松、理、茂、懋诸夷境，约值三十余万。④

刀子茶系秋季采摘的连枝带叶的粗茶，由于需用剪刀剪细，蒸压成饼，民间又称"剪刀茶"。清代在岷江上游经营边茶的茶号较多，其中最有实力的是四大茶号，即"义合全""聚盛源""丰盛合""本立生"。此外，从

---

① 屈锡通：《四大茶号在松潘经营边茶始末》，中国人民政治协商会议松潘县委员会文史资料委员会编《松潘县文史资料选辑》第1辑，1997，第4页。
② 杨钧衡等修，黄尚毅等纂民国《北川县志》，民国21年（1932）石印本。
③ 庄思恒修，郑瑞山纂光绪《增修灌县志》，清光绪十二年（1886）刻本。
④ 叶大锵等修，罗骏声纂民国《灌县志》，民国22年（1933）铅印本。

事商贸的四大商号为"裕厚长""锡丰""利员长""利亨永"。

根据松潘回族人米树森的口述资料，松潘城内有回族人开的"本立生"茶号和"鼎立源"茶号，各有资银二三万元，领有朝廷执照，在灌县、北川、安县、平武购运茶叶回松潘，然后运往草地换回皮毛、中药材、青盐等外销，南来北往，生意兴隆。清末民初新增"玉发长"毛皮茶号（哈玉发经营），"协盛店"毛皮、中药材堆店，"兴盛泰"毛皮、杂货店，麝香、鹿茸贸易交金店。商人们识行情，重信誉，生意兴隆，有资本多少不等。[①] 明清时期回族人在松潘开设的著名商号有"永兴公""天兴隆""德兴海""苏世昌""利贞长""达加利""更奔桑""宝兴隆""万亨贞""利华万清荣""乘风云"等，这些茶马古道的商号资金雄厚，在西北地区有一定影响。岷江上游茶马古道的商业贸易，回、汉、藏等各族商人都参与其中。

傅樵斧《松潘游记》记载1915年所见灌县茶马贸易的品种：

> 由灌县雇骡脚入松，每行李货物二百四斤为一驮，价银四两，比挑夫快，九天可到松城，至迟不过十天，脚银在灌先给。出产之物，药材、蓝靛、菜油、茶叶、木筏、岚炭、川芎、泽泻、麝香、鹿茸、虫草、贝母、羊毛、羊皮、土药、蜂蜜、布匹、牦牛、犏牛、碱，年约值银一百数十万。松潘之十家茶号均以"灌"为坐号，经理人称总管。[②]

行走在岷江上游茶马古道上的，有专门从事茶马贸易的马帮，也有茶马贸易客商雇用的脚夫，甚至还有做小生意的"山贩子"。在岷江上游参与茶马互市贸易的，有草地帮、鞑子帮、河南帮、武汉帮、重庆帮、成都帮、灌县帮、青海帮、甘肃帮、陕西帮等商队。在清末民初时期，灌县开设了一家骡马大兴店，就是专门接待岷江上游茶马贸易客商的客栈。当时在大兴店投宿的马帮，每年旺季可达300匹马的规模。马帮运往松潘的货物有边茶、布匹、绸缎、铜器、铁器、杂货、菜籽油、大米、盐巴等，运

---

① 米树森：《松潘回族的形成及伊斯兰教的兴起》，中国人民政治协商会议松潘县委员会文史资料委员会编《松潘县文史资料选辑》第1辑，第32页。

② 转引自薛子中等《匹马苍山：黔滇川旅行记》，辽宁教育出版社，2013，第236页。

往成都的货物以药材、皮毛为主。青海、甘肃等地的鹿茸、麝香、羊皮、羊毛、甘草、虫草、贝母、木通等通过大兴店后转入各商铺，再由陆路、水路运往重庆、上海、天津各地销售。① 岷江上游茶马古道茂县到松潘途中的沙湾，是当时茶马古道的一个驿站，居住在沙湾的回民有 40 户人家，他们经营茗食生意及骡马脚店。凡走灌县、成都的行商或在茶马古道运输货物的马帮，中途都要投宿沙湾。②

在岷江上游茶马古道运货的，除马帮外还有许多脚夫。当时脚夫从灌县到达松潘少则十几天，多则一个月，沿途历尽千辛万苦。脚夫将沿途住宿、憩脚的地方，编成顺口溜：“三垴九坪十八关，一锣一鼓上松潘。”三垴为：东界垴、西瓜垴、白鱼垴。九坪为：豆芽坪、银杏坪、兴文坪、羊毛坪（现叫凤毛坪）、周仓坪、马连坪、麂子坪、太坪、镇坪。十八关为：玉垒关、茶关、彻底关、桃关、飞沙关、板桥关、新保关、雁门关、七星关、渭门关、石大关、永镇关、镇江关、白定关、归化关、兴塘关、安顺关、西宁关。一锣：锣圈湾。一鼓：石鼓。③ 在岷江上游高山绝壁、深沟狭谷的茶马古道上，不乏这些脚夫背货的身影。

三 岷江上游各族群多元宗教的考察

岷江上游茶马古道经济贸易与族群的流动，与各种宗教的传播密切相关。至迟在唐代藏族苯教已传入岷江上游地区，现在岷江上游的松潘有藏族苯教寺院 13 座，著名的苯教寺院有尕米寺（德巴寺）、郎依寺、降仓寺、仁普寺、甲特寺等。松潘漳腊的苯教寺院历史悠久，高僧辈出，有雍仲苯教东方藏区大本营之誉。④ 洪武十二年，丁玉率军平定松潘南路诸番之后，

---

① 《灌县回族骡马大兴店》，段金录、姚继德主编《中国南方回族经济商贸资料选编》，云南民族出版社，2002，第 302—303 页。
② 政协四川省阿坝藏族自治州委员会文史资料委员会编《阿坝藏族自治州文史资料选辑》第 2 辑，1985，第 122 页。
③ 秋生搜集《三垴九坪十八关，一锣一鼓上松潘》，政协四川省阿坝藏族自治州委员会文史资料委员会编《阿坝藏族自治州文史资料选辑》第 4 辑，1986，第 46 页。
④ 洲塔、叶静珠穆：《川西北松潘漳腊地区苯教寺院历史与现状概述》，《青海民族学院学报》2007 年第 4 期。

曾立番僧商巴、绰领二人为国师，黎巴、完卜二人为禅师。《蜀中广记》卷 31《边防记第一·川西·松潘》引《西边记》云："国师商巴，佛教也。禅师黎巴，道教也。其寺观散居寨落，以主化导番夷。"① 嘉靖《四川总志》卷 16 则说："商巴事道，黎巴事佛，皆受银印，令抚谕之。"② 明朝以维茂为松潘南路，以龙绵为松潘东路，松潘南路有号称四十八寨番人，更有号称十八寨白草番，分布有众多的羌人和藏人。明代在岷江上游地区设立国师、禅师之职，旨在以神道设教来化导当地的羌人。

明清以来的地方志，记录了岷江上游地区祠庙的设置，反映出中原儒释道三教对边地的影响。嘉靖《四川总志》卷 3 载：

> 大禹庙，茂州东门南。郦道元云广柔县有石钮乡，禹所生也。郡人以禹六月六日生，是日熏修裸响，岁以为常。龙王庙，威州东，成化中知州李宽即龙洞建。正德初，知州崔哲于庙北建屋三间，亭桥秀蔚，为游观佳地。西岳庙，威州西南半里，弘治间重修。③

民国《松潘县志》卷 5《坛庙》载松潘各种庙宇有：

> 武庙、文昌宫、社稷坛、神祇坛、先农坛、龙王庙、火神庙、东岳庙、城隍庙、厉坛、忠烈祠、昭忠祠、城隍庙、贤良祠、水灵祠、药王庙、玉虚观、真武庙、五显庙、川主庙、陕西馆、巧圣宫、观音堂、武侯祠、萧曹馆、上王祠、张公祠、雹神祠、牛王庙、马王庙、赤松观、大悲寺、清真上寺、清真下寺、清真北寺、隐仙拱北、光照拱北。④

这是儒释道三教及伊斯兰教，还有地方民间信仰共同影响岷江上游的典型例证。

---

① 《景印文渊阁四库全书》第 591 册，第 387 页。
② 刘大谟等修，王元正等纂，周复俊、崔廷槐重编嘉靖《四川总志》，明嘉靖二十四年刻本。
③ 刘大谟等修，王元正等纂，周复俊、崔廷槐重编嘉靖《四川总志》，明嘉靖二十四年刻本。
④ 张典等修，徐湘等纂民国《松潘县志》，民国 13 年刻本。

乾隆《茂州志》卷1《祠庙》载明清之际茂州的各种祠庙有：

> 文庙、崇圣祠、名宦祠、乡贤祠、忠义祠、节孝祠、武庙、三公祠、社稷坛、先农坛、平正祠、厉坛、城隍祠、大禹庙、火神祠、龙王庙、江渎祠、川主庙、东岳庙、三皇庙、西岳庙、文昌祠、灵佑宫、五瘟祠、三圣庙、陈侯祠、马王庙等。①

《汶志纪略》卷2《祀典附寺院》载：

> 汶川佛教寺庙有福缘寺、涌泉寺、普照寺、平正庙、观音阁、太平寺、天王殿、广福寺、涌山寺、天宫寺、小西天。道教的宫观有玉峰观、东岳庙、真武殿、三官堂、三清殿、云岫宫、广生宫、南岳庙、土地祠、镇江庙、六真观、元阳洞、龙会庵、禹王宫、万寿宫、纯阳观。②

光绪《增修灌县志》卷3记载，灌县民间祠庙多达298个，其中既有道教、佛教的祠庙，也有大量民间信仰的庙宇。③

《松潘游记》是傅樵斧1915年4月从重庆赴松潘担任知事时所记沿途见闻，其中记载从灌县至松潘沿途所经过数十户人的小站，所见有文昌宫（与文坪）、王爷庙（三店）、文武宫、广生宫（七盘沟）、城隍庙、五显庙、清真寺（威州）、福缘寺、古川主庙（过街楼关）、川主庙、回龙寺、玄帝宫（宗渠）、山主庙（沟口寨）、白马庙（小关子）、城隍庙（叠溪）、五显庙（北定关）、关帝庙（新镇关）、观音庙（德顺堡）等。途中所见还有一些不知名的小庙，可见岷江上游的民间小庙，是适应沿途族群的宗教需要而兴建的。

岷江上游明清时期有佛教的寺庙、道教的宫观，长期影响着当地族群的精神生活。李锡书嘉庆年间纂修的《汶志纪略》记载三条清代道教在汶川县传播的史料。卷2《祀典》载：

---

① 丁映奎纂修乾隆《茂州志》，清乾隆五十九年钞本。
② 李锡书纂修《汶志纪略》，清嘉庆十年（1805）刻本。
③ 庄思恒修，郑瑞山纂光绪《增修灌县志》，清光绪十二年刻本。

娘子岭关帝庙，旧系元天宫，久圮。乾隆二十八年，道人邓来芳凿开重建，兼施茶以解渴烦。岁久不废。①

同卷另载：

元阳洞在河西白土坎山腰，洞深不可测。邑人马成德于半山洞口静坐久之，得道题其壁云："道自前皇得，深有长生诀，不言亦不笑，幽居伏岩穴。"墨迹犹存。人称马真人云。②

又载六真观隐修的道士说：

自言遇仙人张三丰，授以服符之法，在道角山洞口巨石上盘坐二十年。石为之滑，乃建阁于洞口为玉皇阁，阁下复建一祠，祀吕祖、钟祖、萨祖、丘真人、马真人及张三丰，曰六真。嘉庆三年，阁垂成。七月十五日午时，独登阁，于壁上题诗云："万物皆空道不空，世人何苦这聩眬。五三得道今五脱，点化后人再用功。"人望见其蹑屋梁越山巅而去，莫知所之。墨迹淋漓，字有张真人体。人以为盖仙去也。道号来登，自称静乐真人云。这位道号"来登"的道士，是川西全真道龙门派丹台碧洞宗的道士，按照传承"字派"是第十三代道士。③

民国《松潘县志》卷5《坛庙》载：

黄龙寺，在县东七十里，明兵使马朝觐建，亦名雪山寺。相传黄龙真人养道于此，故名。有前中后三寺，殿阁相望，各距五里。④

---

① 李锡书纂修《汶志纪略》，清嘉庆十年刻本。
② 李锡书纂修《汶志纪略》，清嘉庆十年刻本。
③ 全真道龙门派丹台碧洞宗的传承"字派"是："道德通玄静，真常守太清。一阳来复本，合教永元明。至理忠诚信，崇高嗣法兴。世景荣为懋，希微衍自宁。"
④ 张典等修，徐湘等纂民国《松潘县志》，民国13年刻本。

黄龙真人本是《封神演义》中的神仙，是元始天尊门下十二金仙之一。松潘的黄龙真人传说，是道教影响的结果。

元明清时期大量回民进入岷江上游地区经商贸易，在松潘、茂县、汶川等地定居，人们称这些回民为陕西回、青海回、陇东回、云南回。随着回民进入岷江上游地区，伊斯兰教清真寺亦在岷江上游沿线兴建。明代松潘回族在县城建松潘城关清真寺（清真上、下寺）。清道光、光绪年间先后建松潘清真北寺、松潘安宏关清真寺、松潘德胜堡清真寺、松潘岷江清真寺、松潘漳腊清真寺、松潘镇江关清真寺。民国时期建松潘十里清真寺、松潘佑所屯清真寺、松潘施家堡清真寺、松潘水草坝清真寺。在川西有茶马贸易枢纽之称的灌县，有清初兴建的南街清真寺，清同治初兴建的陕西巷清真寺（北寺），建于民国11年（1922）的宝瓶巷清真寺（也称懋功寺）。汶川有建于嘉庆十三年（1808）的威州清真寺，茂县有凤仪镇清真寺、太平清真寺、沙湾清真寺、明脚清真寺。这些清真寺的兴建，是西部回族迁徙岷江上游地区定居的标志，更象征伊斯兰教随族群的迁徙而在新的地方传播生根。

松潘的光照亭拱北、隐仙拱北，均在松潘城东门外。光照亭拱北，又称下拱北，位于松潘县城东裕村北角山下，距松潘城二里，属松潘八景之一。光照亭拱北为纪念苏非派大师华哲·阿布杜拉黑而建。康熙二十五年（1686）四月十六日，华哲·阿布杜拉黑由甘肃河州到松潘传教；康熙二十八年三月，死于阆中，葬蟠龙山，按照嘎迪林耶的传统，在其遗骸之处建拱北守护纪念。光照亭拱北属河州大拱北系统，此派出家人有统一的字辈排序，其教派内二十字系谱为："一清风云月，道传永世芳。敬承先哲远，克念悟真常。"华哲·阿布杜拉黑的弟子祁静一（1656—1719），是河州大拱北门宦的创始人。松潘光照亭拱北建成后，历来由河州大拱北派人主持、看守。嘎迪林耶第九代道裔杨世俊（1906—1997），1951年就曾主持松潘光照亭拱北。[①] 隐仙拱北，又称隐仙亭、上拱北，位于岷江东岸，距松潘城三里，是沙特阿拉伯人努黑·润吉尼（中文名马光祖）的陵墓。马光祖，又名马紫云，于乾隆元年（1736）在松潘东郊黄泥坡归真，门人为他修隐仙

---

① 临夏市地方志编纂委员会编《临夏市年鉴1996—2000》，兰州大学出版社，2002，第549页。

拱北，辛亥年（1911）变乱被毁，1916 年又重建。①

　　元明清以来回族进入岷江上游定居，与岷江上游茶马贸易商道的兴盛是密切相关的。松潘作为岷江上游茶马贸易的重镇，清道光、咸丰年间回族人最盛时多达两千余户。回族以其在社会文化活动中的影响，民国时期就已受到关注，我们从当时伊斯兰教及基督教信众从不同视角对松潘回民的观察中，可以看出松潘回族在地方社会的影响。民国时期曾进行"松潘回教"调查，刘世英《进步中的松潘回民》评价道：

　　　　松潘位置在四川西面，界连甘青康三省，面积甚广，海拔有高四千公尺，大部分均属蛮荒。回民多住在县城内外，有七百余户，现有清真寺八所，拱白二所。过去回民子弟多送去念经，松潘文化水准一般地说来，是比较内地为低。回民多营商业，在政界服务的也有几人。地方文化人如马贡二、马陵云、马润堂、马仁寿等，都是回民中的中坚分子，松潘回民在他们的领导下，已有不少的进步。②

　　民国时期基督教开展中国社会调查，其对松潘伊斯兰教的调查结论如下：

　　　　松潘有三个清真寺，教徒一千多家，占全城人口一半以上。他们很横暴难对付。城内有几个男学校和女学校，还有一个培养毛拉的神学院，全部课程似乎都用阿拉伯文。许多人参加地方军队。他们和一切现代运动都有关系，特别是革命性质的运动。③

松潘回民占全城人口一半以上，民国时期松潘伊斯兰教也一度兴盛。

　　在岷江上游多元宗教的信仰体系中，信仰汉传佛教、道教及民间信仰

① 四川省阿坝藏族羌族自治州松潘县志编纂委员会编《松潘县志》，民族出版社，1999，第818页。
② 刘世英：《进步中的松潘回民》，《中国回教救国协会会刊》第1卷第6期，1930年。
③ 中国社会科学院世界宗教研究所：《中华归主》第2卷，中国社会科学出版社，1988，第739页。

的族群是茶马古道的汉族人，藏族人信仰藏传佛教和苯教，羌族人则信仰传统的原始宗教。元明清以来回族伊斯兰教传播于岷江上游地区，又形成伊斯兰教与汉传佛教、藏传佛教、道教、民间宗教及羌族传统宗教在茶马古道和谐共存的局面，为岷江上游多元宗教增加了新的文化元素。

结　语

通过以上对岷江上游茶马古道商贸及多元宗教情况的简略考察，可知岷江上游茶马古道历史上为藏、羌、汉、回等多族群分布之地，由此形成具有川西地域特色的多元宗教并存局面。岷江上游地区多元宗教的文化传播，实与茶马古道的开通有着密切关系。岷江上游作为藏彝走廊的通道之一，是川西地区民族、经济、文化交流的重要孔道。在中华民族多元一体的分布格局下，中原的儒释道在当地有深刻影响，儒家的礼仪制度亦渗入当地社会。岷江上游多元族群各自恪守传统信仰，该区域成为儒、释、道、伊斯兰教及民间信仰、少数民族传统宗教多元共生之地，可谓元明清以来中国社会宗教文化交融的典型。岷江上游茶马古道的多元族群与多元宗教的内涵，是茶马古道历史文化研究值得深入讨论的问题。

（责任编辑　陈云）

西康省通志馆成立始末述略[*]

吴会蓉[**]

【内容摘要】西康省通志馆是 20 世纪 40 年代西康省为编纂《西康通志》成立的修志机构，它的成立同南京国民政府对修志事业的重视、西康建省与建设新西康的推动以及抗战时期西康所处的地理位置密不可分。西康省通志馆从 1940 年即开始筹备，1943 年在雅安成立，1948 年解散。其存在的 9 年中，围绕《西康通志》的编纂开展了大量的工作。西康省通志馆的成立及其修志活动，极大地推动了康藏地方史的研究。

【关键词】西康省　通志馆　《西康通志》

目前已有学者对民国时期的修志机构进行研究，如胡道静、袁燮铭在《关于上海市通志馆的回忆》中对民国时期上海通志馆的人事组织与修志工作进行了梳理;[①] 袁燮铭分析了上海市通志馆的筹备历史。[②] 陈鸿、孙梦蕾、邱增勇也有类似研究。[③] 江贻隆介绍了民国时期安徽通志馆成立初期的概况及其开展的工作、中期的停顿与后期恢复重建的过程。[④] 周安庆分

---

* 本文系地方文化资源保护与开发研究中心资助项目"二十世纪 20 至 40 年代任乃强康区调查研究"（DFWH2024-017）阶段性成果；青藏高原经济社会与文化发展研究中心资助项目"从近代西南地方志看西南边疆地区多民族互动与融合"（2024QZGYZD002）阶段性成果。

** 吴会蓉，西华大学、四川省铸牢中华民族共同体意识研究基地。

① 胡道静、袁燮铭：《关于上海市通志馆的回忆》，《史林》2001 年第 4 期。
② 袁燮铭：《上海市通志馆筹备始末》，《档案与史学》2002 年第 6 期。
③ 参见陈鸿、孙梦蕾、邱增勇《上海市通志馆的筹备与成立》，《南方论刊》2011 年第 6 期。
④ 江贻隆：《漫谈民国时期的安徽通志馆》，《黑龙江史志》2013 年第 15 期。

析了民国南京通志馆的人员结构及其开展的工作。① 林子雄对民国时期广
东通志馆的沿革、《广东通志》的编纂及其特色与不足进行了分析与评
价。② 曾荣探讨了民国通志馆的创建历程，并分析了民国时期通志馆修志
呈现出的特点。③ 吴会蓉、王庆的《西康地方志纂修源流述略》虽有提到
西康省通志馆，但未做深入论述。④ 可见，目前学界对民国时期西康省通
志馆的研究尚不全面，探讨民国时期西康省通志馆的建立及其活动有助于
进一步深化对西康史志的认识。

一　西康省通志馆成立的背景

西康省通志馆的成立同民国时期南京国民政府重视修志、西康建省
与建设新西康的推动，以及抗战时期西康所处的地理位置等因素密切
相关。

（一）南京国民政府对修志事业的重视

1927 年 4 月 18 日，以蒋介石为首的国民政府在南京正式成立，此后
经过宁汉合流，张学良东北易帜，南京国民政府完成了对全国的统一。国
家的统一为地方志的编修提供了有利的客观环境。1928 年，南京国民政府
行政院令各省、县一律修志，军政部军需署也咨请各省征集县志。1929 年
5 月 29 日，内政部"民字第五九六号"通咨各省、市、县将志书凡例送部
审核。同年 12 月 25 日，内政部"民字第一五四五号"咨发《修志事例概
要》，此概要共有 22 条，对各地方志的编纂进行了统一规范。其中前四条
对各省修志机构的组成与职责等做了明确规定，如"各省应于省会所在
地，设立省通志馆，由省政府聘请馆长一人，副馆长一人，编纂若干人组
织之"，"各省通志馆成立日期、地点，暨馆长、副馆长、编纂略历，并经
费常额，应由省政府报内政部备案"，"各省通志馆成立后，应即由该馆编

---

① 　周安庆：《鲜为人知的南京通志馆》，《江苏地方志》2011 年第 3 期。
② 　林子雄：《广东通志馆与民国〈广东通志〉之编纂》，《广东史志》2001 年第 4 期。
③ 　曾荣：《民国通志馆述略》，《中国地方志》2013 年第 2 期。
④ 　吴会蓉、王庆：《西康地方志纂修源流述略》，《西南民族大学学报》2018 年第 7 期。

拟志书凡例及分类纲目，送由省政府转报内政部查核备案"，"各省通志馆应酌量地方情形，将本省通志成书年限，预为拟定，送由省政府转报内政部备案"。① 1930 年初，内政部通咨各省，督促县市编纂志书。1931 年 4 月，再次通咨各省市县，"须聘学识优长，并富有时代思想者"② 担任主编。20 世纪 40 年代前、中期，国民政府内政部又两度颁布《地方志书纂修办法》，乱世之中仍不忘开展修志事业。正是由于南京国民政府重视地方志编纂事业，西康省通志馆才得以正式诞生。

（二）西康建省与建设新西康的推动

西康省通志馆的成立离不开西康建省与建设新西康的推动。建省前的西康区域，隶属于四川，称"川边"，系指东起打箭炉（今康定），西至丹达山，南邻云南，北接甘肃、青海这一片地区。早在光绪末年，邮传部尚书岑春煊就奏请将边地（后来的西康）改为行省。到 1911 年，代理川滇边务大臣傅嵩炑奏设"西康行省"，始有西康之名。此后，这一区域相继为尹昌衡、张毅、刘锐恒、殷承瓛、陈遐龄、刘成勋、刘文辉所治理。1928 年 9 月，南京国民政府发布命令："统一告成，州政开始，边远地方行域，亦应分别厘定，肇启建设宏观。所有热河、察哈尔、绥远、青海、西康各区均改为省。"③ 1935 年 7 月，在雅安成立西康建省委员会，刘文辉任委员长，筹划西康建省之事。次年 9 月，西康建省委员会由雅安迁至康定。刘文辉以控制的康南、康北 19 个县和 1 个设治局为基础，请求国民政府将四川宁、雅两属（西昌与雅安地区）的 15 个县和 2 个设治局划归西康省。此后，经川、康两省协商，并上报行政院转呈国防最高会议批准，将四川雅、宁两属 14 个县和 2 个设治局划隶西康。1938 年 11 月 28 日，行政院致电刘文辉，"准予建省，于二十八年一月一日成立省政府，业经本院第三九〇次会议决议，并呈报国民政府"，并建议仍以"西康"作为省名。由此，根据行政院电函，西康省政府于 1939 年元旦正式在康定成立，刘文辉为省政府主席，段班级、李万华、叶秀峰等 36 人为省政府委员。下

---

① 辽宁省档案馆选编《编修地方志档案选编》，辽沈书社，1983，第 84—86 页。

② 辽宁省档案馆选编《编修地方志档案选编》，第 11—12 页。

③ 四川省地方志编纂委员会编《四川省志·政务志》（上），方志出版社，2000，第 127 页。

设民政厅、财政厅、教育厅、建设厅、社会处、卫生处、图书杂志审查处、粮食管理局、田赋管理处、交通处、会计处、统计处、高等法院等机构。西康修志馆及地方志纂修由秘书长、民政厅与教育厅共同管理。完成建省以后，因为西康是民族复兴的根据地与西南国防重地，也为支持中华民族的抗日战争，政府极为重视新西康的建设事业。而要推进新西康的建设，就需要对西康的面积、人口、经济、文化、交通、军事、地理、国防、资源、农业、工业、矿业进行全面详细考察。这无疑推动了西康省通志馆的建立与西康方志纂修事业的发展。

（三）抗战时期西康所处地理位置相对安定

1931 年九一八事变之后，日本侵占了东北三省；1937 年七七事变发生以后，日本侵略军相继侵占了华北、华中、华东与华南的大部分城市与国土。这一时期其他各省已经建立的通志馆，因为日寇的入侵，或工作陷于停顿，或直接停办。据曾荣对民国通志馆的研究显示，九一八事变后，因东三省沦陷，奉天通志馆的馆务工作便陷于停顿；1937 年 7 月 7 日卢沟桥事变爆发后，"广东、安徽、山东、河南、河北、绥远、热河、陕西、甘肃、新疆、上海等地的通志馆相继停办"。[①] 西南地区虽未落入敌手，国民政府被迫内迁重庆，但日本侵略者亦经常对重庆、成都一带进行大轰炸，四川也时常受日本侵略军的侵扰。唯有西康因处西陲，地势复杂，地形险要，相对其他省区而言比较安定，这就为西康省通志馆的成立提供了有利的客观条件。同时，沦陷地区或交战区的工厂、机关、学校纷纷内迁西南，西康亦是内迁文教机关的重要安置场所。这一时期四川与西康汇集了大批优秀的专家和学者，从而为西康省通志馆的建立提供了优秀的人才，如著名的文科专家顾颉刚、钱穆、容庚、徐中舒、陈寅恪、吴宓、蒙文通、闻在宥、冯汉骥、任乃强、邓少琴、庄学本等，[②] 其中蒙文通、闻再宥、冯汉骥、邓少琴、庄学本等都是西康省通志馆的成员，为编纂《西康通志》做出了巨大贡献。

---

① 曾荣：《民国通志馆述略》，《中国地方志》2013 年第 2 期。
② 《四川大学史稿》第 4 卷，四川大学出版社，2006，第 101 页。

二　西康省通志馆的筹备

西康建省后，便遵照南京国民政府颁布的《修志事例概要》的规定，先是下令促各县于1939年底建立文献委员会，从事文献资料的搜集与整理工作，为编纂西康方志做准备。在此基础上，西康省政府于1940年在雅安建立西康省通志馆筹备处，聘请任乃强为筹备处主任，庄学本、廖宗泽、陈东府、张敬熙、黄静渊、刘衡如等人为筹备委员，筹备建立西康省通志馆，以编纂《西康通志》。① 西康省通志馆筹备处成立后，在任乃强领导之下，召开筹备会议，号召拟订征集志材办法与西康通志撰修纲要，深入西康各县进行实地考察采访，为西康省通志馆的正式建立与《西康通志》的编纂奠定了坚实的基础。

（一）召开筹备会议

西康省通志馆筹备处成立之后，在主任任乃强的主持之下，为编纂《西康通志》前后三次召开筹备会议。前两次会议，拟订了组织章则；第三次筹备会议确定了各筹备委员的分工、志书编纂的年限与联系的地址等事项。1940年7月15日，西康省通志馆筹备处于雅安召开第三次筹备会议，出席此次会议的人员包括陈东府、张敬熙、庄学本、黄静渊、廖次山、刘衡如、任筱庄七人。会议首先由任乃强主席报告开会的理由，此后又议决了几件要事：其一，依照组织章则拟具通志条例及分类纲目，送由省府转报内政部备案，推廖次山与刘衡如两位委员为起草人；其二，决定成书年限为三年；其三，函促省府令促各县，迅即成立文献委员会，协助搜采志料；其四，拟请接收观音阁，以作为接洽通志（志料）的固定地址；其五，商定委员分工认修项目与工作程限。②

（二）拟订撰修纲要、分类纲目与征集志材办法

第三次筹备会议结束之后，各位成员积极根据会议精神开展工作，拟

---

① 《一月来之康事辑要》，《康导月刊》第2卷第11期，1940年，第70页。
② 参见《一月来之康事辑要》，《康导月刊》第2卷第11期，1940年，第70页。

订"西康通志撰修纲要"、"西康通志分类纲目"与"西康通志征集志材办法"。随后，西康省通志馆筹备处于 1940 年 8 月上旬函请西康省政府审核"西康通志征集志材办法"并通令各县征集编纂省志的材料，函寄到馆或呈送到省府，由西康省府转交通志馆筹备处，以备编纂省志之用。8 月 16 日，西康省政府以"省民字第一二六八号"批准了西康省通志馆筹备处的函请，在西康省政府公报上公开发文令促各县遵照办理，并抄附"办法"一份，在《西康省政府公报》"本省法规"栏予以公布。

"西康通志征集志材办法"共 19 条，对西康省通志馆筹备处印发"纲要"与"分类纲目"的目的，各县文献委员会的具体操作方法、职责、注意事项、经费的分担、征集志材的范围和采访主任、赞修、协修人员的组成，通志馆联系地址等皆有详细说明。① "撰修纲要"拟订好后，于 1940 年 10 月经内政部咨复西康省政府准予备案，同时由西康省通志馆筹备处印行，在小范围内流传。此"纲要"共计 26 条，论述了以往旧志的弊病、《西康通志》的编纂缘起、分类纲目、编纂体例、编纂方法、编纂思想以及征集志材的办法等内容。印发的《西康通志撰修纲要》是编修《西康通志》的总纲和准绳，为《西康通志》的撰修指明了指导思想、编纂原则和方法。

（三）拟订《西康省通志馆组织规程（草案）》

西康省通志馆筹备处在任乃强的带领之下，拟订了《西康省通志馆组织规程（草案）》。1943 年 3 月 11 日，西康省政府举行第 184 次委员会会议，审议了《西康省通志馆组织规程（草案）》。② 该草案共计 13 条，指出了制定本规程的目的以及设立西康省通志馆的目的与依据，对西康省通志馆组织机构的设置、各自的职责、人选与薪俸、通志馆经费的来源等内容做出了明确的规定。草案第一条明确指出，西康省政府设立西康省通志馆是为了征集地方文献，编纂西康省志。同时指出，"依据《修志事例概要》制定本规程"。③ 1943 年 9 月 11 日，西康省政府召开第 208 次会议，

① 《西康通志征集志材办法》，《西康省政府公报》第 35 期，1940 年，第 7—10 页。
② 《康事日志》，载《康导月刊》第 5 卷第 2、3 期，1943 年，第 92 页。
③ 《西康省通志馆组织规程（草案）》，《西康省政府公报》第 146、147 合期，1943 年，第 16 页。

通过了《西康省通志馆组织规程（草案）》，并在《西康省政府公报》1943 年第 146、147 合期中的 "本省法规" 栏予以公布。

（四）深入西康各地进行实地考察

西康省通志馆筹备处各位成员为了编修西康省通志，不辞辛劳，深入西康各县、局开展实地考察，亲自搜集各种文献、碑刻、口述史料。如任乃强本人即多次深入西康开展田野考察，并按照近代测量学的方法，亲自绘制出西康境内的交通地图。关于这一点，其子任新建有详细的记述："为了收集修志资料，发掘西康历史文化资源，他（任乃强）先后对汉源、泸定、天全、芦山、宝兴等地进行了详细地考察研究，发掘了王晖石棺等汉代文物，撰写了《泸定导游》《天芦宝札记》等长篇，记录了许多宝贵的地方风物资料。"① 庄学本长于摄影，考察所到之处，其皆用相机留下了生动的照片，为编纂《西康通志》和研究西康历史留下了形象生动的影像资料。廖宗泽通过考察与征访，写出了《西康大事年表》，亦为撰修《西康通志》夯实了基础。

三　西康省通志馆的改组

经过三年的筹备，到 1943 年 3 月，西康省政府为发展边疆文化，在雅安成立西康省通志馆。4 月，西康省政府对西康省通志馆进行了改组，馆长一职本应由任乃强担任，但由于任先生坚决推脱，西康省政府便调韩文畦（时任西康省教育厅长）任该馆馆长，并聘请馆外蒙文通、马长寿等人分担撰述，而任乃强表示拟承担部分撰述任务。② 4 月 23 日，经行政院第 609 次会议决议照准，韩文畦辞去西康省教育厅厅长之职。③ 5 月 15 日，韩文畦离开康定赴雅安，正式接手西康省通志馆，④ 并延聘人员，进行组织机构建设，着手编纂《西康通志》。

---

① 参见任新建《任乃强先生对西康建省的贡献》，《西南民族大学学报》2010 年第 10 期。
② 参见《边疆学术文化运动消息》，《边疆研究通讯》第 2 卷第 2 期，1943 年，第 7 页。
③ 《康事日志》，《康导月刊》第 5 卷第 4 期，1943 年，第 91 页。
④ 《康事日志》，《康导月刊》第 5 卷第 5 期，1943 年，第 96 页。

（一）西康省通志馆的机构设置及其职责

根据《西康省通志馆组织规程（草案）》的规定，通志馆设馆长 1 人，副馆长 1 人，由西康省政府聘请。其下设总务组、编纂组和编审委员会（图 1）。总务组负责文书、会计、庶务、管卷、管稿、收发、缮写、监印、校对等事宜。编纂组负责采访、测绘、编辑等事宜。编审委员会负责志科、志稿的取舍以及稿件的审核与薪酬的酌定等事务。总务组设主任 1 人（比照简任待遇①），文书 1 人、会计 1 人、庶务 1 人及雇员若干人（待遇比照委任②）。除会计由西康省政府会计处委派外，其余人员由馆长委派。编纂组设主任 1 人专任，编纂 1 人专任，采访 1 人、测绘 2 人及特约编纂、分县采访若干人，均聘任。编纂主任、专任编纂、专任采访，均比照荐任相当级数，按月致送舆马费。特约编纂分县采访，均无给职，按照稿件质量，由编审委员会酌致酬金或奖金。编审委员会由馆长聘请委员 5 人或 7 人组成，以 3 人为常务委员，办理日常事务，并负责召集会议。各委员皆为无给职，但得按照出席次数酌给舆马费。编审委员会，每月开常会一次，必要时得召开临时会议，其会议规程另外制定。通志馆所收集的志稿和访稿，应于每月由总务组汇齐，选送编审委员会初步审核决定后，移送编辑。全部稿件编辑完成后，送编审委员会审核，其稿件未经初步审核不得编辑，全部志稿未经审定不得付印发行。通志馆的经费，由省政府按月拨发，不足之数，就各县地方经费指示提抽若干移助之。通志馆

图 1　西康省通志馆组织系统

资料来源：根据《西康省通志馆组织规程（草案）》绘制。

---

① 国民政府定都南京后，对文官的官等官俸做了统一规定。官等共分为五等三十六级，其中简任官为第三等，分为八级。最低等为八级，月支官俸 400 元；每晋一级，增加官俸 30 元，直到晋升为简任一级，月支官俸 600 元为止。

② 委任官为第五等，共分十六级，最低十六级月支官俸 55 元；由十六级至九级，每晋升一级增加官俸 5 元；由八级至五级，每升一级增加官俸 10 元；由四级至一级，每晋一级增加官俸 20 元，直至晋升到委任一级月俸 200 元为止。

职员及公役应与省级公务员役同等待遇，但编审委员会特约编审、分县采访不在此例。①

（二）西康省通志馆的人员构成

西康省通志馆以《西康省通志馆组织规程（草案）》的规定为总体指导原则，进行组织建置，在具体人事设置上也稍有调整。具体情况为：通志馆设馆长 1 人，由韩文畦担任，负责主持全馆馆务工作并总裁一切志稿；设总务主任 1 人，由李霈岚充任，总务主任秉承馆长之命，负责管理通志馆事务；设总纂 1 名，由张怡荪担任，总纂商承馆长，统理通志纂修事宜、决定资料的取舍、负责志稿的修改并予审核定稿；设纂修若干人（如 1943 年 7 月 8 日，通志馆聘请蒙文通、曾缄、彭云生、闻再宥等人为纂修，负责纂辑文稿，分门撰述，搜检史料，厘定事例；新任馆长韩孟钧延聘张怡荪、蒙文通、曾慎言、彭云生为编审委员，负责审核通志馆收集的志稿、访稿及编辑完成的稿件）；设 2 名助理编审，由刘文渊和吴缵咸担任，协助编审委员审核志稿；设测绘人员 2 名，由四川达县人刘开晴和王大成担任，负责测量、绘图和统计等事务；设会计与出纳各 1 名，分别由王慧可和周蕴昆担任，负责通志馆的会计、出纳等财务工作；设保管 1 名，由周愀担任，负责志稿、访稿与办公设备的保管工作；设收发 1 名，由郑世元担任，收发秉承总务主任之使，负责图书典籍、文稿、文件及收发等事务；设文书兼会计佐理 1 名，由韩劲生担任，承秉总务主任，主要负责办理文件与往来函牍；设书记 7 名，由谢淇漳、谢炳荣、刘蕴权、王德全、谢汝愚、周秉福、冯纳吉等人担任，主要负责缮写稿本及文件。此外，西康省通志馆的编纂还有沈月书、杨怡庵、李晓舫、段天爵、李啸林、谭其蓁、谢君谷、李永成、丁贡南、邓少琴、郭沅卿、冯汉骥、耿荫庭、欧阳枢北、常隆庆、李静轩、王光碧、祝维瀚等人。②

---

① 《西康省通志馆组织规程（草案）》，《西康省政府公报》第 146、147 合期，1943 年，第 16—17 页。

② 参见《关于西康省通志馆志稿及地图图书公物关防官章等移交册》中的《西康省通志馆志稿及地图移交清册（附未收志稿名称表）》（载全宗《西康省政府秘书处》，四川省档案馆藏，民 201-23）。

四　西康省通志馆的修志活动

西康省通志馆从其筹备成立开始算起，至 1948 年 12 月正式解散，前后存在了 9 年的时间。在这 9 年之中，围绕《西康通志》的编纂开展了大量工作。从种种修志文件与资料可以看出，民国时期西康省通志馆（包括西康省通志馆筹备处）主要开展了下列工作。

第一，拟订修志方案。

如前所述，西康省通志馆筹备处成立后，即在任乃强的领导下，拟订编纂《西康通志》的方案，经过半年的努力，撰写出《西康通志撰修纲要》和《西康通志分类纲目》，并获西康省政府会议审议通过，上报国民政府内政部备案。这为《西康通志》的正式编纂提供了总体规划与蓝图。此后又拟订了《西康省通志馆组织规程（草案）》，西康省政府于 1943 年 3 月 11 日召开第 184 次委员会会议，对这一规程进行了审议。同年 9 月 11 日，西康省政府举行了第 208 次委员会会议，正式通过了《西康省通志馆组织规程（草案）》。① 这一草案为西康省通志馆的人事组织机构的设置提供了政策与法律依据，也为《西康通志》的编纂提供了组织保障。

第二，收集和访求志料。

通志馆收集与访求志料的途径有多种，其一是公开征集。西康省通志馆早在筹备期间，就已经拟订《西康通志征集志材办法》（以下简称《办法》），由西康省政府委员会会议审核通过，并在其政府公报"本省法规"栏公布，通令西康省各县遵照执行。《办法》规定："各县无县志或乡土志者，由文献委员会按照通志馆印发的《西康通志分类纲目》所提示各项，分别搜集各该县应入通志之文献，分缮二份，一份送通志馆，一份存该委员会，备作自修县志之用。各县有县志或乡土志已刊行者，除由文献委员会检取一部送交通志馆外，仍须查照通志馆印发的撰修纲要与分类纲目，采访旧志未备之志材，送交通志馆，并自录存一份，备作续修县志或县志补编之用。各县新修县志或乡土志已成，尚未刊行者，由文献委员会将全

---

① 《西康省通志馆组织规程（草案）》，《西康省政府公报》第 146、147 合期，1943 年。

部志稿连同卷页清册，有木箱封固，由专人运送通志馆。各县正在撰修县志，尚未脱稿者，应将已经编定之稿，钞录一份，送交通志馆。其尚未编定之部分，应将访稿钞送。""各县县长为采访主任，负责县一切采访调查事宜之责。文献委员会成立后，得由文献委员会委员长担任此项采访主任。"其主要职责在于收集志料，"采访搜集康省籍人士之传记、表状、墓志、谱牒、文集、诗稿、杂著、图表、书画、雕塑及其它艺术制品"，口述采访"康人祖先之硕德懿行并如实记录，列入访稿"。至于"政务各项志材，以省府各厅局会及各驻军司令部为采访机关，由此各机关自行组织采访系统，征采搜集各项史料与志材"。同时，在通志馆内"常设专任采访若干名，随时分赴县各，协助文献委员会及赞修协修各人员，办理调查采访拍照制图等事宜"。同时，《办法》还规定，"所集征的志料，不必限于汉文，凡藏文、倮文（即彝文）以及一切文字，一例采掇"。[①] 除由各县文献委员会、各县县长、省府各厅局会及各驻军机关担任采访机关，负责搜集志料以外，《办法》还鼓励康籍人士或曾在西康省从事考察研究的省内外人士主动向通志馆提供资料（包括著作、未发表之文稿、图表、照片、收藏品等），并为此制订了专门的致谢与奖励办法。

除公开向社会征集志料以外，通志馆各成员还主动到西康境内各地进行实地考察，以搜集志材。如前所述，任乃强在担任通志馆筹备处主任期间，为撰修第一部西康省通志殚精竭虑，广征博引，为搜集志材开展了大量的工作。这一阶段，任先生除大量查阅西康旧有档案和珍藏的藏文典籍以外，还深入西康各地进行实地考察、访问，广泛搜集民间材料、碑刻资料，如王晖棺与樊敏碑等实物资料便是通过实地考察所得。除撰写成《西康通志撰修纲要》以外，其间他还相继写成《康藏史地大纲》、《泸定导游》及《天芦宝札记》等著述。《雅安市志》"大事记"也谈到"民国卅年（1941）夏南充任乃强主持《西康通志》编纂事，实地深入各县调查西康古迹"。[②] 庄学本在通志馆筹备期间，就前往西康省宁属的越西、冕宁、昭觉、盐源、盐边等县的12个彝族村落对当地60多户人家进行田野考察，

<hr>

① 《西康通志征集志材办法》，《西康省政府公报》第35期，1940年，第7—10页。
② 陈蜀奎主编《雅安地区文物志》，巴蜀书社，1992，第307页。

除拍摄照片以外，其考察范围涉及西康的政治、军事、教育、交通、自然资源、地貌、民族、宗教、婚丧习俗、民间艺术、劳作方式、农作物等方面，非常广泛。冯汉骥在这一时期也遍历西康，搜集民族学资料，积稿十余筐，并着手从事西康各民族的分类研究。① 邓少琴于 1944 年任西康省通志馆编纂，第二年他为了搜集编纂通志的资料，也到西康各县开展调查，广泛搜集西康的民族、历史、文物、宗教方面的史料。他从康定出发，经过金沙江、鲜水河、力印河，网罗各县资料，年底止于芦山，在此地发现了汉阙、汉画像砖及汉墓砖。次年初春，他由芦山到雅安，考察雅属地区的文物古迹。考察期间，行经民族地区，交通困难，跋山涉水。虽遇霜雪风沙，寒暑奇酷，先生竟然不顾，毅然前往，对西康各县的民族源流、建制沿革、物产经济、民风民俗、文物古迹等，皆一一考察，详细记载，初步写成了"西康民族采风录"笔记 10 余册，掌握了大量的第一手资料，② 为《西康通志》的编纂奠定了坚实的资料基础。

第三，整理志料。

在搜集志料的基础之上，通志馆各成员对其所搜集的志料进行分类整理。从 1948 年 12 月西康省通志馆移交给西康省政府驻蓉办事处的"图书清册"来看，其所搜集、整理的修志材料主要分为以下五类。一是西康各县的旧志，这类志料所占比例最大，包括《西昌县志》、《雅安县志》、《天全州志》、《汉源县志》、《汉源县政概况》、《冕宁县志》、《盐边厅乡土志》、《章谷屯志略》、《荥经县志》、《会理州志》、《芦山县志》以及《越嶲厅志》，此外还有《浙江通志》。二是诗词文集，主要有《贾固之诗词抄本》《余彦良级汇室诗词》《余良选遂园诗草》。三是传纪、杂记、著述，主要有《姚邦材遇难记》《皇明雅安迅记残钞本》《余子宜灵关记》《康輶纪行》《竺国纪游》《僳情述论》《雄伟的南京》等。四是报纸杂志，主要有《西康省政府公报》、《康导月刊》、《边政公论》、《新西康》以及其他报刊。五是碑刻拓

---

① 参见曹春梅《民国时期国人对西康的社会考察及其影响》，硕士学位论文，四川大学，2006。

② 江津政协文史资料研究委员会：《江津文史资料选集》第 13 辑，内部资料，江津市轻工印刷厂，1992，第 120—121 页。

片等资料，主要有《王晖拓片》和王云凡的《樊敏碑考释》一卷等。①

第四，编纂《西康通志》。

西康省通志馆成立的目的与初衷就是编纂一部西康省志——《西康通志》，在其存在的前后9年时间里，通志馆成员们克服各种困难，兢兢业业，最终完成了一百多万字的初稿，堪称西康历史上第一部由官方组织编纂的、系统而全面的省志。

西康省通志馆筹备处刚一成立，任乃强等人就着手拟订《西康通志撰修纲要》，他们参考了当时我国各种官私所纂之地方志书（主要是西康境内的旧方志）、西康省政府公报以及各种杂志报纸，依据西康省的实际情况，将《西康通志》分门别类，共拟定为82卷，卷首1卷，正文81卷。卷首主要介绍编纂《西康通志》的序、凡例、撰修者的姓名以及本志目录。以后依次分为"地理""史事""人民""产业""政务""类纂"等6篇。

1943年西康省通志馆正式成立后，任乃强虽不再主持《西康通志》的编纂，但他仍然关心此事，并亲自举荐著名藏学家张怡荪任总纂。在西康省通志馆主任韩孟钧的主持下，以"分类纲目表"为总体方向，稍作变通，由通志馆各成员分别承担某一（几）部分编纂任务，各司其职，其所作分工如表1所示。

表1 《西康通志》纂修分工情况

序号	志稿名称	纂修人姓名
1	财赋志	沈月书
2	武卫志	杨怡庵
3	曙度表	李晓舫
4	农牧志	段天爵
5	物产志	周太玄
6	交通志	刘开晴
7	倮族语文志	闻在宥
8	党务志	李啸林
9	议会志	谭其荪

---

① 见《西康省通志馆图书移交清册》，《关于西康省通志馆志稿及地图图书公物关防官章等移交册》，载全宗《西康省政府秘书处》，四川省档案馆藏，民201-23。

序号	志稿名称	纂修人姓名
10	职官志	韩孟钧
11	考选志	韩孟钧
12	教育志	谢君谷
13	司法志	李永成
14	宗教志（上、下）	张怡荪
15	医方志	张怡荪
16	水利志	丁贡南
17	工商志	周太玄
18	西康省地图	刘开晴
19	西康省各县分图	刘开晴
20	康族语文志	张怡荪
21	寺庙志	张怡荪
22	高僧志	张怡荪
23	佛典志	张怡荪
24	历法志	张怡荪
25	刑法志	张怡荪
26	工巧志	张怡荪
27	茶法志	张怡荪
28	艺文志	曾慎言
29	大事记（上、中）	蒙文通
30	人物志	彭云生
31	土司志	邓少琴
32	金石志	邓少琴
33	社团志	郭沅卿
34	族系志	冯汉骥
35	风俗志	耿荫庭
36	田赋志	欧阳枢北
37	地理志	常隆庆、邓少琴
38	大事记（下）	李静轩

资料来源：《关于西康省通志馆志稿及地图图书公物关防官章等移交册》，载全宗《西康省政府秘书处》，四川省档案馆藏，民201-23。

1944 年 6 月，据"边务消息"载，"西康通志本年（1944）八月底可

124

告完成——西康省通志馆自韩孟钧接任馆长后，聘请专家修撰，进展颇为顺利，本年八月底全志可告完成"。① 经过大家的共同努力，到 1945 年 3 月，刘开晴负责主修的交通志完成初稿五卷。沈月书负责的财赋志也于 1947 年完成初稿，并由西康省财政厅做了增补。此后社团志、农牧志、物产志、议会志、考选志、职官志、武卫志、司法志、水利志、工商志、医方志、教育志、宗教志、暑度表、倮族语文志、党务志等也于 1948 年完成初稿，还有刘开晴负责绘制的 5 幅西康省总图与 52 幅西康省各县分图，以上志书初稿由西康省通志馆于 1948 年底移交西康省政府驻蓉办事处，由罗舜琴负责接收。"西康省大事记（下）"本已编修完成，由通志馆函寄王光碧处增补，但未寄还。未交志稿有 17 种，计有康族语文志、寺庙志、高僧志、佛典志、历法志、刑法志、工巧志、茶法志、艺文志、西康大事记（上、中）、人物志、土司志、金石志、族系志、风俗志、田赋志、地理志。②

　　西康省通志馆自 1940 年开始筹备，经过改组，于 1943 年 5 月正式在雅安成立，1948 年底闭馆解散，前后历时 9 年。西康省通志馆在这 9 年中，明确各成员的分工与职责，各编纂者兢兢业业，克服了各种困难，最终编成《西康通志》初稿 19 种 26 册，绘制地图 57 幅，以上志稿及地图于 1949 年 1 月由西康省通志馆编审室收齐移交西康省政府驻蓉办事处，今存于四川省档案馆内。尽管《西康通志》编纂事业并未完全竣工，但其开展的修志工作至今仍有极为重要的意义，其所修《西康通志》的手稿，充实了民国时期的地方志成果。同时，西康省通志馆纂修者的共同努力，促进民国时期西康史与边政学研究兴起，也为今天我们从事西康史研究提供了珍贵而稀有的西康史料。此外，该馆在修志工作中积累了宝贵而丰富的志材与经验，更为今天四川甘孜、雅安、凉山等地的修志事业提供了珍贵的素材、借鉴与启示。

（责任编辑　陈云）

---

① 参见《西康通志本年八月底可告完成》，《边疆通讯》第 2 卷第 6 期，1944 年，第 14 页。
② 参见《西康省通志馆志稿及地图移交清册（附未收志稿名称表）》，《关于西康省通志馆志稿及地图图书公物关防官章等移交册》，载全宗《西康省政府秘书处》，四川省档案馆藏，民 201-23。

明清时期川西涉藏地区的陕商经贸活动研究[*]

刘立云[**]

【内容摘要】 明清时期，陕商利用朝廷"食盐开中""茶马交易"政策，利用血缘、乡缘、地缘关系，风餐露宿地行进在陕甘、川藏茶马古道上，在此谱写下 500 余年贸易史。由于康定特殊的地理、历史因素，陕商"炉客"从户县集聚，前往康定从事商业活动。因此，在康定"陕西街"设有陕商著名商号多家，比如户县"牛东帮"所开设"德泰和"，属当时影响颇大、历时较久的商号之一。调研分析其经营过程、模式，从中可窥见近代陕商经营特征，为藏羌彝走廊民族交往交流交融与民族和谐提供典型案例，亦为"一带一路"背景下的陕川藏省（自治区）际跨域民族经济发展提供时代借鉴。

【关键词】 明清时期 川西涉藏地区 陕商 经贸活动

一 研究背景

明代，朝廷继续实行茶叶专卖制，既用于茶马贸易，又沿边开中、报中，商人开中请引，于产茶地算茶，类似宋代入中折中。明末，专卖制松动，征收商人茶税。清代，进一步放开茶禁，雍正时期完全放开茶叶贸

---

* 本文系国家社科基金西部项目"明清时期川西藏区陕商研究"（18XZS040）、国家民委民族研究项目"清代川西藏区民族融合的多维度历史考察"（2019-GMH-006）、陕西省社会科学基金项目"'一带一路'与陕西商帮文化传播研究"（2019H009）阶段性成果。

** 刘立云，陕西省社会科学院。

易，茶叶成为普通大宗商品。乾隆年间，"溯甘省茶商，旧设东西两柜。东柜之商，均籍山、陕，西柜则皆回民充商，而陕籍尤众多"。[①] 西柜回商从事兰州至西北各民族聚居地茶叶贩售。[②] 在陕甘、川藏茶马古道上，商人们风餐露宿，为西部经济发展、文化交流、社会进步做出了不可磨灭的贡献。

为此，笔者聚焦明清时期川西涉藏地区的陕商发展轨迹，研究他们如何以独特的经济行为"嵌入"地方性生产与生活，来建构、巩固和表达自己的群体社会、经济地位与文化认同，遥遥呼应丝绸之路的"特殊性和互联性"，史论结合，为当代民族交往交流交融提供现实启示。

二 陕商川西涉藏地区的商道路线

陕茶文化的历史影响力穿越古今。汉阳陵出土距今 2100 多年的"世界最早茶叶"，法门寺地宫出土唐代宫廷茶具，以及唐宋以来的茶马互市，均为古代丝路茶叶贸易的重要组成部分。明初洪武四年（1371），朝廷在陕西实行由国家垄断经营的"茶马交易"政策，规定"陕西汉中、金州、石泉、汉阴、平利、西乡诸县，茶园四十五顷，茶八十六万余株。四川巴茶三百五十户，茶二百三十八万余株。宜定令每株官取其一。无主茶园，令军士摄取，十取其八，以易番马"，[③] 并在秦州、河州、洮州设茶马司，巩昌府设茶叶批验所，令将"陕西紫阳茶区产茶十三万斤，又四川保宁府转茶一百万斤，赴西番易马"。[④] 弘治年间，废除官办体制，招商中茶，允许商人领茶引贩运边地，四成归官、六成归商，并规定每引 100 斤外再多带 60 斤副茶，开启了陕西 500 年"副茶贸易"。据统计，明代茶叶需求约 4000 万斤（紫阳茶区最高产量为 1000 万斤）；清代增至 4100 万斤，"中茶易马，惟保宁、汉中"，[⑤] 供需缺口颇大。于是，从陕西紫阳始发，大批陕

① 左宗棠：《甘肃茶务久废请变通办理折》（同治十三年二月二十六日），《左宗棠全集·奏稿六》，岳麓书社，1992，第 48 页。

② 党诚恩、陈宝生主编《甘肃民族贸易史稿》，甘肃人民出版社，1988。

③ 《明史》卷 80《食货志》，中华书局，1964。

④ 《紫阳县志》，三秦出版社，1989。

⑤ 《甘肃通志》卷 165《茶马》，台北：台湾商务印书馆，1962。

甘回商携带茶叶分别销往陕西关中以及甘宁青新、楚豫地区。沿西北、西南方向分别形成陕甘、陕川藏商道。

限于篇幅，笔者仅就陕商赴川西涉藏地区的西南商道进行重点论述。

明代，川藏茶马古道开通于洪武二十六年（1393）。该年明政府在雅州（今雅安市）、黎州（今汉源县）设茶马司，后迁往汉藏贸易中心的康定，主持入藏茶马交易，秦蜀之茶"自碉门黎雅抵甘乌思藏五千余里皆用之"。① 令将雅安、天全、名山、射洪、邛崃五县所产茶240万斤（明中叶后增为340万斤，清代为1100万斤）在雅安压制成茶砖，经背夫翻雪山背运至康定，然后分三路入藏。具体从雅州折东北行经邛州（今四川邛崃）至成都府，与川陕驿路即"四川官路"（巴山入川西线）相连接。由此，西南方向由长安经汉中，至成都，再经雅安、泸定、康定、理塘、巴塘、昌都至拉萨的陕川藏商道完整呈现。

清初，清政府用兵西藏，加上清廷新辟了陕南官路，形成了以川西涉藏地区为核心的民族贸易网络。② 由于三分之二的南路边茶均取飞越岭道转输至康定发卖，仅乾隆时从雅安至康定就设有十三大站。康熙四十七年（1708）造泸定桥，"军民商贾之车徒负载，咸得安驱疾驶"，康定"番夷总汇，因山而成，市井辐辏"。松潘、理塘、巴塘、道孚、炉霍等集镇陆续发展成为川西北、甘青乃至蒙古的边茶集散地。尤其是地处川藏茶路与滇藏茶路交汇处的察木多（今西藏昌都）扼川藏南、北两路入拉萨之要口，乃"口外一大都会也"。一路由康定越雅砻江至理塘、巴塘到昌都，再行300里至拉萨，为入藏南路；一路由康定经道孚、甘孜渡金沙江至昌都，再由昌都趋玉树、结古入青海，为入藏北路；还有一路为经懋功达藏县趋松潘入甘南涉藏地区。

由此，陕川藏商道的西路松藏道与到达临潭、河州的陕甘商道联系在一起。松藏道即由四川灌县沿岷江上行，过藏县、松潘、若尔盖经甘南到河州，与陕甘茶马古道接轨。商道的贯通对西部跨域民族经济发展产生重要影响。清代以后的课税收入，"东南则盐为巨擘，西北则茶为大宗"。笔

---

① 《明史》卷80《食货志》，中华书局，1964。
② 李健胜：《丝绸之路青海道历史地位述论》，《青藏高原论坛》2016年第2期。

者调阅"清代川藏贸易的茶引、茶税"史料，据载：乾隆年间行销茶叶额引数量，如乾隆二十五年（1760）为 81498 张，一引为茶叶 90 斤，约销茶 7334820 斤；乾隆五十二年（1787）分茶额引 81498 张；乾隆五十三年（1788）分茶额引 83498 张；道光十年（1830）以后，行销过茶引 95415 张，征收茶税 17313 两。另，《四川通志》等记载清初茶引超过 10 万张，清末达 126800 张，而档案记载至宣统年间仍为 95415 张。嘉庆朝茶引一度超过 10 万张，但嘉庆二十五年（1820）查办天全州茶引滞销案，将茶引减去 9000 余张，茶引税亦减少 1600 百余两。

三　陕商川西涉藏地区的商业模式

经商是川西涉藏地区陕商的重要生计方式。"德泰和"应属康定"陕西街"影响颇大、历史悠久的商号之一。由户县牛东乡宋村宋家与县北稻务村的南景山等合办，历经嘉庆、道光、咸丰、同治、光绪、宣统诸朝及民国百余年，而以仁馨、苿棠（甘卿）两代人掌控之时为其鼎盛阶段。最盛时资金达 18 万两，店员有 80 多人，年营业额约 20 万两白银，流动资金 100 多万两。① 以下着重从商品价值实现的"生产—流通—分配—消费"四环节进行论述。

1. 生产环节

明清时期，跨域贸易开始兴盛，商人资本活跃其中，除了城镇的商品生产外，农村出现了面向市场而生产的一批专业户和半专业户。此时，商人资本向生产领域的渗透便成为必然的趋势，其中就包括向生产者提供贷款。商人用筹集的资本向小生产者提供生产手段，主要是收购原料及成品。

比如，"德泰和"主营药材生意。一般来讲，陕商经营药材主要在清代。陕商所经营的药材产自川、甘及本省（陕西）南北山，由三原转贩豫、晋、鄂、苏等处销售。其中，陕北、关中各县，特别是陕南及商洛地

---

① 杨益三：《陕商"炉客"在康定——略记户县德泰合兴衰始末》，《户县文史资料选辑》第 3 辑，1987。

区均有名贵药材出产。经采集、加工炮制（包括切片、捣细、蒸晒、糖裹、蜜煎等环节）后，批量出省外销。甘肃所产药材多来自秦州、岷州。另外，陕商亦赴川、藏、云、贵、青等地收购、贩运当地名贵药材，在收购地采取设庄收购、委托代收及赊购方式，再将其远销长江中下游及华北各省，获利丰厚。

不仅如此，商人资本亦参与产品加工过程。

"自古岭北不产茶，唯有泾阳出名茶。"位于泾河下游、关中腹地的泾阳，自古是三辅名区，京畿要地，更是陕商故里。明清时期，作为南茶北上的加工制作输运中心，泾阳县城以及周边就有逾110家茶行林立，12处水运码头，商贾云集，热闹非凡。至今，泾阳县城仍存有当年茶市遗址，比如，麻布巷、骆驼巷、造士街、粮集巷等。当时，茶工将湖南安化所产的黑毛茶踩压成90公斤一块的篾篓大包，运往陕西泾阳，经过二次筛选加工和再发酵筑制茯砖。整体配料以湖南安化黑毛茶为主，加有不同比例湖北老青茶、四川边茶、广西六堡茶及陕西紫阳茶。茯砖茶制成后，包装封印，时称"封子条"，又称"泾阳砖"。生产资料有固定购买处而且分工细密，表明该市场在陕西已趋于成熟，并得以较大发展。进一步地，商人直接组织生产，即采用雇佣劳动、对所收购原料及成品进行再加工，从而增加产品价值，将生货变成熟货。

2. 商品流通环节

为扩大区域商品流通，"德泰和"于甘孜、炉霍、雅安、重庆、成都、武汉、上海等地，皆有分号，主营鹿茸、麝香、红花等名贵药材和羊毛生意。麝香年成交占康定上市量三分之二（700—800斤），羊毛生意年成交量70万斤。"德泰和"与日本、德国进行出口贸易，号内配有专门翻译人员。康定与上海、武汉等地互相可持号内银票兑现，足见其时资信及盛况。对此，较详细记载见于民国川蜀史地研究专家任乃强之《西康札记》，选取原文如下，或可反映当时情形：

> 德泰和系陕商所创，开设炉城，已一百余年。号东早已□绝，现在系该号诸掌柜联合经营，大抵皆陕西□（户）县人也。共设号口六处：打箭炉为总号，收买麝香、鹿茸、虫草、贝母、狐皮、□俐，与

一些草地输出物，亦发售茶、布、绢、绸等川货于草地；雅州分号，采购茶布；成都分号，办理汇兑；重庆分号，办理炉货出口装运报关等事；上海分号，发售麝香、贝母、毛皮等出洋货物。皆无门市。又于陕西西安设坐号，专司汇兑红息，周转成本等事。各分号统受总号指挥，分号之大掌柜，统由总号掌柜指派。[①]

再如"德泰和"经理人杨益三晚年回忆，记述如下：

> ……三东指派二柜陈冠群（崔家湾人）当经理。此人有学识，大有才干。他任用甘孜杨自林、上海宁俞、重庆阎治平三个行家里手。只十多年号资增至白银十八万两左右，店员六十多人。那时尚无银行，邮局亦未办汇兑，他又出汇票在雅安、重庆、成都几处流通，轰轰烈烈，算是康定、四川大有名堂的商号。[②]

另据"德泰和"宣统年间进、出口商品及其价格、总值，可知每年出口超银 5 万两。

3. 利润分配环节

"德泰和"在长期经营过程中发展出一整套较为成熟的制度，包括"资本积累制度"与"职员激励制度"。

"德泰和"的经营方式，经历了"东西制"、"记名开股"以及"委托制"等，很好地克服了秦人农商起家、资本存量有限的涉远性大宗商品筹资难题，在积极寻求农业累积资本之外，以适宜的资本积累手段及融资、管理等经营制度的创新，保证了在康定 600 年之久的经营历史。

> ……其报酬专在分红，每年总计各号盈亏一次，共有红利若干，先提二厘本息，余依等级分配各员司，掌柜分最多，剩余之数，分配二柜以下，成分不一。员司分息后，如肯积存号内，至数千元，乃得

---

① 任乃强：《西康札记》，中国藏学出版社，2009。
② 杨益三：《陕商"炉客"在康定——略记户县德泰和兴衰始末》，《户县文史资料选辑》第 3 辑。

升为掌柜，即股东也。……失本之号，并不责其掌柜赔偿，唯查有拉亏舞弊者，得议处罚，停其红息。伙友有违背号规者，亦即开除。其组织似粗，而实严密，各方皆能顾到，故少失败，人各乐于努力，乐于积存，故其业有兴无败也。①

由于"德泰和"的良好信誉，赴康"炉客"多在此学徒，多年后离号，大抵经营技巧娴熟且有积蓄，得益于斯而致其家道殷实者如下文所述：

君讳瑜，字佩卿，姓宁氏，鄠县张良寨人……弱冠入康定德泰和号习麝香业，勤恳逾侪辈，号长深器之。案本草纲目，麝出益州、雍州，而秦州、文州诸蛮尤多，采取者非远涉蒙藏，即无由得。君受号长命，单骑驰数千里，深入不毛，至于层冰积雪。足重兰□手皲瘃而不顾，阅四五寒暑而后返，先后两抵□草地，未尝以为苦。无何，以号长命经营沪上，始至即以价廉货真闻于肆。……初沪上榷百货，麝当佗值三分之一，当事者欲一之，同业者怵惕不敢言，君据章申辩，卒寝其议。人以是益称之。②

经分析，笔者认为陕商经营经验主要表现为以下两方面。

第一，企业资金筹集方式的创新。陕商赴康创业之初，当由边客和货郎起家后，存有积蓄，便转为坐商。此时依然存在资金存量狭小与资金用量巨大之间的矛盾，于是"石头瓦渣，凑成一搭"，实行合资经营。"旧时合股经营往往是匿名组合，局外人一般不知股东是谁。或三五个，或七八个关系密切之亲朋结合在一起，股金有多有少，公推发起人或经营有术者出任经理，以股份分取红利。有的合股人不出面经营，就是雇佣经纪人出任店铺掌柜。经营形式是所有权与经营权分离，掌柜不出资，只出身股，也参加决算分红。合股独营与合股合营差别在于前者风险由经营者承担，后者风险共担。合股独营者即为出资人，基本上就是吸收他人股份，经营

———————
① 任乃强：《西康札记》。
② 《清授修职郎宁君佩卿（鄠县宁瑜先生）墓志铭》，礼泉宋伯鲁撰并书。

好坏全由自己承担。"具体采用"万金账"的形式,开启了企业产权契约制与合伙股份制的现代组织制度。每隔2—3年的企业分红以投资人股份多寡计算,甚至存在出资者、经营者身份重合的案例,又是对混合所有制的较好尝试。依凭"万金账","记着投资股东、顶生意人的人姓名、投资金额、所顶股数,由掌柜保管。不到三年,不得随便取出翻阅,更不得私自涂改",此乃合伙股份制的融资法人文本和企业利润分配的基本依据。[①] 在以"万金账"为标志的合伙股份制下,企业内部的经营管理又分为"自东自掌"与"东西制"两种:"自东自掌"即合股独营,"东西制"即合股合营。"东西制"的合股人只出资不经营,谓之"银不占人",待三年"破账"时,"按股分红",故为"东家";掌柜只经营不投资,谓之"人不占银",故为"西家"。在该种机制下,又存在财东投资无限、经营有限与掌柜经营无限、投资有限之间的矛盾,为此又衍生出"记名开股"的"身股制",由财东按掌柜人身(技术)贡献折算股份予以分配或收回,以调节掌柜与财东利益的趋同,由此形成财东与掌柜利益的一致性,从而使企业形成"利益共同体"和"责任共同体"。此即山陕商人开中国股份制之先河,沿用至清代。掌柜分为大掌柜、二掌柜、三掌柜,大掌柜拥有管理商号人、物、财等资源,及购、销、存等权力,其他掌柜分工并各司其职(一般而言,二掌柜管理账房;三掌柜"走街"收集市场信息、联络顾客等)。

第二,企业商品营销手段的创新。明清时期,由于明清政府实行"汉蒙不相交接"的民族分治政策和严格的"边禁"制度,蒙古草原与内地农耕文化之间隔绝,自然经济为主的现状与发展信息不对称的窘迫,使以货币为媒介的商品交换十分困难,多进行以货易货的实物交换。加之畜牧经济季节性强,一般"春毛秋马",即春夏产皮毛、秋冬出牛马。而且,牧民生产生活的游动性,决定了赊欠交易的风险性。要求赊欠双方须以诚信为基础,货不他往,形成稳定的"相与"关系,结成深层友谊。这种赊欠制度谓之"欠盒账"。

---

① 杨益三:《陕商"炉客"在康定——略记户县德泰合兴衰始末》,《户县文史资料选辑》第3辑。

4. 消费环节

当然，由于时代局限性，当陕商商业利润累积至相当程度时，非即析箸，要担负整个家族的供养，"三致千金，积而能散"，这与"故秦人家富子壮则出分，家贫子壮则出赘"① 的旧俗似有不同。财富或捐资兴修庙宇会馆，或买田置地，或经营高利贷，手工业的社会化大生产投资不足，缺乏技术创新意识，一旦遭遇战乱、天灾等突发因素则"家产荡然""焚掠殆尽"；又因大批洋货进入中国市场，陕商最终未能完成向现代工商业的蜕变。

结　语

时空穿梭，历史的马帮驼队已被陆海空的运输取代，但作为中国历史上最著名的商帮之一，陕商对明清时期的陕川藏地区民族交往交流交融具有积极贡献与重要意义。

首先，促进了民族贸易的往来及区域经济的繁荣。陕商利用明政府在陕西实行的"边茶开中"政策，大规模从事边茶贩运，其足迹遍及湘、鄂、陕、川、藏，形成在陕西以泾阳、三原为中心，以龙驹寨、凤翔为横坐标，以延安、汉中为纵坐标并联系各州县市场、集镇贸易的市场网络结构，并由此扩展至川、藏等省，找到了商机的盈利点和机制的突破点，大大推进了明代中国经济从官办官营向商办民营、从满足少数人奢侈生活需要的炫耀性产品交易向满足大多数人生存发展需要的必需品买卖的转变，真正确立了中国商品经济雏形，对民族经济发展做出了历史性贡献。

其次，保证了民族关系的稳固及边疆统治的安定。川西涉藏地区由于生存条件较为恶劣，经济发展基础薄弱，落后于相邻区域，产生"我群"与"他群"的认同落差。毛泽东在《论十大关系》中指出："各少数民族对中国历史都做过贡献。汉族人口多，也是长时期内许多民族混血形成的。"川西，作为我国藏、回等少数民族的主要聚集地区之一，通过明清以来不计其数的陕川藏商道，在商品生产、流通、交换、消费的物质往来

---

① 《汉书》卷 48《贾谊传》，中华书局，1962，第 2244 页。

过程与文化交流互鉴中，展现出这种跨域贸易活动背后的民族文化价值存在脉络，对协调彼此的利益分配机制、价值体系重构、社会秩序修复作用重大。从该意义而言，物品运输成为某种物品、某类人可以进入某一社会中去的一个重要的向度，它的亲和力以及融合力是其他任何一种形而上的文化融合观念都无法真正替代的，对促进民族认同和增进民族关系，具有重要作用。

最后，推动了民族文化的传播及人类文明的进程。明清时期川西涉藏地区处于农耕区和畜牧区接壤地域，其中，来自中原的农耕文明强调"人"与代表自然的"天""地"有机统一、和谐共处，认为"人"作为实践主体应体察天地规律、顺势而为。工业文明强调农业发展不再被动、盲目，机械化大生产反哺农业，并使其逐渐与现代社会需求相适应。明清行政区划的变动、拓展亦未能阻挡这种区域间交往，反而影响了藏地雪域文化，继而又"反哺"了中原文化。这种蕴含在地理环境、经济往来、社会演变之中的汉藏文化，通过绵延 500 余年之久的明清汉藏贸易，使中华民族各地域文化和各民族文化发生持续的交流、碰撞和融合，构建出民族经济文化发展多地域、多民族、多层次的立体网络，对促进农耕文明与游牧文明的融合，以及共同向工业文明的过渡起到较为关键的作用。

（责任编辑　陈云）

藏羌彝走廊四川地区的民间信仰现状概论

——以羌族、藏族和摩梭人的民间信仰为例

吴振亚*

【内容摘要】民间信仰，一般是指民众自发地对具有超自然力的精神体的信奉与尊重。在藏羌彝走廊四川地区生活的各个民族普遍存在民间信仰，其中主要包括自然崇拜、祖先崇拜、行业神崇拜和家神寨神崇拜。民间信仰是该区域宗教统一体的重要组成部分，既有民俗性亦具宗教性。该走廊的民间信仰与原始宗教信仰、道教、佛教等多种宗教信仰并存、互动、融合的格局，极具文化活力。该走廊的民间信仰是老百姓"集体生活"的一种表达，反映了羌族、藏族及摩梭人族群百姓的愿望和需求。

【关键词】藏羌彝走廊 四川 民间信仰

民间信仰，一般是指民众自发地对具有超自然力的精神体的信奉与尊重。中国民间信仰是相对于佛教、道教、伊斯兰教、天主教、基督教五大制度化宗教之外的其他各类信仰，属于非官方的、非组织的，具有自发性的情感寄托与崇拜，伴随着精神信仰而发生，亦即民众中自发产生的一套神灵崇拜观念、行为习惯和相应的仪式制度。

民间信仰文化通常由信仰对象、信仰观念、信仰仪式、解释信仰的神话、信仰禁忌等五个方面构成，具有民间性、自发性、多元性和世俗性的特点。民间信仰是人民群众生活中鲜活的、具有顽强生命力和广泛影响力

---

* 吴振亚，四川省社会科学院民族与宗教研究所。

的文化，是民族文化不可分割的组成部分。

而今，在藏羌彝走廊四川地区生活的各个民族普遍存在民间信仰，其中自然崇拜、祖先崇拜、行业神崇拜和家神寨神崇拜是主要内容。民间信仰是该区域宗教统一体的重要组成部分，既有民俗性，亦具宗教性。作为占当地人口大多数的农牧民及其他普通群众自己的文化，民间信仰亦是该区域文化中极为重要的组成部分，在非物质文化遗产中占有十分重要的地位。

目前，学术界只对藏羌彝走廊四川地区个别的民间信仰有阐述，对该地区的羌族、藏族及摩梭人的民间信仰现状及其意义还缺乏深入的研讨。本文试就此问题做如下探析。

一　羌族的民间信仰现状

20 世纪 30 年代至 21 世纪初的相关调查表明，羌族民间保留着万物有灵、灵魂不灭的原始多神崇拜，崇拜的神灵多达 30 多种，主要有自然神、祖先神（家神）、行业神、寨神（地方神）等，除火神外，都以没有打磨的大块白石作为象征，供奉在山中、田间地头、屋顶以及石头堆砌的祭祀塔上。这种原始的多神崇拜信仰已深深植根、渗透在羌人生活的方方面面，满足了羌人的精神需求和利益诉求。①羌族歌舞就是在羌族民间信仰的影响下巫、舞结合起来的一种特殊的舞蹈表演形式，是了解羌族文化的一个重要途径，也是羌族文化的重要组成部分。

羌族的民间信仰对象主要有天神、山神、树神、火神、各种动物神等自然神，祖先神（家神），行业神，寨神（地方神）等四大类型。而今，一年中（按农历）羌族人主要有以下一些民间信仰活动。

（一）娘娘菩萨（王母娘娘）会和巧牙会

三月三：已婚妇女每年农历三月三日敬娘娘菩萨（王母娘娘），即敬神节、娘娘会，求神赐孩子，保佑孩子平安。王母娘娘原是掌管灾疫和刑

①　肖燕：《羌族民间信仰及其社会价值功能》，《西南民族大学学报》2015 年第 3 期。

罚的女神，现多传为护佑婚姻和生育之事，羌族信奉的王母亦然。除此之外，还有娱乐活动。

七月七：未婚妇女每年农历七月七日要做"巧牙会"，即邀约邻近的姑娘们聚在一起，唱歌跳舞，纵情欢乐。

（二）青苗会、牛王会和山王会

三月十二：每年农历三月十二日，寨子里各户集资买一只羊宰杀，供奉土地菩萨，以祈求土地菩萨保佑田中青苗，恩赐丰收，并忌路一天，禁止过往行人进村寨，这天称为"青苗会"。

十一月一：每年农历十一月一日，到牛王庙烧香、点蜡、烧纸钱，并宰羊一只、鸡一只，祈求牛王菩萨保佑耕牛平安。这天，全寨的耕牛休息一天，所以又称"牛王会"。

山王会："山王会"是祈求山王菩萨保佑六畜兴旺，庄稼丰收。做会时，要宰一只羊。山王会的会期各村寨不同。

（三）观音会、川主会、禹王会等

观音会："观音会"是一年三次，第一次是农历二月十九日，第二次是六月十九日，第三次是九月十九日，祈求观音菩萨保佑村寨内大小人口平安。

川主会："川主会"是每年农历六月二十四日（原茂汶羌族自治县高龙一带为每年正月初六至十五日），以寨为单位举行，备丰盛祭品到川主庙供奉川主，祈求保佑。当天全寨休息，穿新戴花，祭毕，唱歌跳舞，大办酒席，是规模最大的庙会。

玉皇大帝会：每年农历正月初九日举行，节期一天。届时，人们穿着盛装，各户门前陈设香案供品祭祀玉皇大帝。此日由会首办席，遍请客众，然后大家安龙灯，跳锅庄娱乐。会后，各户出一升玉米交会首，以筹办下年玉皇大帝会。

禹王会：大禹被羌族人认为是其祖先，一直受到羌族人民的崇拜，被奉为山川的神主。传说大禹降生于石纽山。在羌族聚居区，至今还保留着有关大禹的历史遗迹与民间传说。受汉文化影响，羌人对大禹原始状态的崇拜逐渐演变成建庙祭祀。羌族人认为农历六月初六是大禹诞辰，每年的这天都要举行大型祭祀活动，历时千年不绝，一直延续至今。

每年农历六月初六，用帝王、诸侯祭祀社稷时的太牢之礼，即牛、羊、猪三牲齐备之礼仪供祭大禹，地方最高行政长官率民众献祭品、上香、鸣炮、行礼、宣读祭文，然后举行丰富多彩的民间文体娱乐活动。2009 年北川"大禹祭祀习俗"被列入第二批四川省非物质文化遗产名录；2011 年"禹的传说"被列为国家级非物质文化遗产。

大禹是华夏民族的祖先。羌族的大禹崇拜反映了羌人对禹兴于西羌（司马迁语）的民族认同，即对华夏文化的认同。大禹祭祀习俗的活动，可以进一步弘扬大禹文化，传承民族精神。该活动目前已发展为相应主题的文化旅游节。

（四）羌族的行业神崇拜

羌族的行业神主要有建筑神、石匠神、铁匠神和木匠神等。石匠神亦称"角角神"，供在羌民家中的屋角。羌族以汉族的太上老君为铁匠神，在举行仪式还天愿时，释比要念诵请铁匠神的经典以此赞美铁匠神的功绩。①

（五）家神、寨神和火神崇拜

羌房中层的堂屋正对大门的那面墙壁上往往会立神龛，供奉祖宗、家神、财神等。羌族的家神是角角神，它代表了羌族的祖先、家族的祖先以及牲畜神等，是羌民家中镇邪的保护神。在汶川县雁门乡一带，每家有 13 个家神，分别代表历代祖先、男性祖先、女性祖先、平安之神、活人灵魂之神、死人灵魂之神等。每年农历十月初一至初十为家神会，羌人在神位前烧香燃纸，敬酒，祈求全家幸福平安。羌区各村寨有自己的寨神，寨神随各地不同的历史传说而不同，有的是远古图腾崇拜的遗迹，如鹰神、孔雀神、岩神、石堆树林神，还有石羊、石虎、石狗、石猴、牦牛等。②

---

① 肖燕：《羌族民间信仰及其社会价值功能》，《西南民族大学学报》2015 年第 3 期。
② 肖燕：《羌族民间信仰及其社会价值功能》，《西南民族大学学报》2015 年第 3 期。

羌族历来以本民族先祖炎帝为火帝，称炎帝为世界上第一位"火神"，举行"火祭"以示尊崇。民间，羌人把火塘作为火神的象征。火塘处于堂屋正中间，是用石头或砖块砌成的烧火用的四方形矮台。火塘里的火种，长久不熄，称为"万年火"。火塘上置一个直径近一米的三脚架，即火塘架。火塘架正对神龛一侧的脚代表火神，上挂一铁环，便是火神的标志。对代表火神的铁环，任何人都不可有不敬的举动：坐在火塘边时，严禁脚踩火塘圈或边缘，否则就会得罪家神、火神，进而导致本人或家人得病；严禁刮火塘或用脚踩三脚架，也不能在三脚架上烘烤鞋袜衣物或搭挂其他不洁之物，这种行为被视作对神的大不敬；平时烤火取暖不允许脱鞋，否则脚底即会生疮；剪下的手指甲、头发不可丢入火塘中，这些秽物若惹恼火神，家人便会遭灾；也不能把水直接倒进火塘里面，更不能往火塘里吐痰，若不小心将水泼进火塘，必须往火塘里撒玉米面孝敬火神菩萨，请菩萨不要责怪；不能从坐在火塘周围的人的前面走过，这是不尊重的表现，必须从人们身后绕行，如果迫不得已，必须从前行，还需向在座的各位请示并获准许才可；火塘的位置由释比放置好之后便不能再随意移动；等等。①

二 藏族的民间信仰现状

藏族的民间信仰主要为牦牛崇拜、自然崇拜、灵魂信仰、祖先崇拜等。

（一）牦牛崇拜

古代藏族神话中，称野牦牛为天上的"星辰"。古老的藏族牧歌常讲到牧人碰到从山上下来的牦牛神。藏族人特别崇信白牦牛，藏传佛教的传说中，莲花生大师初到藏地降伏白牦牛神，使其成为藏传佛教的护法神。如今藏传佛教的守护神中，有许多形象为牦牛的。在苯教的传说中，许多

① 《羌族火塘设计的文化内涵述谈》，2013年7月12日，http://www.cnqiangzu.com/a/2013 0712/2757.shtml。

山神最初的形象也是牦牛。如甘孜州色达草原上最大的神名"珠日",意为"野牦牛山"。可见藏族把对牦牛的崇拜与自然崇拜中的山神崇拜结合在了一起。

而今,牦牛崇拜在四川涉藏州县还是十分普遍的。如位于长江流域的四川甘孜、阿坝等地都把牦牛头骨、牛角作为灵物供奉,把牦牛尸体等当作镇魔驱邪的法物;嘉绒地区甚至要专门过祭牦牛神的年。邓廷良在《嘉绒族源初探》中说,在嘉绒地区,对牦牛的崇拜亦是多方面的:他们在石墙上面嵌上白石牦牛头,刚杀的牛头也往往供于房顶。在寺院、经堆之上,也供有刻上经文的牦牛头,虔诚礼拜之。嘉绒藏人还要过独特的祭牦牛神的年,名称"额尔冬绒",时间在藏历的十一月十三日,这是传说中嘉绒先祖"额尔冬爷爷"的生日。额尔冬爷爷在传说中的事迹,与《格萨尔王传》很相似,由于他神通广大,能上天、入地、下水战胜各种妖魔,嘉绒人才得以安处。而额尔冬爷爷的原身(法像)即为牛首人身,所以每逢过嘉绒年时,土司、土官、守备、大头人家都要用面做一个二尺多高的牛首人身像,供于家中神主位上。①

此外,冕宁县拉乌堡王姓藏族中每隔13年要在藏历的正月里举行为期三天的"祭牛王会",可见这一古老信仰的生命力。

(二) 自然崇拜

身处青藏高原的藏族先民比其他民族更能感受到自然与生活的休戚相关,因此对自然的崇拜就更为虔诚,崇拜的对象也更广泛。

藏族可以说是一个与山为伍的民族。山崇拜可以说是构成藏族原始信仰体系的基础。人们相信,有的神山转绕一圈可清除一生罪孽,转十圈可在五百次生死轮回中免遭堕入地狱之苦,转百圈即可于今生今世成佛;如果在转山中死去,则是一种造化。故而转绕神山的朝圣者络绎不绝。

在藏族看来,山神数都数不清,大山有大山神,小山有小山神。著名的神山有康定市境内的贡嘎山、雅拉噶波山,丹巴县境内的墨尔多山,稻城县境内的亚丁"仁松贡波"山,得荣县境内的翁甲神山,理塘县境内的

---

① 邓廷良:《嘉绒族源初探》,《西南民族学院学报》1986 年第 1 期。

格聂神山、扎嘎神山，乡城县境内的巴姆神山，德格县境内的玉隆神山，新龙县境内的雄龙扎呷神山，甘孜县境内的奶龙山、扎日拥康山、卓达拉山，色达县境内的珠日山、丹庆山，道孚县境内的达日神山，等等。最具代表性的山神如下。

（1）墨尔多山神

墨尔多（阿尼各尔冬）是嘉绒地区藏族所崇拜的英雄和战神；墨尔多山被视为墨尔多战神的象征。

墨尔多山位于大小金河之间，南北走向，在马尔康、丹巴、金川、小金等县境内伸展，连绵数百公里。墨尔多山最早被当地的藏族先民奉为神山。苯教在此流行后，又被苯教徒奉为圣地，是十三处著名的圣地之一，山神名叫阿尼各尔冬。墨尔多山亦是几千年来东部藏区雍仲苯教的大本营。相传8世纪中叶，西藏大译师贝若杂那（藏族，西藏尼木人）被流放到嘉绒地区，当时就住在墨尔多山上修行传教。佛教徒们于是把墨尔多山尊为佛教的圣地。生活在当地的汉族群众亦崇拜墨尔多山神。墨尔多山就成了当地民众都信奉的神山。

在涉藏州县群众心中，只要"围绕神山转一周，相当于念经七亿遍，来生不得下地狱，今世也得消灾难"，若能"巡礼、朝拜、供神、插经幡，一切夙愿定实现，健康长寿福禄增，财宝王位子嗣样样有，亦能摆脱来世生老恶趣的痛苦，可以成为超凡脱俗的闲暇身。最终圆满升天堂"。朝山有这么多的功德，可见它在信教民众心中的重要性。如今，还有民众年复一年地朝拜墨尔多山神，这也成为藏汉民族和睦相亲的象征和见证。

而今，丹巴县内的墨尔多神庙，每年农历七月初十至十五都要举行隆重的墨尔多庙会，这一庙会成为当地特殊的节庆，盛况空前。其间主要进行转山和朝拜活动，也有旅游观光、经商、耍坝子等活动。一年一度的嘉绒年（农历十一月十二日），也是为纪念墨尔多而沿袭下来的传统节日。

（2）白马藏族的"白马老爷"信仰

"白马老爷"（叶西纳蒙）是白马藏族尊敬的山神中最著名的一位。相传白马老爷是个神仙，他要从文县赶到四川峨眉山去参加神仙的聚会，神仙只能夜行昼停，白马老爷踏着夜色，披星戴月，急匆匆赶路。当他路过白马河时，突然雷电交加，狂风大作，暴雨倾盆，天崩地裂，暴涨的山洪眼看就要淹没庄稼、冲走牛羊，一座座杏板房屋眼看就要倒塌。面对突如其来的灭顶之灾，白马人哭天喊地，但又无可奈何。白马老爷见状，立即停下来作法。顷刻，风停雨住水退，白马山寨的庄稼、牛羊和房屋全都保住了。人们感激不尽，齐声颂扬白马老爷。这时，雄鸡一声啼鸣，白马老爷见天已大亮无法前行，化作一缕烟云不见了。眨眼间一座山峰突现在人们眼前，白马人说那就是白马老爷的化身。白马老爷日日夜夜守护着白马山寨，保佑白马人生活安康，风调雨顺，五谷丰登。①

白马人一年中最重要的宗教活动就是祭祀白马老爷，除了个人临时性的日常祭祀外，每年农历正月十五日、四月十五日和七月十五日大多数白马村寨也会举办白马老爷庙会。四川省平武县白马乡的白马神山至今仍有当地村民前往朝拜，定期举办白马老爷庙会；九寨沟县等地的白马人亦然。

作为原生性宗教的白马老爷信仰能够满足白马藏族民众的生存需要抑或一种终极意义上的关怀。白马藏族在现实生活中，之所以还保留着远古的原始宗教的多神崇拜，实际上是现实生活中祈福禳灾的一种精神需求。白马老爷信仰是白马人的文化选择，这一文化选择还会在族群边界和地域社会的建构等方面继续发挥其不可忽视的作用。

（3）雨洼村"蒙乖"节

水洼乡雨洼村每年藏历三月十二日，全村男女老少集合到神山前祷告念经，背起经书，绕村子一圈，以求该年风调雨顺。随后，各家拿出好酒好菜，围坐在一起欢庆节日。届时还要举行赛马、摔跤、举重、拔河等民族体育竞技活动。

（4）康定市"四月八"跑马山转山会

四川康定地区的藏族人民在每年农历四月初八按一定的线路转跑马山以纪念佛祖诞辰。传说这一天是佛祖释迦牟尼的诞辰，有九龙吐水，为佛祖沐浴，故又称沐佛节。跑马山位于康定城东南隅，系贡嘎山向北延伸的余脉，原名"拉姆则"，藏语意为"神女山"。清朝明正土司每年农历五月

---

① 邱正保等主编《陇南白马人民俗文化研究（调查资料卷）》，甘肃人民出版社，2009，第201页。

十三在山腰祭奠山神并举行赛马会，故民间称此山为跑马山。每年转山会期间，人们从四面八方云集康定，携经幡、转经筒、柏枝等敬佛之物，口诵佛号，登上跑马山拜佛，祈年祷岁，预祝丰收。转山结束后，邻里亲友集于金刚寺、南无寺、跑马山的草坝和丛林中，搭起帐篷，踏春畅游。而今，康定市已正式将"四月八"转山会定为全县的传统节日，放假三天。康定"四月八"跑马山转山会虽已成为具有鲜明时代特色、全民共乐的地方重大节庆活动——"跑马山国际转山会"，但不可忽视的是，其所特有的宗教民俗内容正在日趋衰减，亟须关注。

（三）灵魂信仰

藏族古老的原始宗教苯教认为万物有灵，不同人有不同的命根，这就是人的灵魂，它寄托在不同的自然物之上。灵魂所依附的地点或生物被称作"魂居"，假如魂居被毁，那么此灵魂所属之人死期将近，或大难临头。藏族人认为，他们的魂居是一种树木或一种动物。国王和贵族的魂居动物通常是虎、狮、象或熊，凡人的魂居动物大多是马、骡、绵羊、公牛、牦牛等。藏族英雄史诗《格萨尔王传》中，就有多处描写敌国将领的灵魂依附于不同的地点或生物上，如魂牛、魂湖、魂石等，必须先除掉寄魂物，才能制服仇敌。[1]不仅个人有魂居，一个家庭、氏族，甚至整个民族的灵魂都有魂居。

藏族古老的灵魂观念为藏传佛教活佛转世制提供了理论根据，反过来又使灵魂观念在藏地更加深入人心。

（四）什巴信仰——祖先崇拜

藏族民间流传着苯教关于宇宙起源的神话——什巴创世纪。相传，很久以前有一位名叫市喀东丹曲松的国王，拥有五种本原物质。赤杰劫巴法师从他那里把这五种本原物质收集起来，用法术造成黑色卵和发光卵。在黑色卵中产生了什巴桑波奔赤，从发光卵中产生被什巴命名为曲杰木杰莫

---

[1] 《灵魂信仰》，2014 年 4 月 2 日，http://www.gzz.gov.cn/10000/10027/10041/2014/04/02/10454262.shtml。

的一个女人。什巴桑波奔赤与曲杰木杰莫结合生下九兄弟、九姐妹。

什巴桑波奔赤给每个孩子都安排了一个角色，并由九兄弟分身出一个女人作为他们的妻子，九姐妹分别分身出一个男人作为她们的丈夫。长子什杰章嘎的职责是确保世界延续，他的九个儿子是天界九神，九个女儿是天界九女神。天界九神被看成部落最早的祖先。二儿子贵杰章喀则受命以相生相克的原则来安排世界。他的八个儿女被称为地界八神。三儿子哈杰仁喀是掌管万物生命的。他有四对儿女，其中第二个儿子恰杰雅达那周被认为是藏王的祖先。四子年如南喀是山神的祖先。其余五个儿子是各种生物的祖先。

什巴桑波奔赤的九个女儿，在苯教众神中都有显赫的地位，其子女都是各路神灵。如三女米康玛莫同丈夫孜巴东虚被认为是人类的始祖，他们有八个后代，其中第五个女儿谢萨娜姆是生命女神。她有十二个后代，其中颇拉米孜（父神）、玛拉布孜（母神）、尚拉郑钦（舅神）、格拉达玛（家神）、索拉年钦（生命神）等被尊为守护神。第七个女儿恰则杰莫既被尊为财神，又是马神、牦牛神、羊神和门神等诸神之母，并兼母牛女神和灶神两大神职。①

上述传说反映了中远古时期藏族人民对宇宙形成的朴素认识，以及折射出的藏族起源——对以什巴桑波奔赤为首的众祖先神的崇拜。由此又衍生出众多形形色色的祖先崇拜习俗。

除了有其共同的祖先崇拜外，藏族各氏族、部落、家族还有各自的祖先神灵。在牧区，牧民视山神为部落集体的保护神，当作祖先崇拜。

（五）财神信仰

藏传佛教中财神的信奉十分普遍，种类也很多，有黄财神、黑财神、白财神、红财神等，其中黄财神为诸财神之首，在民间最为流行。

黄财神，藏名"藏拉色波"，密教之护法神祇。藏密对黄财神司财的职能单独信奉，称为"赞布绿"，因其身色金黄，故称为"黄财神"。黄财

---

① 《祖先崇拜》，2014 年 3 月 25 日，http://www.gzz.gov.cn/10000/10027/10041/2014/03/25/10453982.shtml。

神的形象为上身裸露，下身着裙，左手抱一只大灰鼬，鼬嘴里含着珠宝，象征财富；左脚踏一只白色海螺，象征他能入海取宝。黄财神为了使密乘行者有资财弘法利生，免受经济压迫，可安心向道，赐予他财利丰足，庇佑其福德、寿命、智慧增长，但凡是贪图人天福报、妄想求意外之财的，都不予所求。

（六）阿米格东信仰——"驮日节"

相传，在原始苯教时期，嘉绒地区举行祭祀时都要以牲畜和人作为供品来进行祭祀，阿米格东被派遣到这里与其展开斗争，才使雍仲苯教得以在嘉绒地区传播开来，并把原来的杀生祭祀改为用糌粑制成的偶像祭祀。阿米格东遂成为降妖除魔的英雄。随着时间的推移，阿米格东成为嘉绒地区的祖先神和英雄神的复合体，嘉绒地区的人们每年都要祭祀他，于是祭祀阿米格东就演变成了嘉绒地区人们生产生活中的重要节日——"驮日节"。驮日节的时间和内容各地都不统一，以阿米格东在该地征战路过的日期而定，大都在冬季和早春的时候。

驮日节期间，人们要进行一系列祭祀性的民俗活动，如过节的前一天要制作"甲纳"，即用麦面捏塑成大小不同的若干阿米格东的偶像，还有他的坐骑、武器等，还要捏塑代表五谷六畜的供品。这些供品经火塘火灰烤熟后，放置在火塘上方厨台专门供奉阿米格东的佛龛上。驮日的第一天，人们要争相起早，家里的男性长者在屋顶上煨桑，高声吟诵赞扬阿米格东的颂词，然后，在大塘屋内燃上柏枝，跪在阿米格东的佛龛前，祈求阿米格东护佑全家吉祥。丹巴地区还保留了立树、倒树和火战的原始祭祀仪式等。驮日节是嘉绒地区独有的节日，已有上千年的历史。2011年，"驮日节"被列为第三批四川省省级非物质文化遗产代表性项目。

驮日节对于研究嘉绒藏族的民族史、语言学、民俗学等有重要价值。它在嘉绒藏族的社会整合、文化认同、文化传承、行为规范等方面有重要的功能。驮日节对保护传承嘉绒藏族地区传统特色文化具有十分重要的意义，亦是宝贵的旅游文化资源。

此外，藏族民间还有保护神崇拜。保护神一般分为两大类：第一类是具有超大神力的高级神灵，被称为"出世间护法神"，即"出离六道轮回之神灵";第二类是仍然和众生有情,居住在今世间的神灵,这类神灵被称为"世间护法神"。绝大多数护法神,是藏传佛教各个教派共同承认供奉的,但也有许多护法神各为其主,且各个地方、家族、寺院还有各自的护法神。在藏族民间,崇拜护法神的观念是根深蒂固的。各地群众都各自供奉本地、本部落、本教派的护法神。

三 摩梭人的民间信仰现状

四川摩梭人的民间信仰对象主要为山、湖、日、月等自然崇拜。

(一)"格姆"女神山崇拜

格姆山是川滇泸沽湖边的摩梭人崇拜的女神山。格姆女神山,又名狮子山。此山是格姆女神的化身,格姆神是摩梭女儿国的最高保护神。

每到农历初一、初五、十五和二十五日清晨,摩梭人各家都要到自家相应的"索夸苦"烧上一笼新鲜松叶香磕头敬山神。祭拜者虔诚地磕着头,口中不断祈祷,直到香火烧尽烟消云散方归家。对于虔诚的善男信女来说,每天清晨都必不可少要上山去烧香敬山神。摩梭人认为,格姆山上的云来雾往直接影响泸沽湖地区的农耕,所以他们把白露节令前后丰收在即的日子,定为朝拜格姆山神等众神的节日。每年农历七月二十五日(白露前后)人们到山上烧香磕头,悬挂彩色经幡,敬献供品,祈求女神庇佑。这就是泸沽湖转山节的由来。

转山节这天一大早,摩梭人的村寨里,男男女女、老老少少全都换上崭新的衣裙,佩戴漂亮的首饰,带着丰盛的酒菜,从四面八方涌向格姆山。距山顶百米处有一个山洞,当地人称"格姆尼柯",意思是格姆仙人洞或格姆山女儿洞。人们到了山脚下,先向格姆山烧香祈祷,敬供瓜果酒肉,然后以此为起点,环山绕行,目的地便是"格姆尼柯",主要祭祀天地神、日月神、山神、水神和格姆女神。是时,摩梭喇嘛们都头戴鸡冠佛帽,身披新袈裟,带着佛事活动的用具,骑着马,吹着大号和唢呐,到格姆山下烧香念经,祈求佛神来帮助格姆女神,保佑摩梭人吉祥如意、家庭和睦、幸福美满、六畜兴旺、五谷丰登。

转山节是摩梭人一年当中最盛大的节日，已有千年的发展历史，被誉为摩梭文化的"百宝箱"。它集宗教性、娱乐性、表演性、教育性以及仪式性于一体，是泸沽湖地区摩梭人集中表达宗教信仰的一项重要活动。其流传广、影响深，具有形式多样、观赏性强等特征，是泸沽湖地区摩梭文化重要的展示平台及文化旅游资源，对保护传承摩梭传统特色文化和发展文化产业具有十分重要的意义。

（二）摩梭人的泸沽湖神信仰

泸沽湖是当地摩梭人崇拜的母亲湖，这与泸沽湖形成的传说和崇拜女祖先、崇拜格姆女神有关。盐源县泸沽湖周边的摩梭人流传着两个传说。一个是说，泸沽湖原来不是湖，而是一块低洼的盆地。那里有着九个村寨，周围都是莽莽森林。西面狮子山脚下偏北的山岩下，有一个"谢报库"，意为涌泉之洞。终年四季，清澈的泉水从这里流出。有一天，洞里不出水了，原来是一条大鱼堵在洞口。后来人们拔出堵住泉口的这条大鱼，泉水泛滥，附近一片汪洋，唯有一个正在喂猪的女子跳进猪槽而幸免于难，这个勇敢机智的女子就成了繁衍后代的祖先。而让这位女祖先逃生的猪槽便成了今天在湖上穿梭的猪槽船。另一个是说，湖西的格姆女神与湖东的后龙山男神是走婚情侣，两人情深意浓，却被天神破坏，让他俩永远不能在一起。悲愤的女神哭了七天七夜，泪水汇成了今天的泸沽湖。[①]

为了纪念这位勇敢而智慧的女祖先和格姆女神，感恩神灵赐予这个美如仙境的地方，报答湖水的养育之恩，后人便自发组织转湖绕山活动，以此祭祀湖（水）神、爱神格姆，这种古老的民间信仰活动后来逐渐演变成为泸沽湖摩梭人独特的传统民俗和节庆活动。

转湖的日期通常为农历每月的初一、初五、十五、二十五日。如每年的正月初八，是木里县当地摩梭人转湖的节日。节日的前一天就要准备印纸符、布神像、图腾、经幡、祭祀物及其用具、娱乐器具等。节日当天清晨，各村各户的人们纷纷走出家门，形成庞大的队伍，开始节庆活动。木

---

① 《摩梭人转湖节》，2017年3月12日，http://lsfy.ls666.com/html/project_list/minsu/20140223/100.html。

里县的富裕人家还请"达巴"伴随。男女老少都穿上节日的盛装，带上鸡、蛋、肉、苏里玛酒等丰盛的食物，扶老携幼，或走路，或骑马，或坐船绕山绕湖，沿途每到一处烧香祭祀点，他们便停下来面向湖神、格姆女神和周围山神念经烧香、磕头祈福，吹海螺、敲锣、打鼓、摇铃，进行隆重的祭祀仪式，并在山水间抛撒"日鲁补"，即敬神的苦荞爆花，象征敬神的白羊、青羊和丰收。人们围绕泸沽湖及其草海转完一圈，直到晚上才结束。

而今，四川的泸沽湖镇的木垮、多舍、博树、舍垮和周围前所、屋角、长柏、盖租等乡的摩梭村落，仍然在过转湖节。摩梭人转湖节作为有上千年历史传统的民俗节日，已经是四川省第二批省级非物质文化遗产代表性项目。摩梭人在转湖过程中祭祀泸沽湖祖先、格姆女神，并把泸沽湖当作母亲之神加以敬拜。转湖节是万物有灵、自然崇拜的展现，其文化凸显出的人与自然和谐相处等理念，对于传承人类文明、保护生态、构建和谐社会具有现实意义。转湖节作为一种既具有鲜明宗教信仰性质，又具有民众娱乐性质的民间信仰文化活动，越来越受到政府、当地民众及游客的青睐。

（三）摩梭人的太阳神、月神崇拜

四川摩梭人每年正月初五祭祀太阳神。祭祀活动通常由几个相邻的村寨集中在相应的地点举行。在祭祀的头一天下午，喇嘛就要开始准备，用面捏出许多神像，念经作法，一直到初五早晨，当太阳冉冉升起的时候，随着炮声、锣鼓、海螺声、诵经声，开始举行隆重的祭太阳神仪式。男女老幼朝着东方的太阳神画像磕头礼拜。喇嘛们则一面念经祷告，一面端着"圣水"，让朝拜的人们一个一个地洗头洗脸，以求神灵的保佑。祭礼完毕后要办酒席聚餐，当晚还要跳甲措体舞。[①]

农历八月十五日摩梭人尝新祭月神。祭月神被称为"勒咪著"。自古以来，摩梭人认为，"勒咪嘎拉"（月亮）和太阳、星辰一样，与人的生产、生活、健康、精神活动有着密切的关系，并认为精神病是与月亮神有

---

① 《摩梭人的节日》，2016 年 10 月 12 日，http://sanwen8.cn/p/465sClw.html。

关的。八月又是地里庄稼开始成熟的时候，故借此尝新以祭月神。[①]

（四）摩梭人的祖先崇拜

摩梭人一年中有频繁的祭祖活动，其中有三次较大的祭祖节，分别在农历正月、七月和十月。正月祭祖是由达巴主持进行的。七月祭祖由喇嘛主持进行，祭祀时间一般为一至两天，有的家庭为两天以上。十月祭祖是较为隆重的，由达巴主持进行：首先，要选择一个祖先的属相日，杀一头或数头猪，部分用于祭祖敬神，部分制作猪膘或剁成块腌制腊肉。大小肠制成血米猪肠，然后设祭坛，上供品，烧香，点神灯，放上净水碗、茶碗、酒碗等，并将煮好的猪肉，每样一点放在祭祀碗内供在祭坛上，同时将一根三叉桃枝放在祭坛上。跟着达巴念经、念祖先名字，男子吹海螺，家人面向祭坛磕头。最后，将祭物抛在屋顶上让乌鸦来啄食，把三叉桃枝置于屋顶，方向朝西北，表示来自西北三条江河交汇处，永不忘本。次日，将煮熟的血米猪肠分送到各亲族家拜节。[②]

结　语

马林诺夫斯基认为，文化必须满足社会及其成员在文化及心理上的需求。羌族、藏族及摩梭人等族群的民间信仰是老百姓"集体生活的一种表达"，反映了羌族、藏族及摩梭人的愿望和需求，特别体现了老百姓对于日常生活的诉求。不同类型的民间信仰在羌族、藏族及摩梭人等族群的社会中体现出不同的社会价值功能。自然崇拜、动植物崇拜具有人与自然和谐相处的生态环境保护功能。如羌族对自然的敬畏会具体落实在民间禁忌和乡规中。祭山会上的"封山"护林民约规定：祭山会后，羌民不得到山上放牧、割草、挖药和狩猎等，违约者将被吊起来毒打。

民间信仰是考察一个民族的思维方式、心理素质、生活习惯、行为方式、伦理观念和民情风俗等文化事象的"活化石"；民间信仰受到经济、

---

① 《摩梭人的节日》，2016 年 10 月 12 日，https://sanwen8.cn/p/465sClw.html。
② 《摩梭人的节日》，2016 年 10 月 12 日，https://sanwen8.cn/p/465sClw.html。

政治、语言、宗教等因素的影响而不断发展变化。[①]上述羌族、藏族及摩梭人等族群的民间信仰是我们了解生活在藏羌彝走廊的人们的思维方式、心理素质、生活习惯、行为方式、伦理观念、民情风俗等一面镜子。这些民间信仰深受经济、政治、语言、宗教等因素的影响，有其鲜明的特色。该区域的民间信仰与原始宗教信仰、道教、佛教等并存、互动、融合，极具文化活力。

祖先崇拜、行业神崇拜和家神寨神崇拜具有社会整合、社会教育、社会秩序维护、伦理道德构建和民族传统文化传承的功能。民间信仰仪式既娱神又娱人，具有大众娱乐功能，因此往往成为民族文化旅游的重要内容。[②]

此外，藏族、羌族及摩梭人等族群的民间信仰文化具有维护社会基层信仰安全，防止邪教滋生的功能。民间信仰活动依法进行是民间信仰文化建设与调适的重点，要坚决排除迷信活动、邪教组织等的干扰。目前，不少大型民间信仰活动已经纳入相应的道教、佛教节庆活动，并由政府依法进行管理。

（责任编辑　杨环）

---

①　李刚：《整合·转型·升华——道教史论集之一》，四川大学出版社，2016，总序，第10—11页。

②　肖燕：《羌族民间信仰及其社会价值功能》，《西南民族大学学报》2015年第3期。

区域多元文化视野下的藏羌彝走廊
少数民族传统村落保护[*]

——以云南怒江丙中洛多元文化区为例

曹津永[**]

【内容摘要】 纵观目前传统村落保护的大部分成果，其核心都在于村落传统文化的保护，以及村落传统文化如何在保护中进一步发展。整体来看，下行至村落的视角固然非常重要，但区域和地域文化的因素及其影响，在传统村落的保护中依然有着非常重要的作用。本文以多民族、多宗教共生共融为特征的丙中洛多元文化区为例，通过梳理丙中洛多民族、多宗教的发展历程，提出了丙中洛多元文化区的概念，并对其范围和特点进行梳理和分析。最后，探讨多元的区域民族文化如何与藏羌彝走廊少数民族传统村落的保护相结合。

【关键词】 藏羌彝走廊　传统村落保护　丙中洛多元文化区

一 丙中洛多元文化区的界定和历史脉络

保护好传统村落就是保护好传统文化的根和源，是文化复兴之路的重要组成部分。自 2012 年 12 月 12 日住建部、财政部和文化部三部门联发

＊　　本文系国家社科基金重大项目"藏羌彝文化走廊建设研究"（16ZDA155）阶段性成果。

＊＊　曹津永，云南省社会科学院。

《关于加强传统村落保护发展工作的指导意见》以来，有关传统村落的研究、保护和发展等诸方面的工作都蓬勃开展起来。学界关于传统村落的保护发展等方面的研究是一个较为复杂的整体，且有着较长时期的研究历史。但纵观目前主流的大部分成果，其焦点都在村落传统文化的保护，以及村落传统文化如何在保护中进一步发展。整体来看，下行至村落的视角固然非常重要，但区域和地域文化的因素及其影响，在传统村落的保护中依然有着非常重要的作用，尤其是在多民族、多宗教并存的民族地区。

（一）丙中洛多元文化区的界定及传统村落的分布①

丙中洛镇位于怒江傈僳族自治州、贡山独龙族怒族自治县的北部，距州政府所在地六库 329 公里，距贡山县城 43 公里。东邻迪庆州德钦县，南连捧当乡，西接与缅甸接壤的独龙江乡，北邻西藏林芝市察隅县。全镇总面积 823 平方公里，是滇西北三大山脉（高黎贡山、怒山、云岭）与三江（怒江、澜沧江、金沙江）形成倒"川"字的"三江并流"核心区。怒江从北向南贯穿全境，东面为碧罗雪山，西面是高黎贡山，两山夹一江，形成明显的高山峡谷地貌。全镇地势北高南低，最高海拔 5128 米，最低海拔 1430 米，镇政府驻地海拔 1750 米，年平均气温 13.4—15.5℃，年降水量 1200—1400 毫米，无霜期 260 天。全镇辖 4 个行政村，② 32 个自然村，46 个村民小组。截至 2017 年底，全镇总人口 6365 人，总户数 2163 户。③ 人口密度每平方公里 7.7 人。全镇共有 16 个少数民族，其中怒族 3240 人，傈僳族 1915 人，藏族 535 人，独龙族 444 人，其他民族 231 人。

本文所指的丙中洛多元文化区，地理意义上是指以丙中洛镇丙中洛村为中心区域的怒江峡谷中段区域，北至与察瓦龙交界线，南至与贡山县茨开镇交界线，东、西分别至澜沧江—怒江分水岭和怒江—独龙江分水岭的区域。其划分的依据主要是多元文化及其表现出来的同一性特征。这种多元融合的文化特征，主要体现在三个面向上：其一是多元融合并共享的民

---

① 数据为 2018 年 4 月笔者调研时丙中洛镇所提供。
② 分别是丙中洛村、甲生村、秋那桶村、双拉村。
③ 丙中洛村 582 户 1851 人，甲生村 431 户 1352 人，秋那桶村 640 户 1490 人，双拉村 510 户 1672 人。

族文化；其二是多元融合并共享的宗教文化；其三是基于上述两个基础的多元并融合的社会生活文化。

从文化特质分布的情况来看，丙中洛多元文化区又可以划分为两个部分，即核心区和边缘区。核心区是丙中洛镇及其邻近的多民族多宗教和谐相处的诸多卫星村寨。主要包括丙中洛村大部分村小组，甲生村的重丁、扎那桶、秋科当、东风等村小组，秋那桶村的秋那桶、雾里、初岗等村小组，以及双拉村的茶腊、双拉等村小组。居于核心区之外的部分即为边缘区。核心区是民族文化、宗教文化交融最为集中、多元文化特征表现最为明显的区域，这里集中了区域藏传佛教的中心普化寺，区域天主教的中心重丁教堂、秋那桶教堂、茶腊教堂，还有晚近才真正兴起的基督教教堂。从少数民族居住的分布区域来看，丙中洛的核心区域是阿怒人集中分布的区域，也是独龙族和傈僳族较为集中分布的区域，同时是怒江河谷中藏族较为集中的区域，藏文化、怒族文化和傈僳文化等多元民族文化的交流与融合特征异常显著。

丙中洛多元文化区内的传统村落，主要集中于丙中洛多元文化区的核心区域，及丙中洛镇周边的区域，其首要原因是怒江河谷的少数民族传统村落较为集中地分布于怒江河谷沿江的台地上，而丙中洛镇刚好位于较大的怒江河谷台地中；次要原因是丙中洛多元文化区核心区域多元文化特征最为明显和集中，因此也是传统村落的主要聚集区。截至2016年，怒江州三个列入中国传统村落名录的村寨丙中洛村、甲生村和秋那桶村都位于丙中洛多元文化区的核心区域。被称为"桃花岛"的扎那桶民族文化特色村，极具多元特色的茶腊怒族文化特色村①，以及传统怒族文化特色浓郁的雾里村，多元宗教最为典型的秋科当村、重丁村、甲生村、东风村（一、二组）等村寨，均相互紧邻，坐落于丙中洛多元文化区的核心区内。核心区多元民族、宗教文化的特征凸显，与边缘区存在程度上的差异，与其他地区则差异显著。

（二）丙中洛多元文化区的历史脉络及其层次

丙中洛多元文化区的形成是一个历史过程，我们可简要勾勒出其形成

---

① 该村早在2000年前后即被云南大学定为田野调查基地。

的历史脉络。如前文所述，首先是在长期的历史发展中，在多种因素的共同作用之下，形成了多民族、多宗教并存的基本格局。就丙中洛区域的情况来看，这种基本格局的形成大概是从怒族迁入怒江峡谷起，直至新中国成立以前，这一时段先后有怒族、藏族、独龙族、傈僳族、白族迁入，藏传佛教、天主教和基督教先后传入。紧接着是多民族、多宗教格局继续发展定型的时期。这一时期大致是从新中国成立至 20 世纪 70 年代末期，其间先后有一些移民进入丙中洛地区，比如零散的傈僳族、纳西族、白族等少数民族，各宗教及群体之间有所互动，但仍以宗教群体的各为一体形式为主导，语言的学习和互相影响已经有所发展和深入。最后是多民族、多宗教融合发展并最终形成多元文化区。这一阶段主要是 20 世纪 80 年代至今，多民族融合，多宗教和谐发展，多语言共用，多种生计方式并存共享，民族、宗教复合型融合的多元文化区域得以形成。

丙中洛多元文化区是一个多民族、多宗教文化要素融合、叠加的复合区域，可以分为不同的层次，且各个层次也有着不同的特点。

第一层次是区域层次，就整个丙中洛区域来看，区域又分为核心区和边缘区，具体前文已进行分析。区域的特点即为多民族、多宗教复合型多元文化区，核心文化要素共享，如语言、生计模式，其他的文化要素相互影响，共存融合。区域层次在内部又可以看作不同的村落之间的联系和差异。具体来看，丙中洛多元文化区内部的村落几乎都是多民族多宗教并存，差异较小，北部村落藏族和怒族较多，南部村落怒族和傈僳族集中一些；多宗教则不同程度地存在，核心区域的多元宗教更为突出一些。

第二层次即村落层次。村落层次也几乎是多元文化要素并存。从内部来看，村落层次也可以是村落内部的家户之间的联系和差异。村落内部的户与户之间存在着一定的不均衡性，有的多宗教比较突出，有的多民族较为突出，也有单一民族或单一宗教为主的，实际上是一种混杂的状态。但无论是单一民族、宗教还是多民族、多宗教并存，村寨层次的整体依然是多元融合的状态。

第三个层次即家庭层次，家庭层次是多元文化区的最基本层次。家庭成员有的是多民族、多宗教并存，也有的是单一民族、宗教。通过婚姻和血缘关系紧密结合的家庭成员，在民族、宗教等文化要素的多元环境中相互理解和宽容，形成了一种特有的多元家庭文化系统。

二 丙中洛多元文化区的形成及其多元文化特征

丙中洛多元文化区的形成是一个多种因素共同作用的历史过程，可以从多元的民族来源及多元的民族文化形成的历史过程和多元宗教文化形成的历程来加以梳理。

（一）错综复杂的民族关系史及多元民族文化

1. 丙中洛多元文化区错综复杂的民族关系史

整体上来说，自称"阿怒"的怒族是较早迁入并世居于丙中洛地区的民族，随之而迁入的是傈僳族、藏族。纳西族、白族、汉族等则是近代以来逐渐进入怒江峡谷的民族。

怒族、傈僳族和独龙族均是古代氐羌乌蛮部落中的"施蛮""顺蛮"（唐代时称呼）的后裔，最先居于洱海之北的"三浪诏"地区，后逐渐向北、东、西三个方向迁徙，因迁移至怒江河谷的线路和时间差异而形成了不同的民族。唐代以后，怒族和独龙族的祖先最先沿着怒江北部线路①迁移到怒江流域，并定居于此，此后很长时间内他们都被称为"卢蛮"、"潞蛮"或"麓蛮"。元代以后产生了差异和分化，居住于怒江的部分称为"怒"，明清时期称为"怒子"，由于受到北部藏族势力和南部傈僳族势力的挤压而集中分布于怒江河谷的双拉村到丙中洛一带，其余则散居于怒江河谷丙中洛段附近的西藏察瓦龙乡，贡山县的茨开镇、捧当乡；居住于独龙江流域的部分被称为"曲蛮"（曲为藏语，指独龙江），后来又被傈僳族称为"俅帕"。②另一支"卢蛮"从贡山以南的中路和南路迁移至怒江流域，最后分化并形成了傈僳族和福贡、碧江两地怒族的祖先。③

尽管与怒族和独龙族同源，且从明代到清代，由于特殊的政治、经济

---

① 经贡山翻越碧罗雪山到维西的北部线路。
② 何林：《"多元统一"的民族观与民族关系——一个丙中洛阿怒人的实例》，《西南边疆民族研究》第5辑，云南大学出版社，2007，第318页。
③ 高志英：《唐至清代傈僳族、怒族流变历史研究》，《学术探索》2004年第8期。

等原因，傈僳族祖先"怒蛮"从金沙江流域向怒江流域的迁徙一直没有中断，但傈僳族迁入怒江北部河谷要晚一些，由南面进入丙中洛区域则更迟。16 世纪明嘉靖至万历年间，丽江木土司与西藏察瓦龙土司之间爆发了长达 80 余年的战争。战争的主要目的是争夺维西及宁蒗的统治权。木土司征集辖境内的各族人民及他的奴隶和农奴扩充军队，其中包括丽江、维西一带的许多傈僳族。约 17 世纪中叶，木土司打败了西藏土司势力，结束了战争，军队中的各民族兵丁因不堪忍受木土司的苛待和歧视而大批西迁怒江流域。据说最早进入怒江河谷的是傈僳族首领木必率领的一支军队，木必还一度成为怒江峡谷地区颇有影响力的首领。19 世纪以后，清政府先后镇压了嘉庆八年（1803）恒乍绷起义、道光元年（1821）永北唐贵起义，以及光绪二十年（1894）永北丁洪贵、谷老四、阿路子为领袖的几次傈僳族大起义，其后采取了高压政策，傈僳族由此集中进行了几次迁徙，又有十八个氏族相继西迁进入怒江河谷地区。迁入后的傈僳族各自以家庭或氏族为单位，建立起自己的村寨。怒江河谷的傈僳族人口逐渐增多，慢慢发展成了怒江地区人数最多、分布最广的一个民族。[①] 大约在清乾隆年间（1736—1795），傈僳族开始陆续进入贡山地区，余庆远在《维西见闻录》中记载了当时傈僳族的社会经济状况。

藏族迁入丙中洛地区则与藏传佛教的传入和土司之间管辖范围的交接紧密关联。明清时期，从中央政权的角度来看，丙中洛地区属于维西康普土司的管辖范畴。清嘉庆初年，康普女千总将其领地贡山北部地区和独龙江上游地区转赠给西藏察瓦龙米空寺，通过米空土司收取"超度"费。藏族土司开始对该地区进行统治，怒族和藏族之间的交往逐步展开。稍早一些的 1773 年前后，藏传佛教也开始传入丙中洛地区，由接替杜建功喇嘛的松娄喇嘛从西藏、中甸和德钦搬来的 75 户藏民，成为最早的寺院佃户，也是藏族进入丙中洛地区的开端。由于藏族较早进入丙中洛地区，因而也被认为是这一区域的土著民族。

其他少数民族的迁入主要是清末以后断断续续的过程。辛亥革命后，

---

① 参见《傈僳族简史》，民族出版社，2008，第 14—19 页；赵秀梅《贡山县丙中洛乡重丁村日常生活中的族际交往分析》，硕士学位论文，云南大学，2012，第 17 页。

云南军政府于 1913 年在贡山设"菖蒲桶殖边公署"，之后有一部分汉族、白族人迁入贡山地区，他们大多从事商业活动。抵达丙中洛区域的汉族、纳西族、白族、佤族人口较少，他们中有一部分是为逃避抗战时期国民党抓壮丁而迁入，另一部分则是由于居民婚姻选择范围的扩大而嫁来或入赘的，他们迁入丙中洛以后逐渐融入怒族、藏族和傈僳族的生活环境中。①

应当明确的是，丙中洛区多元民族文化融合与发展的历史是一个漫长的过程，冲突和矛盾曾主导了很长一段历史时期，自 18 世纪后期傈僳族和藏族在怒江峡谷接触以来，双方一直在争夺这一区域的控制权，很长时间都处于断断续续的冲突、对峙状态。1949 年以前，怒族与北面的藏族、南面的傈僳族很少有直接的交往，通婚的情况也很少见。直至 1949 年新中国成立以后，在党和国家的民族平等政策基础上，民族关系趋向稳定，民族文化的融合才逐渐发展起来。

2. 多元融合的民族文化及其特征

就民族文化的核心要素来说，本部分将主要对生计模式和日常生活进行分析与探讨。其中，生计模式主要是指人们通过与自然的互动，获取生存所需的物质和能量，而得以维持生存的过程；日常生活主要包括衣食住行和日常民族间的交往和互动。鉴于丙中洛地区宗教文化多元的特征具有很强的典型性，特将其与民族文化分开，单独进行讨论。

丙中洛区域的生计模式也是一个变迁的过程。怒江峡谷最早的怒族居民以采集、打猎为生，辅以少量简单的耕种，主要使用竹制和木制工具。"怒人皆居山巅，种苦荞为食"，②"男子面多黄瘦，射猎或采黄连为生"。③清乾隆时期，傈僳族的迁入带来了刀耕火种的耕作方法和铁质的生产工具。藏族进入丙中洛后，带来了干旱谷地的农业耕种技术，形成了半耕半猎的混合型生计模式。藏传佛教传入丙中洛地区以后，兰雀治格一世掌管普化寺期间，曾向云南省政府提出派人到丙中洛进行水田耕作的要求，后经维西厅安排，迁徙了 12 户白族支系的那马人到丙中洛，这些人在丙中洛

---

① 赵秀梅：《贡山县丙中洛乡重丁村日常生活中的族际交往分析》，硕士学位论文，云南大学，2012，第 18 页。

② 钱古训撰，江应梁校注《西夷传校注》，云南人民出版社，1980，第 152 页。

③ 杨慎撰，胡蔚校订《增订南诏野史》下卷，光绪六年刻本，第 35 页。

开荒辟田，进行水稻的种植，成为普化寺的佃户。自此以后，在丙中洛的核心区，形成了旱地农耕、水田稻作以及采集狩猎并存的生计模式。这种生计模式是区域内共享的，不同的民族稍有一些差异。这种差异一半来源于自身的民族文化传统，另一半则来源于对差异性的生态环境的积极适应。在丙中洛地区，这种差异的表现，只是这种混合型生计模式的某种侧重不同而已。具体而言，每一个民族都有各种不同的耕作模式，丙中洛核心区域的水田主要集中于核心区的两个"小坝子"——东风片区和秋科当片区。居住于水田附近村落的，无论是怒族、傈僳族、藏族还是其他民族，均以水田耕作为主，山地耕作和其他生计方式为辅；而居于山区无水田的区域，则无论是什么民族均以山地旱地耕作为主，其余的生计方式为辅。新中国成立后，尤其是 20 世纪 80 年代以来，随着环境保护的观念日益深入，狩猎已经慢慢退出了历史舞台。采集，尤其是蘑菇和虫草之类的林下产品的采集保存了下来。当前，除去外出打工以及在丙中洛镇上从事旅游业和服务业的人之外，各村的传统水田、旱地兼采集的生计模式仍然占据着主导位置，形成了丙中洛多元文化区共享的多元文化的核心特质。

除生计模式之外，在日常生活中，语言、衣、食、住等方面，居于丙中洛的怒族、藏族、傈僳族、纳西族等业已形成了互通、互融且共享的区域文化。在语言方面，首先在长期的民族融合过程中，各民族语言相互影响。丙中洛地区的阿怒人说怒语，属汉藏语系藏缅语族；怒语与独龙族语属于同一语言的不同方言，两者在一定程度上能相互沟通。藏语和傈僳语随着藏族和傈僳族进入丙中洛地区，也先后对怒语产生了不同程度的影响。一些词的相互借用是必然的，甚至一种语言的使用习惯也深深影响着另外一种语言。怒族人家给孩子取名的排名顺序就深受傈僳族排名习惯的影响。[①] 其次是在丙中洛多元文化区内，各民族相互使用对方的语言。怒族语言和藏族语言是较早共同使用的，藏传佛教传入丙中洛地区后，做法事念经都要使用藏语和怒语两种语言，以前怒族上山打猎时也要用两种语言祈祷以保证狩猎神能听懂。直至新中国成立以前，傈僳语都没有大规模

---

① 何林：《"多元统一"的民族观与民族关系——一个丙中洛阿怒人的实例》，《西南边疆民族研究》第 5 辑，第 322—325 页。

影响藏族和怒族语言；新中国成立后，随着各民族之间的交往日益频繁，丙中洛地区的多语言使用才真正发展起来。当前，丙中洛核心区的汉语、怒语、傈僳语和藏语都是通用语言，在宗教活动中经常会傈僳语、怒语、藏语交叉融合使用。年长的老人们几乎都会四门语言，生活中熟练使用。即便是年轻的"80后"，甚至在外面上学的，也几乎都能说三门甚至更多的语言，有的不会说但能听懂，沟通几乎没有障碍。一般小孩出生以后，都会有四个名字。先是本民族语的一个名字，学名一个，宗教名一个。学名主要是学校老师给取的名字，有按照汉族习惯来的，也有按照民族名字的发音来的。宗教名主要是藏传佛教和基督教、天主教的，和德钦、盐井等地一样，藏传佛教名多半带"扎西""格茸""卓玛"等词，天主教和基督教的则多包含"亚瑟""雅各布""玛丽"等词。另外一个则是其他民族的名字，通常是怒族有一个傈僳族的名字，傈僳族有一个怒族的名字，藏族也有一个傈僳族或怒族的名字。不仅是在区域内，在一个村寨中，甚至是在一个家庭内，日常的交流也都需要多种语言并存。三个民族在一个家庭存在的情况比比皆是，相互之间的交流和沟通就成了多民族语言共存的重要基础。

在衣食住行等物质文化方面，相互的影响和融合也体现了区域性多元文化的共同特征。由于在同一地域居住，拥有共同的生态、地理环境条件，即便有着不同的民族文化特色和传统，丙中洛地区各民族的衣食住行等文化也逐渐融合形成了新的地域文化。饮食方面，由于种植的作物相同，出产的食材也都一样，因此吃的食物大都是一样的，只是各个民族的做法有些差异。比如怒族的苞谷砂锅饭、漆油茶，傈僳族的麻籽茶，等等；各民族的酿酒方法也都保持自己的传统和特色。但总体上来说，丙中洛地区各民族的饮食文化已经形成了一种共享的地域文化，怒族饮食文化历史上受藏族饮食文化影响较大，而傈僳族与怒族饮食又互相影响。独龙族、纳西族等人数较少民族也逐渐向主流的融合的饮食靠近，因而逐渐形成了融合多民族特色的地域饮食文化。使用漆油、菜油、核桃油，制作酥油茶和糌粑、琵琶肉、肉拌饭，最为著名的漆油鸡煮酒，即"霞拉"等，都已经成为各民族共享的当地特色饮食。核心区域和边缘区域稍有一些程度上的差异，但主体几乎是一样的。当前，丙中洛区域的人们一般每天吃两餐，早上起床后就要准备喝酥油茶，吃糌粑、炒面或是洋芋、苞谷，稍微做一点村寨附近的农活，上午10点吃早饭，早饭主要吃石锅粑粑、水汽粑粑等，然后出门干活；下午3—4点要喝下午茶，还是酥油茶；晚上8—9点吃晚饭。晚饭较为丰盛，主食一般是米饭，也有粑粑，还会根据家庭条件佐以一定种类的蔬菜，如白菜、萝卜、番茄、茄子等。农忙时吃三餐。请人帮忙做活的时候，一般要做"霞拉"。过年的时候基本上每家每户杀猪做琵琶肉、宰鸡。抽烟喝酒的情况有所变化，以前是抽烟喝酒在区域内普遍流行，基督教传入后不准教徒抽烟喝酒，因而基督教徒抽烟喝酒的已经没有了；但天主教和藏传佛教都不做限定，非基督教徒的其他各个民族中，抽烟喝酒依然非常普遍。

在民居方面，传统怒江峡谷怒族的房屋是干栏式圆木小屋，木板顶，倾斜较小；傈僳族是尖顶的干栏式茅草竹屋，以木板做墙，木材多使用方形；① 藏族的房屋多是土墙的藏式碉房。经长期相互影响和相互融合，目前丙中洛地区的房屋主要是藏式土墙碉房和方木的干栏式木屋，且两种都以薄石片做屋顶。而在外饰和结构等方面，又受到纳西族和白族的影响。以前藏族民居主要是碉房、少部分是干栏式小木屋，怒族民居一部分是碉房、一部分是干栏式木屋，傈僳族民居则以干栏式建筑为主。现在是多民族杂居，不仅在村寨层面，而且深入家庭层面。房屋则以本家的传统为主，需要重新盖房的时候，无论是什么民族，如果无力建盖钢筋混凝土结构的新房，则一般是延续老屋的样式和传统，稍有一些体现现代元素的细节变化。内部则都在正房保留火塘。在服饰方面，怒族传统上同时受傈僳族和藏族的影响，但当前的服装都是流行的汉服，节日的传统盛装也较少手工制作，几乎都是到特定的衣店购买，多民族融合的特征极其鲜明。藏族男子的楚巴、毡帽，女子的长裙、长袖与傈僳族和怒族的花色麻布，交织融合在一起。

另外，区域文化的重要特点还在于形成了颇具特色的区域性节日习俗。在丙中洛多元文化区，虽然不同的民族因为宗教信仰等原因也有一些

① 曹津永：《近代西方视阈下的西南环境与文化——金敦·沃德科考活动研究》，博士学位论文，南开大学，2017，第170—172页。

自己的节日，诸如藏族的藏历新年、傈僳族的阔时节、独龙族的卡雀哇节等，但是丙中洛多元文化区的各民族都不同程度地卷入一些区域性的宗教、民俗节日中。较为典型的是丙中洛多元文化区内的仙女节。仙女节又叫鲜花节，每年农历三月十五举行，是怒族传统的盛大节日，如今已经成为丙中洛多元文化区内的共同节日。节日那天，居住于区域内的各民族都要盛装参加，怒族群众信仰的藏传佛教、天主教和基督教都有自己特定上演的角色。首先是普化寺的活佛主持藏传佛教的取圣水仪式，然后主持祭祀仙女仪式，之后各家各户设宴饮酒，青年男女则盛装打扮，举办各种各样的所有人都可参与的比赛。这些比赛项目因时而变，传统一直保留的主要是射箭比赛，另外还有后来逐渐加入的弹弓比赛、歌舞表演等。之后就是歌舞狂欢。近些年来，为了推动怒江峡谷的旅游业发展，当地政府介入节日的筹办，还组织了各村小组、村委会之间的节目展演和比赛。虽然以旅游发展为目标，但客观上推动了丙中洛地区的民族文化传承和发展。同时，在歌舞方面，藏族的锅庄以及乐调，在丙中洛区域内的怒族、傈僳族、独龙族等民族中都非常流行，歌舞以及音乐都融合了自己民族和区域内其他民族或多或少的文化特色和元素。

由上述的梳理和分析我们可以看到，丙中洛多元文化区多元文化及其特征，几乎涉及生计方式、语言、衣食住行及节日、习俗、歌舞等日常生活和交往的方方面面。民族文化的融合，其趋势是逐渐融合，形成区域文化并进一步发展成诸多民族共享的文化系统。怒族和独龙族受藏文化的影响大一些，傈僳族则稍有不同，虽然在宗教文化上有差异，但是在日常的社会生活中则相互融合，通过通婚和日常生活中的交往而得以不断强化。

（二）多元融合宗教文化的发展历程及特征

1. 丙中洛多元文化区多宗教传入的历史过程

丙中洛多元文化区的宗教发展与融合也经历了较为漫长的过程，最早进入怒江峡谷的阿怒人，信仰万物有灵的本土原生宗教。主要包括自然崇拜、图腾崇拜和祖先崇拜，虽然祖先崇拜并未得到很大的发展。这种原生宗教的主要特点在于以神鬼、善恶等一系列二元对立观念划分神灵世界。

每逢节庆或喜丧、遇病遭灾之时，都要举行大规模杀牲祭鬼神的祭祀活动。① 这种原始宗教普遍存在于怒江流域各民族中。而对崖神的崇拜和祭祀的不断演化，是怒族原始宗教发展的最主要特点。②

关于藏传佛教传入丙中洛的确切时间，一说是乾隆初年，一说是1773年。③ 无论哪一种说法，可以明确的是藏传佛教传入丙中洛地区与藏族进入丙中洛地区是同步的。最初，西康省德格县藏传佛教佐钦寺的杜功建喇嘛辗转福贡传教失败后，来到丙中洛地区传播藏传佛教。他于现在丙中洛村头的"篓扯"搭了个草棚住下来，向当地怒族传教。为了化解怒族民众及巫师的强烈抵制，杜功建喇嘛施法④震慑怒族民众，最终使得怒族民众开始信仰藏传佛教，藏传佛教才得以在贡山北部地区传播开来。杜功建传教七年后，四川德格佐钦寺派松娄喇嘛接替了他，松娄喇嘛在丙中洛修建了一座藏式的喇嘛寺，取名为"飞来寺"，又叫"篓扯小寺"，其后的28年间，松娄喇嘛设法占据了寺院周围的土地。把土地分给随后从西藏、德钦、中甸等地搬来的75户藏民，这些藏民也成了藏传佛教寺庙最早的佃户。因藏族佃户都集中在这里，"丙中"（藏语意指藏族村）因此得名。松娄喇嘛在飞来寺圆寂后，德格佐钦寺派出熊动喇嘛作为第三任寺主，十余年后，熊动喇嘛圆寂，德格佐钦寺决定不再派遣喇嘛，而是开始在当地实行活佛转世，在维西白济汛河边寻到熊动喇嘛的转世灵童，取名为兰雀治格。兰雀治格一世励精图治，他年满18岁后亲自主持寺务，"大兴土木，于道光五年（1825）从剑川等地请来白族工匠，通过摊派钱粮，抽人抽夫和募捐等手段，花费七年工夫，于1832年在原来飞来寺前建成了一座新的喇嘛寺，取名'普化寺'"。⑤ 兰雀治格一世治寺的四十余年，是丙中洛地区的藏传佛教最为兴盛的时期。普化寺逐渐在丙中洛地区建立了政教合一

---

① 邵媛媛、石奕龙：《边疆多民族地区多元宗教和谐共存机制研究——基于云南贡山县丙中洛镇的探讨》，《云南民族大学学报》2016年第4期。
② 何叔涛：《略论怒族原始宗教的特点及其演化》，《云南民族学院学报》1992年第2期。
③ 丙中洛镇提供的关于普化寺的资料显示，杜功建于1773年抵达丙中洛进行传教。以何叔涛文中记载的普化寺建成的年代以及建成之前三位喇嘛传教的时间段来推算，1773年应当较为合理。1736年传入的说法在时间上无法正确推算。
④ 关于施法的传说有两个版本，详见张跃、舒丽丽《文化自觉与文化认同——怒江峡谷丙中洛地区民族宗教文化关系的变迁》，《西南边疆民族研究》第5辑。
⑤ 何叔涛：《藏地佛教在北部怒族中的传播演化及其影响》，《民族研究》1994年第3期。

的地方政权，藏传佛教在丙中洛地区成为主导性宗教。兰雀治格圆寂以后，德格佐钦寺和普化寺认定维西康普土司的儿子腊楚为其转世灵童，称其为"兰雀治格二世"。选定后在康普喇嘛寺学经，由一徐姓喇嘛代管普化寺大小事务。徐为生长在藏地的汉族土司的儿子，治寺共七年，其间曾因与察瓦龙土司合伙经商、盘剥压迫当地群众而和当地群众发生冲突被赶走。后来普化寺迎回12岁的兰雀治格二世。① 兰雀治格二世行为乖张，且曾参与叛乱，得不到来自上层的支持，其治寺期间又受到了天主教传入的冲击，于是，普化寺逐渐走向衰败。1978年以后，丙中洛区域藏传佛教信仰有所发展和恢复，时至今日，藏传佛教仍然是丙中洛多元文化区内的主导宗教。

　　天主教是丙中洛多元文化区内的第二大宗教。天主教传入贡山与近代天主教入藏受阻转而分路退出西藏的历史紧密相连。1845年，罗马教廷红衣主教会决定成立西藏教区，西藏传教事务从巴特那宗座代牧区分离出来，由法国巴黎外方传教会接手，② 由四川主教区管理。彼时由于清政府在内地禁教以及西藏僧俗强烈反对天主教在藏区的传教活动，由四川进入西藏的传教通道几乎完全封闭，于是传教士们③选择由滇入藏的路线，循怒江而上，至察瓦龙、崩卡、门工等地发展，企图由此进入昌都和拉萨。1865年，西藏地方政府组织民兵破坏了崩卡、门工等地教堂，驱赶传教士，天主教进入拉萨传教的意图宣告失败，被迫分三路退出西藏：第一路退至云南的茨姑，向云南德钦（茨中）和贡山、维西、巴东等地发展；第二路退至巴塘；第三路退至打箭炉（康定）。④ 调整后，教区改名为康定主教区，设云南和道孚两个总铎区，分别向澜沧江和怒江中游的一些地方发展并扎根下来。1851年，法国传教士罗勒拿、肖法日尝试过由怒江河谷进藏的传教路线，他们由中甸入藏区，渡过金沙江和澜沧江，翻越碧罗雪山，到了贡山秋那桶等地，然后沿怒江河谷北上，在今察瓦龙乡的崩卡

---

① 何叔涛：《藏地佛教在北部怒族中的传播演化及其影响》，《民族研究》1994年第3期。
② 秦和平、张晓红：《近代天主教在川滇藏交界地区的传播——以"藏彝走廊"为视角》，《西南民族大学学报》2009年第2期。
③ 主要是巴黎外方传教会的罗勒拿、肖法日、吕项、毕天祥等传教士。
④ 秦和平、张晓红：《近代天主教在川滇藏交界地区的传播——以"藏彝走廊"为视角》，《西南民族大学学报》2009年第2期。

（博木噶）山谷建立了第一个传教点，但遭到了三岩藏族僧众的反对，1859 年被迫返回了内地。1895 年，法国传教士任安守从打箭炉出发，取道盐井，抵达察瓦龙乡的松塔村，建立教堂进行传教，后被当地藏传佛教僧人驱逐，流落至丙中洛秋那桶，后又被普化寺及藏族、怒族群众阻击，被迫逃回德钦茨中教堂。1898 年，任安守再次翻越碧罗雪山进入怒江峡谷传教，在迪麻洛的白汉洛村建立了白汉洛教堂。在建立白汉洛教堂的过程中，西藏的贡格喃嘛（有人说他是藏王）获知消息，派了几百人的藏民武装从察瓦龙进入丙中洛，联合普化寺和丙中洛地区的人民反对天主教的传播。此次武装性质的反对行动因任安守早有防备而失败，之后任安守要求清政府派兵保护传教。[①] 1904 年，任安守修建了茶腊天主教堂，开始向丙中洛核心区发展。在清政府的保护下，天主教开始公开传播，并阻止教友向普化寺纳贡缴税，不让当地信徒请喇嘛做法事打鼓念经，禁止教徒与非教徒之间的通婚，加派民工修建教堂，等等。天主教的这些做法引起了普化寺喇嘛和当地民众的不满。

1905 年维西教案爆发，毗邻丙中洛的德钦、盐井以及中甸、巴塘等地区爆发了反洋教、驱逐洋教士运动。丙中洛藏传佛教信众在普化寺管事的带领下与天主教徒发生了械斗，并一举焚毁了白汉洛教堂。传教士蒲德元、余伯南死于德钦附近。任安守逃到昆明，通过法国领事馆向时任云贵总督提出抗议，清政府迫于外国势力的压力，随即派兵镇压"剿办"，清政府赔款重修教堂，费用为白银五万两。普化寺赔偿任安守损失费白银三千两，并划拨位于秋那桶、重丁、茶腊等地的大片田产。[②] 维西教案后，任安守用清政府的赔款重建白汉洛教堂，并先后在丙中洛的重丁、秋那桶、茶腊等地修建了天主教堂。从此，天主教在清政府的支持下开始站稳脚跟并逐渐发展壮大，据统计，1920 年该区域天主教有教徒 500 余人，到1924 年发展到 1016 人。

基督教传入贡山地区要晚一些。从 1913 年开始，基督教内地会、神召

---

① 赵秀梅：《贡山县丙中洛乡重丁村日常生活中的族际交往分析》，硕士学位论文，云南大学，2012，第 25 页。

② 高志英、熊胜祥：《藏彝走廊西部边缘多元宗教互动与宗教文化变迁研究》，《云南行政学院学报》2010 年第 6 期。

会、五旬节派等先后传播到怒江地区，并在福贡、碧江、泸水形成各自的势力范围。只有福贡马吉以北到贡山茨开一线，尚未有教会涉足。于是，在四川传教受挫的美国基督教"坎帕尔派教会"传教士莫尔斯（J. Russell Morse）开始在这一地区开拓教区。① 莫尔斯于 1921 年抵达中国后即前往四川巴塘传教，引发当地藏传佛教信徒的强烈反对。1925 年他携妻儿和两个藏族孤儿经维西、贡山逃往缅甸，并于 1926 年成立滇藏基督教会。1931年，莫尔斯怀揣国民政府颁发的准许在澜沧江、怒江和独龙江一带传教的证件，再次来到滇西北，先在维西康普、叶枝等地传教，后因与纳西族王氏土司发生冲突，便西迁到维西岩瓦一带活动。1933 年，莫尔斯派维西傈僳族教徒 3 人到贡山传教。此时的丙中洛地区，藏传佛教的普化寺已经在与天主教的冲突中元气大伤，且与天主教仍然相互制衡，无力再阻止基督教的发展。1935 年，莫尔斯带领家人再次来到贡山，在腊早的普格勒村建教堂，并以此为据点，东连维西，南向福贡，北上月谷、丹珠、丹当发展，信教人数猛增。后来，莫尔斯派沙木义到丙中洛的双拉、比毕里一带传教，基督教就在丙中洛下段的傈僳族、怒族、独龙族群众中传播开来。到 1950 年为止，怒江上游地区贡山滇藏基督教会教徒已达 1400 余人，人数超过有教徒 978 人的天主教。② 但是在丙中洛地区，由于藏族信奉藏传佛教，怒族中已有一部分先入了天主教、藏传佛教，基督教在丙中洛就一直未能形成大气候，基本上与其他宗教相安无事，和睦并存。相较于天主教与藏传佛教的激烈冲突，基督教的传入要平静很多。其一主要在于藏传佛教在与天主教的冲突过程中，力量受到极大削弱；其二在于基督教开始传入时其信徒主要是傈僳族，而藏传佛教和天主教的信徒主要是藏族和怒族，信徒的不同，避免了基督教与天主教、藏传佛教之间直接的冲突。

上述简要梳理了藏传佛教、天主教和基督教传入丙中洛的历史过程。实际上，丙中洛多元文化区宗教文化的多元融合经历了冲突的阶段。其中较为突出的是两个冲突阶段：第一个是藏传佛教传入时与地方原生宗教的

---

① 高志英、熊胜祥：《藏彝走廊西部边缘多元宗教互动与宗教文化变迁研究》，《云南行政学院学报》2010 年第 6 期。

② 高志英、熊胜祥：《藏彝走廊西部边缘多元宗教互动与宗教文化变迁研究》，《云南行政学院学报》2010 年第 6 期。

冲突；第二个则是天主教传入时与藏传佛教的冲突。

1773 年，藏传佛教由于其得到了当时管辖本地的维西康普土千总的支持，以较为强势的姿态传入丙中洛地区。松娄喇嘛治寺期间，带来藏民 75 户，并为寺庙争得了土地和田产。但真正大的冲突发生在兰雀治格一世管寺期间，普化寺代表藏传佛教逐渐确立了政教合一的宗教统治地位。兰雀治格一世病倒，普化寺让丙中洛境内怒族的 9 个巫师来治病，并逼他们限期治好。结果因为巫师作法没有效果，除了 1 名巫师提前得到消息逃跑之外，其余 8 人均被普化寺处死。由于其时藏传佛教受到地方权力集团的支持，并且藏族信众已经在丙中洛扎下根来，且相对来说，藏文化对怒文化有着很大的优势，因此，即便现在已经找不到更多的史料记载，但我们仍然能看到这一冲突中藏传佛教极大地占据上风。而在面对天主教时就完全不是这样的情况了，天主教在怒江河谷丙中洛地区的两次尝试，罗勒拿和任安守的两次传教，都以被驱赶而终结。到任安守第二次尝试的时候，其实他已经做了充分的准备：首先是收留了白汉洛过去茨中避难的人；其次是逐渐试探，先到峡谷边缘的白汉洛扎根，待时机成熟了再逐步推进。即便如此，与藏传佛教势力的第一次交手，也是以武装抵抗开始的。且虽然当时取得了胜利，却也为随之而来的更大的冲突埋下了伏笔。1905 年的教案，是近代天主教在怒江河谷的传播过程中与藏传佛教最大的一次冲突，[①] 初期天主教因为传播时间较短，信徒基础较藏传佛教薄弱得多，无法与藏传佛教相抗衡，但天主教背后有法国的殖民势力，清政府迫于无奈也只能打压以普化寺为代表的藏传佛教势力。赔款和土地划拨给任安守以后，藏传佛教受到了巨大的打击，而天主教反而获得了进一步发展的基础和空间，从而在丙中洛地区发展壮大起来。从整体上来看，无论是藏传佛教、天主教还是基督教，任何一种宗教都没有强大到足以把另外的宗教排挤出去。因而，多种宗教之间的共存、共生和融合就成为一种必然。

2. 多元和谐的宗教文化及其特征

丙中洛多元文化区的另一大特征在于多元和谐的宗教文化。多元和谐的宗教文化经历了多次冲突和融合的过程。第一次的冲突和融合是藏传佛

---

① 第一次巴塘教案时，天主教尚未真正传入怒江河谷地区。

教与怒族原生宗教的冲突和融合。藏传佛教的传入得到了地方土司的支持是一个不能被忽略的重要因素。传入丙中洛地区的是藏传佛教噶举派，噶举派是较多融合了藏族苯教神山等信仰的藏传佛教教派，在与以"万物有灵""鬼神信仰"为特征的地方原生宗教的融合方面有着天然的优势。怒族的原始宗教信仰认为万物皆有灵魂，且灵魂有好坏、分善恶。恶灵属于鬼类，与善神对立，外部世界的一切，自然现象和灾害疾病、吉凶祸福，都由鬼神操纵。① 藏传佛教传入以后，与怒族的原始宗教进行了深度的融合，藏传佛教诸神被纳入怒族的善神体系，共同对付恶鬼；藏传佛教的喇嘛和经师被认为比巫师法力更为强大。怒族原始宗教的神灵信仰以山神和崖神信仰最为突出，藏传佛教完整地融合了怒族的山神和崖神信仰，完成了与怒族原始宗教本地化的互渗融合的过程。

天主教的融入则又是另外的情形。天主教要通过竞争打入藏传佛教的势力范围，势必引起较大的冲突，因为藏传佛教和天主教都是体系完备的成熟宗教，要在教义教理乃至宗教仪式等方面有所融合，几乎没有可能性。虽然天主教的传入有着西方列强的强势的殖民背景，但其面临着极其错综复杂的地方局势和民族宗教关系。在清政府的支持下，重挫了丙中洛地区的藏传佛教并取得发展的基础，还依然面临着与当地的原生宗教相融合，从而能被当地群众所接受的问题。针对这一问题，天主教和后来传入的基督教采用了较为相似的方法和策略。为了获取必要的空间，经济的手段是必需的，而先进的医药及治疗手段往往能收到事半功倍的效果。在宗教的具体整合上，则采用了"替换式"的方法，② 利用天主教、基督教中的神等概念与原生宗教中的相似概念进行替换，加之采用民族语言传教、翻译《圣经》，培养本土民族传教士等本土化的传教方式，逐步让怒族和傈僳族等少数民族群众接受了天主教和基督教。这一过程实际上是一个双向的相互解释和融合的过程。一方面，藏传佛教、天主教、基督教最基本的观念体系被怒族、藏族、傈僳族民众利用其原生宗教的文化象征系统进

---

① 邵媛媛、石奕龙：《边疆多民族地区多元宗教和谐共存机制研究——基于云南贡山县丙中洛镇的探讨》，《云南民族大学学报》2016 年第 4 期。

② 邵媛媛、石奕龙：《边疆多民族地区多元宗教和谐共存机制研究——基于云南贡山县丙中洛镇的探讨》，《云南民族大学学报》2016 年第 4 期。

行重新解释和消化。不同宗教所代表的不同的文化象征体系、意义体系和社会功能体系均完成了直接的转换和对接，宗教对于区域和社区的基本功能得到了实现；另一方面，外来宗教亦采用培养民族传教人员等多种方式主动发展出与地方、民族文化相适应的传教方式，加速了新宗教本地化的进程。同时也获取了中央政治势力的支持，获得了在本地的生存和发展空间，并形成多宗教共存的基本格局。至新中国成立前夕，丙中洛地区已经较为稳定地形成了藏传佛教、天主教、基督教、原始宗教等多教并存的格局，但真正的多宗教融合是在 20 世纪 80 年代以来短短三十多年内发生的。这一过程实际上也伴随着丙中洛地区的原始原生宗教逐渐衰落的过程，由于巫师"南木萨"的传承中断以及法力衰减，丙中洛地区怒族和傈僳族的原生宗教都在不断衰减中。尽管如此，原生宗教的诸多观念已经深深内化到人们的生产生活中，并且被吸收和融合到藏传佛教等其他宗教中。

当前，丙中洛多元文化区内的多元和谐的宗教文化表现在区内人们生产生活的各个方面，具体分析来看主要包括以下几方面。其一，各大宗教之间和谐共生，没有因为各种原因发生冲突。新中国成立以前，虽然丙中洛地区已经形成了多宗教多民族共存的格局，但实际上民族冲突和宗教冲突仍然存在，傈僳族和藏族长期拉锯式的你争我夺，天主教信徒和藏传佛教信徒各成一体，来往很少。而自 20 世纪 80 年代以来，随着人们的交往日益增多，最主要是原有的通婚圈的打破，各民族之间、各宗教群体之间通婚逐渐增多，多元和谐的宗教文化才逐渐得以成形。当前，丙中洛地区的多宗教之间交流和交往较为频繁，作为各个宗教代表的寺院和教堂之间也较为和睦，教堂的神父和寺院的活佛亦有一定程度的交流，例如，重丁教堂的神父是迪麻洛人，和普化寺来自德钦燕门的活佛彼此都是认识的，有机会时还会聚在一起互相交流，相谈甚欢。其二，在各个层面，宗教自由都得到了有效贯彻，寺院教堂及家族力量在宗教信仰方面并不干涉个人。在丙中洛区域，人们有完全的宗教信仰自由，信不信教、信什么宗教完全由自己决定。这种自由首先得益于已经形成的多元共存的宗教格局，其次也得益于国家明文规定的宗教信仰自由政策。当然，这种宗教信仰完全自由的局面的形成也经历了一个较为漫长的历程。在多宗教并存格局形成的早期，由于多宗教之间已经达到了基本的平衡状态，宗教的扩张和发展主要通过对信徒的影响和控制来加以实现。如果一个家庭是藏传佛教家庭，则其后续加入的家庭成员也必须信仰藏传佛教。上述情况主要是通过婚姻缔结而获得的新家庭成员，当家族长辈的力量与宗教力量相结合的时候，这种宗教控制就极为强烈，这在20世纪80年代初期表现得较为明显。当通婚日益频繁且家庭成员有可能涉及三种或以上的不同宗教的时候，矛盾就凸显出来了。而国家的宗教信仰自由政策使得宗教对教徒控制的力量在很大程度上有所衰减。当家族的力量无法圆满解决这种矛盾时，国家的宗教信仰自由政策就成了所有问题的一个合理的出口。于是，家族长辈不再干涉通过婚姻进入家庭的成员的宗教信仰，多元融合的宗教文化逐渐发展起来。现在的丙中洛多元文化区，包含两种及以上宗教信仰的家庭非常普遍，尤其在核心区的重丁村小组和秋科当村小组，三种宗教并存的家庭也存在不少。其三，宗教信仰的不同并没有影响民众的经济社会生活和日常生活，没有影响村民的社会交往和人际交往。在丙中洛多元文化区，宗教只是村民日常生活的一部分，并不统领生活的全部。不同的宗教信仰只限定于宗教层面，与其余的社会生活和交往分开，在家庭生活内部同样如此。例如，一个家庭内部有天主教、基督教和藏传佛教教徒，在吃饭时，基督教和天主教教徒需要做餐前祷告，尽管二者的祷告内容并不相同，信仰藏传佛教的成员则会稍等后一起吃饭或者自行先吃饭。对此，每个家庭成员都能自然接受这种差异，并不会觉得有不方便或者不妥。丙中洛多元文化区的藏传佛教信仰与碧罗雪山一侧的迪庆州的藏传佛教信仰有所差异，家中较少设立经堂；而天主教和基督教教堂则会经常发放一些上面有十字架或者圣母像的贴画、日历等有明显宗教信仰标志的物品，这些贴画或者圣像都贴在门口或者家中主堂的位置，对此，信仰藏传佛教的成员也普遍能接受，并不觉得有何不妥。部分村民甚至并不知道自己信仰的是什么宗教，当问起他们的信仰的时候，一些人回答不上来，只知道自己去的是基督教堂、天主教堂或是普化寺。在村落的层面，信仰何种宗教都不会招致任何人的非议，也不会给人们之间的社会交往造成困扰和不便。其四，在面对共同的节日或面临重大灾害时，各宗教群体不分彼此，共同面对，互帮互助。在一年一度的怒族仙女节上，各个宗教均通过教堂和寺庙等做好自己分内的工作，大家相互协助，对于民众个体来说，则是几乎不分彼此，一起参加活动。在葬礼期间，藏传佛教和原生宗教也会各司其职，互相协助。另外，丙中洛区域的村民之间在生产生活中的互帮互助非常普遍，生产劳作的互相帮助也不会受到宗教信仰不同的影响，一家有事家家都来帮忙，尽管基督教教徒因为有十诫的要求，而需要单独开灶做饭，稍有不便，但也不影响丙中洛多元文化区内的互帮互助体系。

总之，丙中洛经历了从单一的原生民族宗教到多种宗教冲突、对话、并存、交融的演变和变迁过程，成为一个多宗教共存融合的地区。各个宗教和谐共生，这一复杂的历史过程既有宗教文化的自然播布，也有特殊社会背景中政治因素的强制作用，同时也伴随着地方文化主体能动地调适与吸纳的文化涵化过程。正是在各民族大杂居、小聚居的社会结构和长期的交往、接触中，当地民众习惯了在多种信仰文化气氛中生活，亦逐渐知晓、了解了其他宗教的基本观念，并能够对其他宗教给予肯定和包容，从而形成了丙中洛多元文化区多民族、多宗教和谐并存的环境与氛围。

三 区域多元文化视野下的少数民族传统村落保护

由于特殊的地理环境、多样的民族关系、多元的民族文化和宗教等诸多因素，三江并流地区少数民族传统村落及其保护，与其他地区存在着差异。这种差异对我国传统村落保护工作的研究和实践而言都有着非同寻常的意义。其一，差异性代表着传统村落文化的多样性，是对传统村落文化体系的一种丰富；其二，差异性意味着特殊性，而特殊性能为我们传统村落的保护工作提供有别于主流却往往非常重要的理论思考和实践经验。

（一）地域民族文化是传统村落保护的重要基础

关于传统村落的定义，能找到两个主要版本。在2012年住建部、文化部和财政部三部联发的指导意见上，传统村落被定义为"拥有物质形态和非物质形态文化遗产，具有较高的历史、文化、科学、艺术、社会、经济价值的村落"，"承载着中华传统文化的精华，是农耕文明不可再生的文化遗产"，"凝聚着中华民族精神，是维系华夏子孙文化认同的纽带"，"保留着民族文化的多样性，是繁荣发展民族文化的根基"。① 而在 2017 年住建部办公厅印发的关于做好第五批传统村落调查推荐工作的通知中，传统村落的定义被修改为"形成较早，拥有较丰富的传统资源，具有较高历史、文化、科学、艺术、社会、经济价值的村落"。② 同时，该文件还提出了成为传统村落的五个条件，第一个即为历史文化积淀深厚，能够集中反映本地区的地域和民族文化特色。但目前传统村落的保护和研究工作，无论是实践方面还是理论方面，大都集中于传统村落的村落层面，集中于村内的民居、文物等物质文化遗产以及歌舞、音乐、传说等非物质文化遗产的保护方面，而对于地域民族文化缺乏应有的关注。在这里，地域民族文化可以指地域性的民族文化，也可以指具有民族特点的地域文化。实际上在传统村落的保护中，二者几乎可以等同起来。地域文化或者说区域文化是极其重要的，民族性的地域文化使其更具特殊性。传统村落存在于整个地域文化的生态中，如若没有地域文化的文脉和纹理，以孤立的视角来看待传统村落，以孤立的方法来进行传统村落的保护工作，无疑有巨大的缺陷。首先，地域文化是传统村落文化的文化生境，缺乏对生境的认识和认知，孤立地谈传统村落是违背文化研究的理论常识的；其次，传统村落之间，传统村落和周边的非传统村落之间，无论是在历史还是在文化、习俗等方面都有着千丝万缕的联系，文化的整体性特征也要求我们不能人为割裂这种联系。以丙中洛多元文化区来看，传统村落都集中于多元文化区的核心区域，具备浓郁的地域民族文化特征，彼此之间是紧密相连的。如若我们孤立地看待、独立地进行某一个传统村落的保护，没有充分了解地域民族文化，那传统村落的保护工作是无法取得圆满结果的，我们甚至会做出错误判断和行动。

地域文化和民族文化的范畴宽广，对地域民族文化的关注还要求我们明晰传统村落的保护内容不仅限于有形的固态的物质文化遗存，还应当包括无形的动态的非物质文化遗存，比如具有地域或民族特色的传统舞蹈、

---

① 见《住房城乡建设部、文化部、财政部关于加强传统村落保护发展工作的指导意见》（建村〔2012〕184 号）。
② 见《住房城乡建设部办公厅关于做好第五批中国传统村落调查推荐工作的通知》（建办村〔2017〕52 号）。

戏曲和手工产业，以及村民的生计方式、生活方式、宗教信仰、道德与民俗等方方面面。

（二）少数民族传统村落保护应关注区域民族主体演变及民族关系的历史

传统村落历史文化积淀必须深厚，能反映特定历史文化背景。对于民族地区来说，积淀深厚的历史文化首先需要梳理出传统村落的民族文化主体的历史演变。历史演变主要是指生存发展的历程。首先，文化主体的历史演变过程，实际上就是文化的发展历程。因为对于无文字记载的传统少数民族社会来说，缺乏文献的记载和记录，历史的传承和演变需要诸多的文化手段来实现，比如口口相传、传说、核心习俗的行为传承等，这些正是传统村落的文化灵魂和核心所在，正是蕴含于文化表象之下的文化纹理所在。其次，文化主体的历史演变过程，也是区域历史及其文化的重要组成部分。传统村落的保护，只有横向的剖面的切片式保护是远远不够的，纵向的、深入的研究和理解是非常重要的组成部分。不了解文化的源头，不了解文化和民族演变的历史脉络，就无从正确理解和解释今天的文化是从何而来的。以丙中洛多元文化区的怒族为例，怒族的历史演变过程，实际上也是怒族文化的发展过程，藏族、傈僳族的先后迁入，为怒族文化的发展提供了两次融合的机遇，西方天主教和基督教的传入虽然较为特殊，但同样成为丙中洛地区多元文化的重要组成部分。

关注少数民族传统村落主体民族的历史演变，需要我们特别注意几个要素：其一是史诗；其二是口头传承，口口相传的民族历史记忆；其三是歌舞、宗教等文化要素中回忆先民历史的部分；其四是民族精英群体，尤其是宗教神职人员；其五是周边民族的相关记载和记录。

对中国传统村落文化的保护应遵循原生性、整体性、可持续性、活态性这四个原则。原生性代表着传统村落的真实性，可持续性和活态性则代表着延续性。遵循这些原则的实践操作，最应该采用系统性的思维和方法。民族关系及其历史反映的是地区民族文化互动的网络和历程。地区间和区域内的民族关系的发展历程实际上就是区域文化融合发展的历程，对于民族关系的梳理有助于我们更为清晰地看到区域文化融合发展的内在原因和动力，清晰认识不同民族和族群在多元文化区域内的文化融合与发展的历程和纹理。这实际上是一种整体性的关照，也是多民族混居地区的传统村落保护工作较为特殊的部分。

以丙中洛多元文化区的例子来看，纵向关注民族发展演变历史和民族关系历史的视角和横向关注区域多元文化的视角都是极其关键的。不仅是进行传统村落的保护，也是我们进行区域历史文化研究和开展文化遗产等保护行动的重要基础。藏羌彝民族走廊是历史上民族迁徙融合的重要通道，多元民族文化的变迁和交融是其基本的特点。丙中洛多元文化区是藏羌彝走廊上的一个普通区域，基于上述视角详细梳理的个案，至少表明了这两方面的关切对于藏羌彝走廊少数民族传统村落保护的重要性。

（责任编辑　杨环）

全域旅游视角下贵州特色村镇
和民族文化廊带产业布局[*]

邢启顺　陈玲玲[**]

【内容摘要】 全域旅游理念对贵州民族文化旅游业提出了更高的要求，超越文化旅游融合发展的广度。在民族文化产业发展中促进中华文化深度融合，是铸牢中华民族共同体意识的有效途径之一。以民族村寨旅游见长的乡村旅游业是贵州民族文化产业发展主导模式。要重视少数民族特色村寨保护与发展的宏观战略构想，必须充分尊重贵州少数民族特色村寨形成历史，深入理解现代分布格局，保护与发展并重。民族特色村寨是民族文化保护与发展的重要载体，要依托民族特色村寨，根据贵州少数民族四大族源发展变迁特征、五省（市区）比邻环境、六山六水地理格局、六横七纵八联交通网络，以及大杂居小聚居的分布特点，重点打造五大民族文化廊带，奠定贵州民族文化产业总体格局。

【关键词】 贵州省　全域旅游　特色村镇　民族文化廊带产业

一　全域旅游理念对贵州民族文化旅游业的意义

全域旅游是旅游业的新概念。胡晓苒先生在 2010 年最早指出，"全域旅游战略的提出，最根本的就是打破都市（或单一景区）旅游一枝独秀的

---

　　* 本文系国家社科基金项目"民族特色旅游村寨嵌入式社会结构构建路径研究"（24XMZ042）阶段性成果。

　** 邢启顺，贵州省社会科学院民族研究所；陈玲玲，贵州省社会科学院社会研究所。

接待格局，在不同的区域内打造各自的旅游吸引物和服务业态"。① 厉新建教授等系统阐述了这一概念，认为所谓"全域旅游"就是"各行业积极融入其中，各部门齐抓共管，全城居民共同参与，充分利用目的地全部的吸引物要素，为前来旅游的游客提供全过程、全时空的体验产品，从而全面地满足游客的全方位体验需求"。② 国家旅游局公布的首批创建"国家全域旅游示范区"名单中，贵州省 11 个地区入选，分别是遵义市、安顺市、贵阳市花溪区、六盘水市盘州市、铜仁市江口县、毕节市百里杜鹃旅游区、黔西南州兴义市、黔东南州雷山县、黔东南州黎平县、黔东南州镇远县、黔南州荔波县。凡列入国家全域旅游示范区名录的地区，将优先成为中央和地方预算内投资支持对象，优先支持旅游基础设施建设，优先纳入旅游投资优选项目目录，优先安排旅游外交、宣传推广重点活动，优先纳入国家旅游宣传推广重点支持范围，优先纳入国家旅游改革创新试点示范领域，优先支持 A 级旅游景区等国家重点旅游品牌创建，优先安排旅游人才培训，优先列入国家旅游局重点联系区域。国家全域旅游示范区创建工作将实行动态管理，不能保持创建成果的要及时退出。贵州全域旅游在 2016 年初相继启动，荔波、贵阳、赤水等地率先行动起来，全域旅游正式成为指导贵州旅游业发展的新概念和新思想。

贵州民族文化旅游业的发展主要经历了以下几个重要阶段。其一，20 世纪 80 年代初期，旅游业逐渐兴起，以自然观光旅游为主，民族风情旅游开始孕育，零星的民族文化旅游点开始发展。朗德苗寨等从外事接待参观考察点转变成旅游接待点，延续了工分制模式。其二，1992 年以后，改革开放扩大发展，民族文化旅游业在整个行业占比中逐渐上升，以民族特色村寨为代表的民族文化旅游点正式成型，并被纳入旅游景区景点，由点成线得到充分发展。其三，2009 年国家文化产业振兴规划出台以后，西部民族地区民族文化产业成为一大特色，在全国文化产业中独树一帜。贵州省在 2009 年召开贵州民族文化产业发展研讨会，会同"多彩贵州"品牌，

---

① 胡晓苒：《城市旅游：全域城市化背景下的大连全域旅游》，《中国旅游报》2010 年 12 月 8 日。

② 厉新建、张凌云、崔莉：《全域旅游：建设世界一流旅游目的地的理念创新——以北京为例》，《人文地理》2013 年第 3 期。

拉动贵州民族文化旅游业的发展。2012 年国发 2 号文件明确提出建设文化旅游创新区，文化与旅游融合发展模式开始成熟，奠定了大旅游的基础。其四，2016 年国家全域旅游示范区开始建立，标志着全域旅游时代的到来，作为民族文化旅游业发展的第四大阶段，开启了一个新阶段。

全域旅游"要从全要素、全行业、全过程、全方位、全时空、全社会、全部门、全游客等角度推进旅游目的地的发展，在要素利用上要重视当地居民作为吸引力载体的作用"。① 对于贵州以民族村寨旅游为特色的民族文化旅游业来说，这无疑具有高度的理论指导意义。少数民族特色村寨是民族文化旅游业的主要载体，村寨整体景观、自然风貌、人文风情以及蕴藏的民族历史文化、非物质文化遗产等，都构成旅游要素。对游客而言，村民的服务也是一道风景。对原住村民而言，游客同样构成村寨的风情。在全球区域经济分工互补的发展格局中，全域观体现出更加必要的整体性。

二 民族特色村寨保护与发展的"全域观"

贵州是多民族省份，在历史上经历了复杂的民族文化构建，形成如今大杂居小聚居的民族分布格局，成千上万的民族特色村寨在贵州高原的山地之间星罗棋布。据不完全统计，贵州民族特色村寨（镇）有一万多个，其中，具有重要价值的有 2000 多个，在全国比较知名的却只有 20 来个。民族特色村寨是民族文化保护与发展的重要载体，要充分尊重贵州少数民族特色村寨形成历史，深入理解现代分布格局，保护与发展并重，依托民族特色村寨发展民族文化产业。

对民族文化的保护与开发一直存在三种观点：重在保护；重在发展；保护与发展并重。保护论者常常具有某种民族情感和怀旧理想，代表普遍的社会期待。尤其是厌倦了现代城市生活的人们，被现代生活所累，精神疲惫，渴望回归到古朴的山野村庄，寻找田园牧歌的生活状态，在原生态

---

① 厉新建、张凌云、崔莉：《全域旅游：建设世界一流旅游目的地的理念创新——以北京为例》，《人文地理》2013 年第 3 期。

文化中放置人类栖息的精神家园。发展论者主要受到现代资本主义经济体系的裹挟，用经济理性替代价值理性，把民族文化资源视为重要的文化资本，以此发展经济。政府站在两者的平衡点上，奉行保护与发展并重的策略，一方面积极出台文化保护政策，另一方面鼓励民族文化产业开发，认为保护是发展的前提，发展是保护的根本目标，二者相互作用。实际上，民族文化的保护奠定了民族村寨旅游业和民族文化产业的发展，民族村寨旅游业和民族文化产业的发展反过来会让民族传统文化得以复兴，文化与旅游融合发展成为实践的特有成功模式。

全域旅游理念在全国的口号式推广，具有一定的爆发效应，既要充分肯定全域旅游的时尚价值，也要深入理解全域旅游的深刻内涵，更要把握全域旅游的实现条件。全域旅游突破了传统的景点旅游、景观旅游、景区旅游发展模式，鼓励全民参与，动员产业链上的所有节点，包含所有"人"的因素和"物"的因素，是全方位发展的旅游业态。其在旅游发展理念上，无疑具有特殊的价值。从学术概念发展到应用层面，对全域旅游理念出现了两种理解：一方面把"全域"理解为"全部领域"，另一方面把"全域"理解为"所有地域"。客观上说，这样的理解泛化了旅游业的特定性。无论如何，旅游不能代替人类所有的经济行为和生活方式，它只是其中的一部分。所以，要把握全域旅游的实现条件，即一定的区域或特定的领域。

贵州民族特色村寨的全域旅游观，主要包括几个方面的启示：空间进一步拓展，领域进一步拓宽，内涵进一步深化。民族村寨旅游不能仅仅局限在个别村寨，而应该拓宽到同类民族文化廊带范围内，把民族村寨作为民族文化廊带上的一个节点。游客可以全方位看到某种民族文化；当地人不仅是被看的对象，而且是民族文化的主体，负有对外展示的责任。每个民族特色村寨不仅要满足游客的吃住行游购娱，而且要满足游客对当地文化的深入体验，实现主客体角色互易和全领域的产品化。

三　贵州民族文化廊带及其产业发展的总体布局

根据贵州少数民族四大族源发展变迁特征、五省（市区）比邻环境，六山六水地理格局、六横七纵八联交通网络，以及大杂居小聚居的分布特点，重点打造五大民族文化廊带。

贵州地处西南腹地，古代四大少数民族族群先后在西南地区生活发展，氐羌族群、百越族群、百濮族群率先进入此地区繁衍，后巴人族群逐渐形成，苗瑶族群也进入西南。早期西南族群是现代民族形成的族源基础，也是西南民族文化的基本文化因子库，以此为基础形成当代西南民族文化四大走廊：藏彝走廊、南岭走廊、苗疆走廊和武陵走廊。[①] 贵州在四大民族文化走廊的覆盖范围之内。其中，苗疆走廊的主体部分在贵州境内，仡佬族居住地域相对分散，几乎覆盖贵州全域；毕节市大部分属于藏彝走廊区域，主要民族是彝族；南岭走廊从东向西延伸，贵州省境内黔东南、黔西南、黔南的壮族、布依族、侗族、水族等民族地域均属于南岭走廊；从渝东武陵山脉向西南延伸进入贵州黔东地区，即铜仁和黔东南等地，土家族等民族属于武陵走廊，部分苗族也进入武陵山脉之中。

六山六水指雷公山、月亮山、大麻山、小麻山、武陵山、乌蒙山，都柳江、清水江、乌江、舞阳河、北盘江、南盘江。贵州少数民族大多居住在这六大山区和六条江河流域内，地域范围占到贵州全省总面积的80%以上。乌蒙山区和乌江流域主要是藏羌彝走廊民族，北盘江和南盘江流域主要是南岭走廊民族；雷公山区、月亮山区、大小麻山地区、武陵山区（贵州部分）和都柳江、清水江、舞阳河流域主要居住苗族、瑶族、土家族、侗族、水族等。苗疆走廊民族、武陵走廊民族、南岭走廊民族相互交错杂居，形成民族互嵌式社会结构。民族分布和地理环境及交通变化有着千丝万缕的联系，加上几千年民族迁徙过程中的文化叠加效应，形成了如今的民族文化分布格局。大杂居、小聚居，总体形成了相对稳定的民族文化区域，故而可重新概括成大致接近的五个同类的民族文化廊带。

其一，以东西走向为基本特征，从湖南经贵州延伸到云南的国家通道，覆盖贵州全域的苗瑶族群文化廊带。

该走廊也称"古苗疆走廊""苗疆走廊"，或者直接称为"西南国家

---

① 邢启顺：《西南民族走廊空间结构与民族文化产业布局整合》，《黔南民族师范学院学报》2014年第3期。

走廊"。从族群关系和民族文化近似性单一视角而言，我们称为"苗瑶族群文化廊带"。

其中，"古苗疆走廊"概念由贵州大学杨志强教授等提出。它起于湖南洞庭湖畔的常德，沿水陆两路溯长江支流沅江而上，经桃源、辰州（沅陵）、沅州（芷江）、晃州（新晃）等地，进入贵州境内；过平溪（玉屏），然后在镇远改行陆路，经偏桥（施秉）、兴隆（黄平）、清平（凯里）、平越（福泉）、新添（贵定）、龙里、贵州（贵阳）、威清（清镇）、平坝、安顺、普定、安庄（镇宁）、关索岭（关岭）、安南（晴隆）、普安等地入云南，再经平夷（富源）、沾益、曲靖、马龙、杨林（嵩明）至云南府（昆明）。① 这是在历史的沉淀中，经历复杂的社会历史关系变迁所形成的，是族群迁徙路线，也是国家战略路线、商贸往来路线以及文化交流路线，更是一条中国沿西南到东南亚和南亚的外交陆路通道。它曾是苗瑶族群西南迁徙的主要路线，奠定了今天苗族文化、瑶族文化以及沿线的地域文化特征。从文化旅游产业角度而言，这也是民族文化旅游资源的集聚地带，故为苗瑶族群文化旅游产业带。

其二，以南北走向为基本特征，从安顺、六盘水经贵阳到遵义等地，在历史中重叠垫底的黔中仡佬族文化廊带。

仡佬族是春秋战国时期分布在西南地区的古濮越族群的后裔之一，散布于贵州多个地方，呈现大分散、小聚居格局。由于人数较少，多散居于汉族和其他少数民族聚居区域之内。除务川和道真两个仡佬族自治县之外，主要分布在贵阳、六盘水、遵义、铜仁、毕节、安顺、黔西南等地区，云南和广西也有分布。比较有特色的仡佬族村寨有 30 多个，保留特有的民族风格，其民族文化习俗多与当地周边民族相互融合。黔中仡佬族文化廊带如同镶嵌在贵州大地上的宝石，星星点点分布。这种星点状分布特征的民族文化廊带与其他民族文化走廊相互嵌合，是贵州独有的民族文化旅游资源。

其三，以东北向西南延伸为基本特征，从渝东南和川南延伸进入黔北和黔东北的武陵文化廊带。

---

① 参见曹端波《国家、族群与民族走廊——"古苗疆走廊"的形成及其影响》，《贵州大学学报》2012 年第 5 期。

　　武陵走廊是东北向西南山区延伸的民族文化走廊，主要沿武陵山脉和沅水等五大水系贯通，是两湖流域承接中原文化向西南山区延伸形成的民族走廊和经济商贸通道之一，也是李星星先生所说的中国"两纵三横"民族走廊之一的"土家—苗瑶走廊"。黄柏权教授全面梳理了武陵民族走廊的地理范围和特征、民族构成、文化特点等。贵州地界的范围包括贵州省东北部的印江、江口、松桃等地和以梵净山区为主的周边地区。① 武陵民族走廊是云贵高原与江汉平原的分界地带，是天然的生态分界线，同时是经济文化类型的分界线，从而也成为族群分野的天然界线。此走廊形成了独具民族文化特征的土家族，并接纳苗瑶走廊族群的进入，相互融合发展，形成汉族、土家族、苗族等共生共建的民族文化廊带。

　　其四，青藏高原东部地区延伸到乌蒙山区的藏羌彝文化廊带。

　　费孝通先生在20世纪80年代初期提出"藏彝走廊"概念，并率领一批民族学者进行实地考察，逐渐形成了成熟的理论体系；在2008年汶川地震后的羌族文化重构过程中形成"藏羌彝文化走廊"概念。二者所指大致相当，后者突出了羌族文化的内容。藏彝走廊主要指川、藏、滇边境地区的横断山脉六大江河（金沙江、澜沧江、怒江、雅砻江、大渡河、岷江）流域，贯穿青藏高原东部边缘地带并向东南亚延伸，与苗瑶走廊族群、南岭走廊族群交会融合。贵州境内主要是乌蒙山区的彝族，即以毕节市和六盘水市大部分地区为主的彝族聚居区。藏彝走廊所属的贵州乌蒙山区彝族文化走廊地域范围广大、文化类型多样，高山地理特征明显，文化深层切割，从民族文化产业角度而言，资源基础丰厚，产品差异化特征明显，是不可多得的文化资源。贵州彝族特色村寨近50个，分布在黔西南州的兴仁市、安龙县、晴隆县，贵阳清镇市，六盘水市的水城、六枝、盘州市和钟山区、七星关区，毕节市的大方县、威宁县、赫章县及百里杜鹃旅游区内。

　　其五，处于南岭走廊西段的南岭民族文化廊带。其在贵州省境内划分为三个文化区：布依族文化区、水族文化区、侗族文化区。

　　南岭走廊东连福建武夷山，西达云贵高原南北盘江苗岭一端，横亘在长江流域和珠江流域之间，跨湘、黔、粤、桂、赣五省区，是我国南方重要的

---

① 　黄柏权：《武陵民族走廊及其主要通道》，《三峡大学学报》2007 年第 6 期。

民族通道。主要包括壮侗语族中的壮族、侗族、布依族、水族、毛南族等，多由古代南方百越族群分化而来。苗瑶族群也有部分迁居于此，主要是苗族、瑶族、畲族等。布依族文化区，以南北盘江流域为主，主要包括黔西南、安顺、黔南部分地区。水族文化区，以三都县为核心区辐射邻近地区。侗族文化区，主体在月亮山区、雷公山区与清水江、都柳江流域，主要在黔东南的黎平、从江、榕江三县及邻近地区。在这个区域内，有布依族特色民族村寨近 200 个，主要分布在贵阳、黔西南、黔南、安顺市全境，六盘水市水城、盘州市和六枝，毕节市威宁和黔西等地；有侗族特色村寨 40 个左右，主要分布在黔东南的镇远县、岑巩县、三穗县、天柱县、锦屏县、黎平县、从江县、榕江县以及铜仁市的碧江区、玉屏县、万山区、江口县、石阡县等；水族特色村寨主要分布在三都水族自治县及黔南部分地区。

（责任编辑　杨环）

藏羌彝文化产业走廊文化产品创新的
路径与方法

徐学书[*]

【内容摘要】 藏羌彝文化产业走廊作为国家规划建设的特大型特色文化产业区，承担着促进西部七省区特色民族文化的保护传承、创新发展和综合带动地方经济社会发展与脱贫攻坚的重要作用。近年来，藏羌彝文化产业走廊建设取得了可喜成绩，但也存在诸多问题。文化产品是文化产业的核心，文化产品创新是文化产业发展的关键。本文通过对藏羌彝文化产业走廊相关概念进行阐释，对其区域文化资源主要特色进行梳理，对其文化产业分类与市场需求、文化产业发展现状及发展趋势进行分析，对其文化产品创新的路径与方法进行探讨，提出基于宏观、中观、微观分析指引发展方向的"三观分析"，基于内容、业态、技艺、传播/营销等的"融合发展"，基于主题、区域、平台整合资源、产品、品牌的"整合发展"，基于文化产品上下游产业链条延伸的"链式发展"，基于文化产品IP引领创新的"引领发展"，通过"方向指引、四轮驱动"推进文化产业健康快速可持续发展与经济社会"五位一体"协调发展。

【关键词】 藏羌彝文化产业走廊　文化产品创新　发展方式

藏羌彝文化产业走廊是我国迄今唯一纳入国家战略规划的民族文化产业廊道、特大型特色文化产业区，承担着促进西部七省区特色民族文化的保护传承、创新发展和综合带动地方经济社会发展与脱贫攻坚等重任。建

---

* 徐学书，四川省社会科学院。

设藏羌彝文化产业走廊是我国推进西部民族地区加快发展的重要举措和西部七省区共同的目标任务。自 2004 年文化部和财政部发布实施《藏羌彝文化产业走廊总体规划》以来，在中央支持、各地党委、政府推动和社会各方力量积极参与下，藏羌彝文化产业走廊建设取得了可喜成绩。然而，受多种因素的影响，走廊建设也存在诸多制约和不足，产业发展速度总体较慢，产品数量质量总体偏低。文化产品是文化产业发展的核心，文化产品创新是文化产业发展的主要动力，推进藏羌彝文化产业走廊建设需要不断探索其文化产品创新的路径与方法。为此，笔者借此机会谈谈自己多年来在研究藏羌彝文化产业走廊建设中，对其产品创新路径与方法的一些认识。

一　藏羌彝文化产业走廊相关概念

概念是对事物内涵和外延的定义表述，是认识研究事物的重要基础。近年来，对藏羌彝文化产业走廊相关概念的定义表述，尚存在一定差异，人们在使用相关概念时也存在不一致乃至混淆现象。为此，在讨论藏羌彝文化产业走廊产品创新的路径与方法前，有必要先对藏羌彝文化产业走廊的相关概念予以说明。

1. 藏羌彝走廊

"藏羌彝走廊"是在"藏彝走廊"概念基础上加以完善发展的民族学概念，指历史上以藏语支、羌语支、彝语支的众多世居民族（族群）的先民为主体，形成的纵贯我国西北和西南地区并延伸到南亚和东南亚的南北向带状民族迁徙廊道，是以藏羌彝系统民族（族群）为主体的民族迁徙廊道区的总称。这条民族迁徙廊道的地理范畴，在我国境内以南北纵贯青藏高原横断山区的岷江、大渡河、雅砻江、金沙江、澜沧江、怒江等六条江河流域为主体（故有学者称"横断山民族走廊""六江流域民族走廊"），向南进入南亚印缅北部，向东南进入东南亚越南、老挝、泰国北部并辐射影响至印尼群岛，堪称一条民族迁徙的国际大通道。历史上沿着这条民族走廊迁徙活动的民族，总体上以藏羌彝系统的民族（族群）为主，同时也包括大量的濮越、苗瑶、傣等民族系统的民族（族群），元明清时期还有大规模的汉、蒙古、回等民族迁入。因此，藏羌彝走廊是一个有着众多民族（族群）南下北上、东进西渐的民族迁徙与交往交融的特大民族迁徙廊道区。以"藏羌彝"命名该走廊，并非指这条走廊只是藏族、羌族、彝族的民族迁徙走廊。以这条民族走廊历史上在民族迁徙活动中最活跃的藏、羌、彝三大语支的民族作为代表命名，是为了便于共同研究这条民族走廊而构造一个民族学概念。在这条大走廊之下，还有许多局部性的子廊道（人们或以族群命名，或以江河流域命名），构成一个民族迁徙廊道系统。

在我国现有的讨论中，对藏羌彝走廊的认识虽然主要着眼于国内段，即这条走廊的中、北段，但涉及南段的南亚和东南亚段的，近年来也逐渐增多。由于历史上的这条民族大走廊为北、南两条丝绸之路和茶马古道主要路段的穿越区，其地理分布区北接陆上丝绸之路、南接海上丝绸之路，其通道区在当代为"一带一路"的连接轴区域，因而在民族学研究和"一带一路"倡议研究中，有必要进一步加强该走廊国内段及南亚、东南亚段的研究。

2. 藏羌彝文化走廊

"藏羌彝文化走廊"是由"藏羌彝走廊"概念衍生而来的文化学的文化区概念，是将藏羌彝走廊视为一条多元文化交往交流交融的特色民族文化积淀带。其文化内涵，不仅包括该文化区内的藏语支、羌语支、彝语支的各世居民族（族群）的文化，也包括该文化区内其他民族（族群）的文化。其空间范畴，用于反映该文化区历史时期的文化空间分布状态的，其地理空间与藏羌彝走廊一致；用于反映该文化区现当代的文化分布空间状态的，则与现当代藏羌彝系统各民族（族群）世居聚居区的地理分布空间总体范围一致。由于历史上的藏羌彝走廊在地理空间范围上和文化分布状况上处于动态变化状态，不同时期的地理空间范畴和文化分布状况存在一定差异，因此历史上的藏羌彝文化走廊属于动态性和边界模糊的文化区概念。而在现当代，由于民族文化分布区受民族分布区域固化的影响，其文化区的地理空间有着较为清晰的边界，因而藏羌彝文化走廊作为反映现当代文化区状况的概念时，属于有着清晰地理空间边界的文化区概念。因此，使用"藏羌彝文化走廊"概念，应对历史的和现当代的概念加以区别界定，不能古今混同。

3. 藏羌彝文化产业走廊

"藏羌彝文化产业走廊"是依托"藏羌彝文化走廊"文化区各民族文化资源建设的以藏羌彝系统民族文化为主要特色的民族文化产业带，属现代经济学的文化经济区（经济廊道）概念。因综合考虑产业发展的资源基础条件和市场环境条件、产业功能作用发挥等多方面因素，其文化经济区的地理空间范围与"藏羌彝文化走廊"文化区的地理空间范围存在一定差异。根据目前的《藏羌彝文化产业走廊总体规划》，该产业走廊由核心区、辐射区、枢纽城市三大部分组成，涉及西部 7 省 31 个市州。由于藏羌彝民族走廊、藏羌彝文化走廊的空间范畴远远超过藏羌彝文化产业走廊目前已经规划的区域，结合藏羌彝文化走廊历史上的经济文化作用和现当代文化资源分布状况，考虑到该走廊区域在建设"一带一路"连接轴和青藏高原与内地经济文化交汇区、维护中国西部生态屏障及亚洲水塔生态安全、加强西南边疆治理和国土安全等方面的重要战略地位，在继续推进目前规划区域文化产业发展的同时，宜考虑修订完善规划，扩大藏羌彝文化产业走廊的规划空间范围，提升该走廊建设的综合战略地位。

二 藏羌彝文化产业走廊文化产业发展现状

1. "走廊"区域的文化资源主要特色

特色文化资源是区域文化产业发展最重要的资源基础，是构建文化产业区域特色和产品特色的核心要素。藏羌彝文化产业走廊是文化积淀深厚的特色文化资源富集区，发挥好该走廊的特色文化资源优势，是建设好该文化产业走廊的重要前提。

该走廊区域的文化资源特色及其资源价值，主要体现在以下十大方面。

（1）文化多元：为我国乃至世界上极具代表性的多元文化并存、互动交融的民族文化沉积带暨大走廊。

（2）文明摇篮：为中华文明和我国西部民族文化的重要摇篮暨滋养地。

（3）丝路茶道：为历史上丝绸之路和茶马古道的重要组成区暨文化承

载地。

（4）风情多姿：为我国乃至世界上绚丽多姿、极具文化魅力的特色民俗文化体验区。

（5）土司文化：为我国历史上多民族土司文化的主要承载地和集中展示地。

（6）宗教圣地：为我国乃至世界上多元宗教信仰和睦并存暨盛行自然崇拜的代表性区域。

（7）爱国典范：为我国历史上爱国文化底蕴深厚并留下大量可歌可泣爱国事迹的区域。

（8）红色土地：为红军长征文化的代表性区域、体现人类不畏艰难的长征精神的主要承载地。

（9）天人合一：为我国乃至世界上人与自然和谐共生的"天人合一"典范区。

（10）大美自然：为我国乃至世界上神奇壮美的自然生态美学文化代表性区域。

上述特色资源往往在一定区域内呈现并存交织的一体多元状态，为该走廊建设综合利用相关文化资源、开发各具魅力和竞争力的多样化高价值文化产品，提供了极为宝贵的资源依托和价值支撑。

2. "走廊"区域的文化产业分类与市场需求

藏羌彝文化产业走廊区域文化产业的核心部分，根据国家文化产业分类标准，结合区域文化资源禀赋和市场消费需求，主要包括文化旅游、演艺娱乐、工艺美术、文化创意、文化传播（图书报刊、影视音像、网络媒体等）和体育等领域文化产品的创作设计、生产制作、经营服务、销售展示、传播推广，文物和非物质文化遗产的保护、传承、展示、传播，文化咨询，外来文化产品销售，建筑和景观设计等类别。

该区域文化产业的延伸产业，主要为文化与农业、工业和其他服务业相结合，延伸出来的文化相关产品的创作设计、生产制作、经营服务、销售展示及传播推广等。

核心产业部分的文化旅游、演艺娱乐、工艺美术、文化创意、文化传播、体育六大产业，为该区域文化产业的支柱产业，带来该区域文化产业的绝大部分产值和利润。核心产业部分的其他文化产业，对该区域文化产业的产值和利润贡献率会较少（大部分产值和利润将由外来从事生产活动的市场主体带回归属地），社会效益将大于经济贡献。

该区域文化产业的市场需求，受我国及该区域文化产业及其相关产业发展的宏观环境、区域文化资源优势及由此决定的文化产品特色和市场吸引力等因素影响，主要集中在文化旅游、文化演艺、工艺美术、文化创意等四大领域。其中，文化旅游为最具发展潜力和综合带动作用的文化产业龙头及核心领域，市场需求巨大且呈持续上升趋势；文化演艺主要结合文化旅游市场开展，是文化旅游的重要组成部分，具有较大就地消费的市场需求，同时具有一定外部消费的市场需求；工艺美术和文化创意产品在相当程度上与文化旅游紧密联系，同时具有较强外向型特征和较大外部市场需求，尤其是与生活领域紧密联系的产品，市场需求和发展潜力巨大。文化传播和体育产业亦将主要结合文化旅游、乡村旅游、生态旅游与休闲康养等产业发展，形成较大市场需求。

3. "走廊"区域的文化产业发展现状

近年来，走廊区域在政府主导下实施了一大批重大建设项目，基础设施得到巨大发展，围绕企业、产品、品牌、市场的产业体系初步形成。但总体上看，该走廊建设呈现硬件上得快、软件跟不上状态，受多种因素影响，整体发展水平仍处于起步阶段，主要表现在以下十个方面：

（1）经济基础薄弱及发展不平衡制约文化产业发展；

（2）文化产业总体起步较晚、规模偏小、市场发育不足；

（3）文化旅游仍以观光游附带部分演艺娱乐消费为主；

（4）资源、产品、品牌整合度较低，影响力、竞争力较弱；

（5）产业发展层次偏低，产业链较短、业态较单一，文化和旅游及其与相关领域融合发展不足；

（6）产品创新能力不足，产品丰度和质量待提升，产品同质化和品牌碎片化现象较突出；

（7）区域和行业协同度不高，各自为政、相互制约现象较突出；

（8）人才支撑和知识转化平台发展不足，经营服务水平偏低；

（9）缺乏具有市场竞争力的大产品、大品牌、大企业、产业集群等引领和支撑产业发展；

（10）中小企业缺乏资源整合、产品互补、共建共享的发展平台，制约区域、行业竞争力提升和产业整体发展。

上述状况有的需要伴随当地经济社会发展逐步改善，有的需要一定发展时间夯实基础，有些则可以通过相关举措加以改善提升。其中，与文化产品创新相关的一些现状，即可以通过相关举措加以改善提升的方面。

4. "走廊"区域的文化产业发展趋势

受国家政策倡导、市场综合消费需求影响，文化与旅游、农业、休闲康养、城乡建设等行业融合发展和区域协同发展，日益成为文化产业发展的基本方向。当前，文化产业发展正呈现出适应性的融合发展趋势，表现为适应融合发展要求而强调宜融则融、宜结合则结合，区域界线和行业界限仍较明确。随着融合发展的深入推进，未来将向区域性整体、分工合作、互补联动、特色/综合、共建共享的产业集群化和区域协同化方向发展，形成一批企业集群、村寨（镇村）集群等大型市场主体，从而要求文化产品向特色化（个性化）、多样化、互补化（错位化）、系列化（体系化）方向发展。文化旅游和演艺产品要求点、线、面结合，工艺美术和创意产品要求美、饰、用结合，其核心是文化内涵、功能、形态、服务。文化传播要求主题化、多样化、立体化的全方位传播，核心是内容、形式、技术。体育要求参与度、健康度、安全度，核心是体验、生态、快乐。发展适应相关产业领域消费需求的文化产品，成为文化产品研发生产和服务供给的基本要求和趋势。

三　文化产品创新路径与方法

文化产品创新是推进文化产业发展的主要动力，推进藏羌彝文化产业走廊建设必须着力抓好文化产品创新，而文化产品创新的路径和方法是打开产品创新之门的关键钥匙。根据藏羌彝文化产业走廊区域的文化资源主要特色、文化产业重点领域、文化产业发展现状和趋势，其文化产品创新的主要路径与方法，可概括为三观分析、融合发展、整合发展、链式发展、引领发展。通过三观分析明确发展方向，通过"四个发展"形成"四轮驱动"推动创新，从而形成"方向指引，四轮驱动"的创新发展格局，推进"走廊"文化产业快速健康可持续发展及其与经济社会"五位一体"协调发展。

1. 三观分析

即从宏观、中观、微观三个层面关注和分析产品研发生产与营销的产业进展相关动态，避免盲目性、增强有效性。

宏观层面：关注和分析文化产业发展的相关政策、发展趋势。

中观层面：关注和分析文化及相关产业市场发育、消费状况。

微观层面：关注和分析研发生产的文化产品特色、营销方式。

2. 融合发展

着眼文化与生活、文化与旅游、文化与农业、文化与城乡建设、文化与科技等融合发展（以文化为核心、纽带，融入、融合、连接相关产业），通过内容、业态、技艺、传播/营销等融合，提高资源综合利用、产品综合功能、经济社会综合效益，丰富文化产品、提升文化形象、扩大产品影响、拓宽消费市场、延长产业链条、增加溢出效益，促进经济社会"五位一体"和文化产业各领域及相关产业一体化协同可持续发展。

内容融合就是将文化内涵融入产品内容表现中。文化产业"内容为王"，内容是丰富产品内涵、塑造产品特色、提高产品品位、提升产品价值、增强创新活力、扩大市场消费、增加经济效益的重要基础。如发展主题特色文化产品，将文化主题融入主题景区、主题线路、主题节会等特色文旅产品，建设主题文化产业园区，开发主题演艺产品、主题工艺产品、主题土特产品等具有一定文化主题的特色文化产品。

业态融合就是以文化为纽带，将多种文化产业与相关产业业态融合在一起，形成具有明显文化特征的综合性产业业态。如发展综合文化产品，建设文创园区/文产基地、文旅城镇/街区、城市文旅/文旅商综合体、乡村文旅综合体（集观光休闲、歌舞游娱、民俗体验、特色美食、土特产购物、文旅体康养服务等多种业态于一体的乡村文化旅游区综合体）。

技艺融合就是将民族性、地方性的传统技艺及其表现形式，与其他民族、地方性传统技艺和现代科技带来的新技术、新工艺、新形式等融合，创造新产品。如近年藏羌刺绣产品将传统技艺与蜀绣等技艺结合，唐卡产品在传统矿物颜料绘画外采用现代化学颜料绘画和激光喷绘，彝族漆器在传统土漆工艺制器基础上采用现代化学漆制器，雅安黑砂陶将传统工艺与现代陶土机器研磨和电烧工艺结合，藏纸制作探索将传统工艺与现代造纸技艺结合，等等。

传播/营销融合就是将传统平面媒体、现代数字媒体、口碑等传播/营销方式，进行三位一体的融合传播/营销；将实景展销、展场展销、活动展销、传媒展销、虚拟展销（VR）、体验营销等多种传播营销方式结合，形成多位一体全方位传播/营销。

3. 整合发展

以文化主题、特色区域、产业平台，整合资源、产品、品牌，构建主题性、区域性、平台化、以大统小、以主带次的系列文化产品及品牌体系。如构建江源文化、河曲文化、雅砻文化、岷山文化等主题性特色区域文化暨文化/文旅产品及品牌体系，藏文化、彝文化、羌文化、纳文化（纳西、纳日/摩梭等）、苗文化、藏羌文化等特色民族文化暨文化/文旅产品及品牌体系，藏文化子文化的康巴文化、嘉绒文化、安多文化、白马文化、尔苏文化、普米文化（普米族在云南为独立民族，在四川为藏族支系）等地域性特色民族文化暨文化/文旅产品及品牌体系，大禹文化、格萨尔文化、香格里拉文化、壤巴拉文化、神山文化、火文化（包括不同民族、不同区域）等主题性特色信仰文化暨文化/文旅产品及品牌体系，按宗教和教派划分的宗教文化暨文化/文旅产品及品牌体系，藏羌彝走廊、藏彝走廊、藏羌走廊、江源河曲、丝绸之路（丝绸之路岷山道、南方丝路、唐蕃丝路等）、茶马古道（川藏/滇藏茶马古道、灌松茶马古道、川藏南路/北路茶马古道、威保大路、润盐古道等）、红军长征线路等主题特色文化暨文化/文旅线路产品及品牌体系，桃坪—甘堡藏羌村寨群、茂县羌乡十寨、藏羌传统村落群、嘉绒藏寨群、丹巴藏寨群等主题文化村落群特色文化景区暨旅游线路产品及品牌等，藏羌彝走廊国际太阳文化旅游节、藏族赛马会、彝族火把节、羌族祭山会、白族三月三等特色民族节会暨文旅产品及品牌等，唐卡（彩绘、布贴、刺绣、堆绣、革丝）、雕塑（木、根、石、玉、陶、泥、药泥、金属）、金属器、陶器（黑砂陶、绿釉陶，黑、红、灰陶）、漆器（民族漆器）、服饰（民族服饰）等主题性特色文化暨文化/文旅产品及品牌体系，等等。

4. 链式发展

围绕文化主题，丰富和提升产品文化内涵、功能、形态，创新产品特色和形式，完善产品内容和服务，增强产品文化氛围，提升产品文化附加值，从而延长上下游产业链条。如工艺美术品围绕特色文化主题，进行图案/符号叠加/组合、功能拓展、造型变化等，创造、丰富新产品；将宴饮与歌舞游娱组合，并对其文化消费环境进行营造（如器用品和陈设、装修、植物等景观环境营造及音乐歌舞、礼仪民俗等文化氛围环境营造），可延长相关文化产品研发生产（如餐饮用的陶、瓷、漆、木、石、金属、纸等质地的各类器具研发生产，开发与餐饮配套的歌舞表演、礼仪和民俗展示、服装服饰展示等文化服务项目），增强相关特色器用品、工艺美术品及土特产品等文化商品营销效果。

5. 引领发展

现代产业在起步阶段通常需要发展引领，以减少和避免盲目发展带来的一系列问题。当前，藏羌彝文化产业走廊正处于起步阶段，其发展离不开引领。在当前文化产业发展宏观背景下，引领发展主要通过政府层面的规划引领和企业层面的 IP 引领来实现。

规划引领是我国在长期发展实践中证明行之有效的产业发展重要方法，坚持规划引领既是产业发展的现实需要，也是国家政策要求。在藏羌彝文化产业走廊建设中，国家和各级地方政府已经制定了一系列发展规划用于引领发展，随着产业发展的推进和环境形势的变化，需要在实践中不断修订完善。一些尚未制定文化产业发展规划的地方，需要根据自身实际制定相关规划。

IP 是拥有特定形态和内涵的知识产权，在加强知识产权保护的大背景下，IP 成为企业产品生产和可持续发展的核心要素。文化产品创新在相当程度上是文化 IP 的创新，只有拥有特色鲜明和内涵独特的文化 IP，文化产品才具有核心竞争力，支撑文化企业可持续发展。建设藏羌彝文化产业走廊，要避免企业因资源同质化导致产品同质化，需要打造文化 IP 乃至 IP 系列、构建走廊 IP 体系，以引领"走廊"建设的文化产品创新。通过文化 IP 引领产品创新，形成具有鲜明特色和市场吸引力的文化产品和品牌体系，为"走廊"的文化产业发展提供支撑。只有通过文化 IP 引领文化产品创新，形成具有自主知识产权的特色产品，为"走廊"建设提供不竭动力、引领其沿着正确发展方向前进，才能保障"走廊"建设健康快速可持续发展。

（责任编辑　陈云）

传习、展演和发展：对藏羌彝文化产业走廊的思考

陈安强[*]

【内容摘要】藏羌彝文化产业走廊是我国在国家层面提出的文化产业发展战略，对四川省、贵州省、云南省、西藏自治区、陕西省、甘肃省、青海省七省区独具特色的区域文化、民族文化的传习、整合、提升将具有重大推动作用。走廊中各民族文化富集，早已闻名中外。在如今文化保护和传承逐渐成为国民意识的背景下，如何处理传习、展演与发展的关系，已凸显为不得不考虑的重大问题。传习是文化产业的活水源泉，创意展演是文化产业的绽放重生，在历史发展过程中，二者并非截然对立，而是可以通过发展走向辩证统一。

【关键词】藏羌彝文化产业走廊　文化传习　文化展演

一　概念梳理

"汉藏走廊"是法国著名藏学家石泰安提出的一个概念。据耿昇先生的介绍，"汉藏走廊"之说是对甘肃、青海、四川诸省与西藏自治区交界处的民族、宗教、文化、历史和地理的研究。[①] 石泰安先生虽然提出汉藏走廊概念，但是未对汉藏走廊做系统深入调查研究，所以没有形成成熟的

---

[*] 陈安强，四川省民族研究所。

[①] 耿昇：《法国藏学家石泰安对汉藏走廊古部族的研究（代序）》，第 1 页，转引自石泰安《汉藏走廊的古部落》，耿昇译，王尧校，中国藏学出版社，2013。

走廊理论。

"藏彝走廊"是我国著名民族学家、社会学家费孝通先生提出的一个民族学、地理学概念，是费先生民族走廊学说的重要组成部分。1978 年，费孝通先生在政协全国委员会民族组的一次会议上，以"关于我国民族识别问题"为题，首次提出"藏彝走廊"概念。费先生指出："要解决（民族识别）这个问题可能需要扩大研究面，把北自甘肃，南到西藏西南的察隅、珞渝这一带地区全面联系起来，分析研究靠近藏族地区这个走廊的历史、地理、语言并和已经陆续暴露出来的民族识别问题结合起来。这个走廊正是汉藏、彝藏接触的边界，在不同历史时期出现过政治上拉锯的局面。而正是这个走廊在历史上是被称为羌、氐、戎等名称的民族活动的地区，并且出现过大小不等、久暂不同的地方政权。现在这个走廊东部已是汉族的聚集区，西部是藏族的聚居区。"接着，费先生指出："我们以康定为中心向东和向南大体上划出了一条走廊。把这走廊中一向存在着的语言和历史上的疑难问题，一旦串联起来，有点像下围棋，一子相联，全盘皆活。这条走廊正处在彝藏之间，沉积着许多现在还活着的历史遗留，应当是历史与语言科学的一个宝贵的园地。"① 费先生先后五次论述对这条走廊进行研究的重要性。在学界，尤其是在西南民族研究学者的推动下，结合"六江流域考察"，藏彝走廊研究逐渐为大家所知。

最近十年，"藏羌彝走廊"这个概念逐渐为学界和政府宣传部门所瞩目。严格来说，"藏羌彝走廊"是费先生提出的"藏彝走廊"的进一步发展。在命名上，关于这条"六江流域"走廊的确存在较多争论。李绍明先生指出："固然对这些民族走廊究竟如何命名，而这些走廊中尚有一些作为连接的较小的走廊仍需继续研究以及我国其他地区是否还有类似的民族走廊的存在等等，都可以进一步探索。但是，费先生首次创立了民族走廊学说，其对于民族学、民族史研究的贡献则是十分重大的。"②

根据文献和个人交流，笔者得知"藏羌彝走廊"是徐学书先生在 2003 年提出的一个民族区域文化概念。在《"藏羌彝走廊"相关概念的提出及

---

① 费孝通：《关于我国民族的识别问题》，《中国社会科学》1980 年第 1 期。
② 李绍明：《费孝通论藏彝走廊》，《西藏民族学院学报》2006 年第 1 期。

其范畴界定》一文中，他详细地梳理了"藏羌彝走廊"概念产生的前后过程。徐先生认为，将"藏彝走廊"改为"藏羌彝走廊"的依据是"从历史时空坐标上看，'藏彝走廊'历史上的族群，在唐以前的几千年间一直主要为'羌人'及与'羌人'难以分割的'氐人'，正是这一时期的'羌人'或'氐羌'族群的频繁迁徙，使该区域具备了最典型的'民族走廊'特征，'藏'、'彝'族群则是自唐代以后才逐渐形成，'藏'、'彝'作为族群概念使用也是在近现代才出现，'羌人'在'藏'、'彝'族群崛起后的宋元时期仍为该区域分布广泛的重要族群，再考虑到语言学研究新进展反映的'藏彝走廊'核心区包括藏语支、彝语支、羌语支三大语支的族群语言状况，在大渡河上游至今依然有部分羌族人和自认为属于羌族的人群，因此笔者认为'藏彝走廊'宜增加'羌'称'藏羌彝走廊'，这样才能更加准确地反映该'走廊'地区在唐以前几千年间大规模的羌人迁徙活动，唐以后千年间羌人与藏、彝系统众多族群的先民共同在该区域迁徙、交融，近现代该区域仍以藏、羌、彝系统三大语支众多族群为主的历史和现状"。①

任新建先生在关于德格历史文化的座谈会上，提出"藏羌彝走廊"概念较"藏彝走廊"概念更为准确。② 张曦先生在《藏羌彝走廊的研究路径》一文中，对"藏羌彝走廊"也有较为全面的梳理。③ 除"藏彝走廊""藏羌彝走廊"等主流概念外，其他还有"六江流域民族走廊""横断山民族走廊"等以地理学概念命名的概念。

2011年11月，四川省委第九次全体会议通过《中共四川省委关于深化文化体制改革 加快建设文化强省的决定》，第一次明确着力打造"以'藏羌彝文化走廊'为核心区域的民族文化产业带"。④ 2012年3月，四川省人民政府发布《四川省人民政府关于加快推进文化产业发展的意见》，对此

---

① 徐学书：《"藏羌彝走廊"相关概念的提出及其范畴界定》，《西南民族大学学报》2016年第7期。
② 见曾江《为什么是德格——学者眼中的德格》，《中国社会科学报》2012年4月16日。
③ 张曦：《藏羌彝走廊的研究路径》，《西北民族研究》2012年第3期。
④ 《中共四川省委关于深化文化体制改革 加快建设文化强省的决定》，转引自四川省文化厅编《四川文化年鉴（2012年卷）》，四川师范大学电子出版社，2013，第22页。

再次强调。① 这些从省级政府层面提出的发展理念，最终为国家文化战略，即构建"藏羌彝文化产业走廊"提供了坚实的基础。

2012年3月、5月，文化部分别印发《文化部"十二五"时期文化产业倍增计划》《文化部"十二五"时期文化改革发展规划》，在这两个政策文件中提出"藏羌彝文化产业走廊"概念，将"藏羌彝文化产业走廊"列为我国"文化产业重点工程"，提出"在藏羌彝地区实施一批具有带动示范作用的文化产业项目，把民族文化资源优势变为经济优势，扩大民族地区就业，促进文化资源的保护和合理利用"。②

2014年3月，文化部、财政部联合发布《藏羌彝文化产业走廊总体规划》，这是我国第一个国家层面的区域文化产业发展专项规划。规划核心区域位于四川省、贵州省、云南省、西藏自治区、陕西省、甘肃省、青海省七省（自治区）交会处，包括四川省甘孜藏族自治州、阿坝藏族羌族自治州、凉山彝族自治州，贵州省毕节市，云南省楚雄彝族自治州、迪庆藏族自治州，西藏自治区拉萨市、昌都市、林芝市，甘肃省甘南藏族自治州，青海省黄南藏族自治州等7个省（自治区）的11个市（州、地区）。该区域覆盖面积超过68万平方公里，藏、羌、彝等少数民族人口超过760万。③

目前的任务是要将概念辨析得更明确，将学术界讨论的走廊概念与政府主导产业发展紧密地联系起来，否则会影响到二者之间的互动。质言之，笔者认为"藏羌彝走廊""藏彝走廊""横断山脉走廊""民族走廊"等概念，是历史文化的范畴，关注重点是"历史""文化"的"本体"，焦点不是"产业"，重点不是关心如何将"本体"转换为"经济产业"。"藏羌彝文化产业走廊"是国家政策层面提出的经济开发战略范畴，关注

---

① 《四川省人民政府关于加快推进文化产业发展的意见》，转引自四川省文化厅编著《四川文化年鉴（2013年卷）》，四川科学技术出版社，2015，第390页。

② 《文化部"十二五"时期文化产业倍增计划》，转引自中国文化产业年鉴编辑部编《中国文化产业年鉴（2013年）》，光明日报出版社，2014，第480页；《文化部"十二五"时期文化改革发展规划》，转引自中国文化产业年鉴编辑部编《中国文化产业年鉴（2013年）》，第495页。

③ 《文化部、财政部关于印发〈藏羌彝文化产业走廊总体规划〉的通知》，转引自《国务院公报》2014年第19号，第58页。

的焦点是"产业"，重点是如何将资源的"本体"转换为"产业""产业经济""产业布局""产业发展"。故，二者是两个不同的概念。

其实，走廊"本体"研究与"产业"开发都很重要，二者不可偏废。类似的概念有"语言和语言产业""文化与文化产业"。以"语言和语言产业"为例。传统的学术话语中，语言研究总体是一个属于"语言本体"的研究，它研究语言的结构、分类、历史变迁等。但是"语言产业"则是直接与经济效益挂钩的语言应用领域。此时语言不单单是语言本身，而是与经济、语言政策联系在一起。所以认识到二者之间的区别与联系非常重要，二者是辩证统一的。

对文化与文化产业这一对概念也应如此看待。古今中外的学者对文化的研究可谓流派纷呈、观点各异、丰富多彩。但是，整体上来说，如果单谈对"文化"的研究，那么这种研究还是属于"本体"研究。对文化产业的研究则是文化与经济、政策挂钩的领域，它属于文化在经济领域的流动，文化此时成了经济资本，与文化生产、消费联系起来，看重的是经济效益。

国家从战略和整体上提出"藏羌彝文化产业走廊"，实际上可以将藏羌彝走廊中分散的各种资源要素凝聚成一种区域优势，整体上提升走廊中文化产业的发展水平，对各种资源的保护与合理利用是一种极大的有利因素，为各种资源的充分发展预留了足够广阔的空间。目前，走廊名称有"藏彝走廊""藏羌彝走廊""横断山脉走廊""民族走廊"，可谓百家争鸣。笔者认为，这恰恰是走廊独具魅力的地方，正因为走廊有悠久醇厚的历史积淀，有异常丰富的民族文化资源，才能长久吸引学界的注意力。对走廊"本体"的研究，即多学科、多角度的深入研究，将让我们对走廊有一个更加广阔和深厚的认识。①

二 关于藏羌彝文化产业走廊的构型图解

笔者将藏羌彝文化产业的要素构想为一个蜂巢状的结构，姑且称之为

---

① 对走廊本体的研究具有重大的学术和现实意义。名称只是一个符号指代，但是对走廊本体的研究应当持续深入。笔者在任新建、李星星二位先生的谈话中受此点拨。

"蜂巢文化产业构型"。这种结构本身是开放性的、多元并列的，但关键是一体的。蜂巢文化产业构型至少有七个基本要素：政策、市场、创意、资源、生态、心态、主体之人（图1）。"政策"起着顶层设计、引导、服务的作用。"资源"，即丰富多彩的民族文化资源是人文基础。"市场"在文化产业的生产、分配、交换、消费中起着决定性作用。"创意"是在社会中运用资源的恰当表达方式。"心态"涉及大众的审美、情趣、文化认同。"生态"则是文化产业的自然基础。以上走廊文化产业的核心是人。事实上，"主体之人"联系着蜂巢结构中的所有要素，人既是服务对象，又是走廊文化产业的动力。其余六个要素离开了主体的参与，必然是空泛的、散碎的，同时也失去了构建藏羌彝文化产业的初衷和目的。

图1 藏羌彝走廊蜂巢文化产业构型

第一，丰富多彩的特色文化资源是走廊产业发展的基础。藏羌彝文化产业走廊内主要有藏语支、羌语支、彝语支各民族。各民族文化各有特色；在同一个民族内，各区域有小传统的文化差异；在一些区域接合部，各民族文化又相互交融形成的文化特色。走廊内有深厚的历史文化积淀。走廊内宗教文化方面有藏传佛教文化、比摩文化、东巴文化、释比文化等。建筑方面有著名的高碉文化。节庆民俗方面有藏历年、羌年、彝年；有火把节、央儒节、牦牛文化节等。走廊内民俗文化的厚重丰富、多元差异令人叹为观止。这是藏羌彝文化产业走廊的人文基础。

从非物质文化遗产代表性项目观察，可以粗略看出走廊人文资源的丰富性。自2006年迄今，经过地方申报、专家评审、社会公示及复核等程序，我国已经建立了四批国家级非物质文化遗产代表性项目名录（简称"非遗名录"），命名了四批国家级非遗代表性传承人。相应的，也建立了省（自治区、直辖市）、市（州）、县（县级市）多级非遗名录体系，每个项目认定了一个或多个代表性传承人。以文化产业走廊四川区域为例，截至 2016 年 12 月，四川省阿坝州、甘孜州、凉山州非物质文化遗产世界级的项目有 4 项，国家级的有 60 项，省级的有 233 项，州级的有 762 项（表 1）。[①]

表 1　阿坝州、甘孜州、凉山州非遗项目统计

单位：项

地方	非遗项目			
	世界级	国家级	省级	州级
阿坝州	1	19	66	410
甘孜州	3	23	62	138
凉山州	0	18	105	214
合计	4	60	233	762

第二，大美的生态是走廊文化产业的自然基础。文化产业发展与生态文明具有内在的统一性。藏羌彝文化产业走廊区内山川俊美，河流纵横，雪山、草地、森林、河流星罗棋布。走廊内有众多的风景名胜区、自然保护区、森林公园等。在文化旅游中优美的生态环境是吸引游客的重要因素，这是藏羌彝文化产业走廊内大自然馈赠的珍贵遗产，是文化产业发展的生态依托。走廊是我国重要的生态屏障区、水源涵养区、生态脆弱区，是我国生态红线的重点区域。因此，在发展文化产业的时候要形成严格的生态保护和管控机制。

在 1998 年以前一段相当长的时间内，走廊中的很多区域，产业以高污染、高能耗的冶炼、采矿、伐木等为支柱，对整个走廊生态造成了不易修复的损害。因此，今天在走廊内发展文化产业应吸取过去的教训，将生态文明的硬性指标要求与文化产业发展紧密结合，发展低能耗低污染、绿色低碳的新兴文化产业，这是走廊的朝阳产业。

第三，创意在文化产业发展中具有画龙点睛的促进作用。创意是将文

---

① 不包括县级非遗项目。

化资源恰当转换表达的智力资本，是一种文化展示的叙述设计。有意保持一种"原生态"的民俗方式也是一种创意的规划。事实上，走廊中的一切并不是与世隔绝的桃源之地，其随着时代在变化，与外界存在或多或少的联系，这种联系是社会中人与人接触、交流、互动的结果。如何将文化资源转化为社会需求的样态，是一种创意的规划结果。

如今，走廊内各地都积极结合当地文化特色，将创意融入文化产业发展中。一种普遍的趋势是将文化与旅游结合起来，打造属地文化品牌。四川省政府依托泸沽湖打造"摩梭家园"文化品牌。在甘孜州有"康巴文化"，甘孜州的德格县打造"德格印经院"文化品牌和"格萨尔史诗"文化品牌；道孚县打造"道孚民居"品牌；丹巴县打造"美人谷"品牌；阿坝县打造"扎崇文化旅游节"；马尔康市打造"嘉绒锅庄文化节"；红原县打造"牦牛文化节"；茂县打造"瓦尔俄足节"；理县打造"央儒节""花儿纳吉"品牌；等等。

在走廊中，创意结合文化旅游、工艺美术、影视音乐已有较大发展，但是，整体层次还不高，具有世界影响力的影视演艺、工艺产品、生态旅游产品还没有出现。文化创意的深度和吸引力还没有充分显现。例如，游客到走廊内各景区，不易买到特色旅游产品，而且已有产品同质化现象突出。

第四，市场在走廊文化产业资源配置中发挥着关键作用。整个藏羌彝文化产业都受到市场的决定性支配，根据市场的需求调配生产是市场主体生存的关键。凉山彝族漆器是民族工艺结合市场开发比较成功的例子。彝族漆器是在古餐具的基础上发展起来的民族工艺品。它分为土漆和化学漆两种。在保留漆器木质特点的基础上，采用丰富的髹饰工艺，借鉴现代科技工艺，使凉山漆器在餐饮、旅游纪念品、室内装饰等领域有了广阔的市场需求，经过多年发展，已经形成了较为知名的民族工艺品牌。

藏族唐卡是走廊中发展比较成功的民族工艺品，在国内外享有盛誉。唐卡绘画的流派不同，风格各异。唐卡画受市场影响很大，其与画师的才能、名气等都有关系，有的画师的唐卡价格较高，有的则较低。目前，唐卡画的市场竞争非常激烈。笔者在走廊中调查时发现，一些唐卡画基地，由于销售不佳，常常处于入不敷出的地步，但是有的唐卡工艺大师的作品则售价很高，供不应求。由此可看出走廊中民族特色工艺品往往受到市场的决定性支配。

第五，心态是走廊文化产业的内核力量。文化是牵动社会的敏感神经，发展走廊文化产业必然涉及文化心态。文化心态包括文化自觉、文化自信和文化认同。繁荣发展文化产业可以增进各民族对中华文化的自觉意识，增强各族群众对中华文化的自信，巩固各民族对中华文化的认同。通过切实的文化保护、传承和发展，让走廊内各民族深深体会到整个社会对根性文化的尊重、欣赏和包容，巩固中华民族命运共同体。

正如费孝通先生指出的"各美其美，美人之美，美美与共，天下大同"，走廊中各民族文化都璀璨夺目，都是人类文化的宝贵财富。对其他文化的包容尊重可以看出其胸怀与境界。走廊中文化的差异性和多样态恰恰是藏羌彝文化产业走廊发展的一大有利因素。

第六，政策是走廊文化产业的前进导向和基本保障。藏羌彝文化产业走廊的提出和实践，就是我国国家政策大力支持特色文化产业发展的具体表现。《藏羌彝文化产业走廊总体规划》（简称"《规划》"）指出："为落实《国家'十二五'时期文化改革发展规划纲要》，实施重大文化产业项目、发展特色文化产业带，进一步促进西部地区、民族地区特色文化产业发展，把文化产业培育成为区域经济支柱性产业，保护文化生态，传承民族文化，增强国家认同，促进民族团结，文化部、财政部共同制定《藏羌彝文化产业走廊总体规划》。"①

《规划》对规划范围、指导思想、发展目标、主要任务、保障措施都有详细规定。在保障措施方面列出了七项措施：加大财税扶持、支持重点项目、注重科学发展、搭建服务平台、强化人才支撑、优化发展环境、加强组织实施。总之，《规划》作为政策文件，既高屋建瓴，又具有很强的可操作性，对藏羌彝文化产业走廊经济、政治、文化、社会、生态"五位一体"全面发展将起到重大作用。

第七，主体之人是走廊文化产业的灵魂核心。脱离服务于人这一宗旨

---

① 《文化部、财政部关于印发〈藏羌彝文化产业走廊总体规划〉的通知》，转引自《国务院公报》2014年第19号，第58页。

的文化产业是没有发展动力的。走廊文化产业的出发点就是"改善民生""实现文化富民"。主体之人是联系走廊蜂巢文化产业构型的关键环节。脱离了主体之人，只重视文化资源开发，忽视对承载文化的传承人的保护、培养，当主体之人离我们远去的时候，实际上我们已将整个人文生态都破坏了。走廊内很多珍贵的文化资源是口头的、手工的，具有脆弱性、濒危性的特点。因此，在开发的时候，应当与保护并举，两者并行不悖。在"保护基础上的发展"是对主体之人的最大尊重，是文化可持续发展的基本保障。否则，会适得其反。

总之，藏羌彝走廊蜂巢文化产业构型图中各个要素是一个统一的整体，不能忽视其中任一要素，也不能只看重其一而抹杀其他。构型图中每一个要素都是相互支持、相互维系的环节，去掉其中一个，对整个结构都有影响。

三　传习、展演和发展的辩证关系

传习是对资源再生产的过程，展演是对资源的创意表达，二者都可以统一在发展的进程中。因而，传习、展演和发展实际上是蜂巢构型图中的个别要素的组合，在整体上，它们之间的关系也是符合辩证法的。

在走廊文化产业发展过程中，目前还存在一些亟待解决的问题。比如传习和展演的矛盾比较突出。以羌族社会中的释比文化为例，其传承与展演出现了非常明显的矛盾。

在羌语中，"释比"是"歌者"之意。他们是羌族传统社会中的文化传承人、羌文化的集大成者。一般将以释比为代表的文化事象称为"释比文化"。释比文化在整个羌族传统文化中占有重要地位。

释比为羌族地区非遗传承的中坚力量，不可替代。在阿坝州，羌族地区有9项非遗项目涉及释比文化。其中，羌年列入联合国教科文组织"急需保护的非物质文化遗产名录"；羌年、羌戈大战、禹的传说、羌族羊皮鼓舞列入我国国家级非遗名录；释比古唱经等列入省级非遗名录。

羌年为羌族重大的民间习俗活动。其核心内容是释比在群体活动中说唱史诗。史诗名叫"国阿若"，意为"天路之歌"，包含创世纪、战争、民族起源等内容。释比从农历九月三十日下午一直唱到农历十月初一上午。各地释比说唱的史诗有长有短，从 4000 行到 15556 行不等。总体量超过 10 万行。羌戈大战是释比口头史诗"国阿若"中的一个篇章。目前，被列为羌年的国家级传承人有王治升释比、肖永庆释比。

禹的传说是羌族地区普遍流行的民间故事，也是释比经典中重要的一部分，反映了大禹带领民众与自然斗争的伟大精神。羌族羊皮鼓舞是释比在说唱史诗时候的乐舞。释比古唱经主要有两大内容：国阿若史诗、苏布萨若史诗。其中，苏布萨若史诗意为"魂归之歌"，体量有 15 万行，主要内容为歌颂和平，反对战争，以及和谐处理人与自然的关系。目前，省级传承人有杨忠平释比。

释比史诗说唱及其衍生的民俗现象，是羌族文化的精华，被学者称为"百科全书"和"民俗的海洋"，属于我国优秀传统文化的组成部分。而针对这些非遗代表性传承人的培训，不仅是挖掘和弘扬羌族优秀传统文化的必要手段，而且是"开展少数民族特色文化保护工作，加强少数民族语言文字和经典文献的保护和传播"的具体体现，对深入推进国家级羌族文化生态保护实验区和阿坝州非物质文化遗产保护工作，具有重大意义。

然而，目前释比传承人数量极少，处于极度濒危状态。精通释比口头史诗说唱的传承人只剩 8 位。北派中茂县有 4 位，其中沟口系 1 位，永和系 3 位；南派中汶川县、理县有 4 位，其中龙溪系 2 位，羌锋系 1 位，雁门系 1 位。而且这些传承人普遍年事已高。其中 70 岁以上 5 人，占整个释比艺人总数的 62.5%。这 5 人中，80 岁以上 3 位，他们身体状况欠佳，其中 2 位长期服药。最为严重的是传承人后继乏人现象突出。目前，8 位释比艺人中，只有汶川县雁门乡的赵帮蓝释比带出徒弟 1 名。其余 7 位释比，各带 2—8 名徒弟。学徒苦于生计，基本靠外出打工挣钱养家，虽有传承之心，但是迫于生活压力，很少有时间学习。

因此，我们可以毫不夸张地说，如果我们再不采取有效措施保护释比文化，释比文化传承的主体之人很快就消亡了，而以上这些珍贵的非物质文化遗产都将处于人亡歌歇的状态。那么，更深、更进一步发展相关的文化产业就等于是一句空话，或者用一句话说就是"徒留其表"。

现在的状态是，羌族地区利用释比文化打造的旅游业正蓬勃兴起，可以说对文化产业发展起到了很大作用。这主要表现在三个方面。

第一，将释比吸纳到旅游公司工作。例如，在茂县羌城就吸纳了部分释比参与旅游公司工作。他们到城里来，给公司守门看庙。如果有游客或者活动的时候，就跳舞给观众看。

第二，吸纳释比参加节庆活动。有节庆的时候，就请比较出名的释比出来说唱。这几年，在汶川县绵虒镇、雁门乡、龙溪乡等地，这样的年节活动比较多，做得比较成功，吸引了很多游客参与。

第三，通过打造年节文化，将释比文化融入文化产业发展中。每年羌族地区的羌年都会吸引大量游客。理县打造"央儒节"、茂县打造"瓦尔俄足节"，也推动了旅游产业发展。

由此可以看出，实际上，文化资源是可以深入推动文化产业发展的。释比文化本身具有比较强的吸引力。但是，这里存在一个问题。如果我们只注重对文化资源的开发，而忽视对传承主体的保护，那么，这种厚此薄彼的发展方式肯定是不能持续的。而目前这种危机的状况还没有得到根本解决。对释比文化传承主体之人的重视程度不够，投入不够，文化资源利用得多，切实保护得少。

传承、展演和发展本是辩证统一的。那么，是不是在羌族中释比文化的传承、展演和发展根本就是矛盾的、不可克服的呢？笔者认为，答案是否定的。

事实是，如果认真对待，释比史诗说唱艺人是可以培养出来的，并不是如一些人说的"这些是旧的风俗，必然会消亡，还不如让他们自生自灭"。汶川县雁门乡月里村羌寨赵九平学习释比史诗并顺利出师就是一个好的例子。

2013年，笔者在月里村羌寨调研释比文化的时候，将收集的释比史诗资料无偿交给赵九平学习。在平时的联系中，笔者经常鼓励他。赵九平向赵帮兰释比拜师学艺，经过近3年努力，终于在2016年顺利出师。

赵九平顺利出师，了却了师父赵帮兰的一桩心愿。赵帮兰释比原来担心释比史诗可能传不下去了，担心自己会成为"无根师"。他担心传统的羌年没有人再整夜地说唱史诗，担心大家只是又吃又喝，没有意思。经过几年的推动，现在雁门乡释比史诗说唱终于又传承下来，而且这几年羌年都举行传统的史诗说唱活动，吸引了很多游客参与。

所以，传承、展演和发展本来是可以统一的。但是，如果不去重视，不采取切实行动保护传承主体，那么文化产业将不可持续，所谓的"文化产业"可能真的就变味了；走廊中民众的精神生活，也可能因此受到比较大的冲击。

（责任编辑　陈云）

以生态文化旅游推动民族地区经济社会
发展的阿坝州经验

赵　川 *

【内容摘要】 四川省阿坝州位于藏羌彝走廊核心区域，尽管在 2008 年的汶川地震中遭受重创，但生态文化旅游业在灾后迅速恢复，有效带动了全州的经济社会发展。本文通过对阿坝州的实地调研，从社会学、经济学等层面对其成功经验进行总结，为其他民族地区围绕"六个坚持"推动经济社会全面发展提供了启示。

【关键词】 生态文化旅游　经济社会发展　阿坝州

目前，尽管我国少数民族和民族地区得到了很大发展，但由于自然、地理、历史等多方面原因，民族地区发展仍然相对滞后，仍然是全面建成小康社会的短板。位于藏羌彝走廊中的四川省阿坝州，通过长期不懈发展文化生态旅游，有效地保护了当地的生态和文化，加强了民族之间的交流与团结，促进了社会经济的进步，其经验对藏羌彝地区乃至广大民族地区的发展有重要的借鉴意义。

从社会学、经济学等层面对其成功经验进行总结，可以带来六个方面的重要启示。

（一）贯彻党的民族政策，坚持将发展作为第一要务

民族地区同全国一道实现全面建成小康社会目标难度较大，必须加快

＊　赵川，四川省社会科学院。

发展，实现跨越式发展。发展是解决民族问题的关键，是加强民族团结的基础。未来藏羌彝走廊的工作中，必须用好发展这把解决民族问题的"总钥匙"。

1. 坚持解决民族问题的中国特色道路，实事求是解决当地发展问题

阿坝州的发展日新月异，归根到底就在于坚持和贯彻了解决民族问题的中国特色道路。阿坝州从农奴社会发展到社会主义社会，人民生活水平得到显著提高，基础设施得到快速改善，藏羌回汉等各民族精诚团结，文化生态旅游业发展的成果惠及全州，"九寨沟""黄龙""大熊猫栖息地"三个世界自然遗产享誉世界。"鞋子合不合脚，自己穿了才知道。"民族地区的发展道路合不合适，只有实践后才能证明，只有当地的人民才最有发言权。

民族地区的发展是一场全面深刻持久的制度变革。要取得这场伟大变革的胜利，必须有全心全意为人民谋利益的执政党的领导，有强有力的政府参与，有稳定的社会环境。而所有这些经验归结到一点，就是要在党的领导下坚定不移地走中国特色社会主义道路。阿坝通过自身的实践证明，坚持中国特色社会主义道路是实现民族地区繁荣富强和人民幸福安康的唯一正确道路。要在对中国特色社会主义道路有坚定自信的同时，进一步做好民族地区改革发展稳定的各项工作。

2. 辩证认识改革、发展、稳定之间的关系，以大发展促进大稳定

稳定是前提，改革是动力，发展是目的。发展是解决民族地区各种问题的总钥匙，实践一再证明，大发展，大稳定；小发展，小稳定；不发展，不稳定。阿坝州的发展历程表明，民族地区的根本问题，是发展不足的问题，处理好民族地区改革、发展、稳定之间关系的关键就是要推动经济社会的全面发展。目前民族地区出现的问题并非都是宗教问题、文化问题，部分是因为发展停滞，人民生活长期没有得到根本性改善。阿坝州通过自身的实践，选择了以文化生态旅游业作为引领发展的产业之一，依托九寨沟、黄龙这两个世界自然遗产景区，率先在旅游"九环线"区域带动了经济发展，并以经济发展有效地促进了文化交融和社会稳定。只有坚定不移地推动民族地区经济发展，充分利用好本地区的资源禀赋和国家的支持政策，努力把蛋糕做大，才能为解决医疗、卫生、教育等民生问题奠定坚实的物质基础。

3. 正确认识和处理政府与市场的关系，实现政府主导和市场主体协同创新

过去，阿坝州自身基础设施落后，市场发育程度不够，完全依靠产业的自然演进只会使当地与经济发达地区差距的"马太效应"加剧。因此，阿坝州在资本、技术、市场等竞争优势不明显的条件下，依托旅游资源的突出优势，通过政府主导发展，有效地发挥了旅游的产业牵引作用，缩短了工业化和城市化过程，实现旅游与经济的同步跨越。这表明一些相对落后的民族地区在发展的过程中，既要充分发挥市场的决定性作用，也要更好地发挥政府的作用，扩大社会参与度，加强监管，实现快速发展与可持续发展有机统一，实现短期目标与长期目标、局部目标与全局目标有机统一。藏羌彝走廊地区大多经济基础较弱，市场发育滞后，政府这个"有形之手"必须充分发挥作用。政府要继续加大投入力度，给予更多的引导、鼓励和扶持。要抓住民族地区发展的突出问题，坚持"多予、不取、放活"，出台一系列优惠政策和支持措施，将发挥政府作用和市场作用相结合。

（二）落实"依法治州"理念，坚持将法治作为第一手段

过去，阿坝州由于发展基础差、底子薄，宗教势力、传统习俗的影响还较为严重，人民群众的法治观念还比较淡薄。阿坝州委、州政府通过率先落实"依法治州"的理念，逐渐使社会治理进入良性轨道，不稳定现象和群众纠纷显著减少。阿坝州的启示在于，对于民族地区而言，用法治思维和方式推进民族地区的发展和稳定是未来的发展道路，也是实现经济社会全面发展、提高人口素质的重要举措。

1. 维护祖国统一，打击分裂势力需要法治

对于阿坝州和其他藏羌彝走廊地区来说，不仅面临着人民日益增长的美好生活需要和不平衡不充分的发展之间的矛盾这一社会主要矛盾，还存在着坚决维护国家统一的各族人民同少数分裂势力之间的特殊矛盾。主要矛盾和特殊矛盾随着改革发展的不断深化，呈现出日益复杂多样的表现形态。解决这些矛盾问题，必须高举法律旗帜，把依法治理作为解决民族地区问题、推进工作的基石和首要方式。需要进一步加大依法行政、依法办事的力度，深入开展普法教育，引导群众用法律化解纠纷、维护权益。要对分裂国家、危害国家安全、破坏稳定的行为实施坚决打击。

2. 提供制度保障，全面建成小康社会需要法治

全面建成小康社会既需要释放制度红利，更需要制度提供根本保障。以法治思维推进民族地区的发展，关键是依法促进城乡区域、经济与社会、人与自然、国内与国际的协调发展。阿坝州的经验表明，要让老百姓过上更富裕的生活，全面建成小康社会，用传统的生活方式、生产方式是不行的，必须通过"牧民定居""生态移民""土地流转"等方式实现生活方式和生产方式的现代化；而在这个社会变革的过程中会出现许多待解决的问题，只有通过法治才能有效地推动这一过程。全面建成小康社会中的发展一定是科学发展、协调发展，而不能是不顾人的基本权利的盲目发展、不讲生态保护的非理性发展。正如习近平总书记指出的那样："谋划工作要运用法治思维，处理问题要运用法治方式，说话做事要先考虑一下是不是合法。"[1] 所以，要把民族地区依法治理作为依法治国的重要内容进行部署，必须坚持运用法治思维和法治方式促发展、惠民生、保稳定、谋和谐。一方面注重运用法治思维和法治方式解决突出问题，无论是在哪里，都要把法治贯穿于全过程；另一方面要注重抓好法治宣传教育，推进法律进校园、进村庄、进牧区、进宗教场所，进一步强化群众的法治意识，逐步形成依法办事的规矩。

3. 加强法治意识，推进民族地区治理体系和治理能力现代化需要法治

在民族地区的社会主义建设中，更是面临着许多地区从未经历的大范围、全局性、长时间的矛盾和问题。阿坝州在文化生态旅游业发展的过程中，也存在着拉客宰客、乱搭乱建、强制消费等问题，只有用依法治理的手段，建立统一的执法规范和执法标准，才能"一碗水端平"，有效地维护社会秩序和市场秩序。这里尤其要注重广大党员干部对社会大众的巨大示范作用，俗话说"风成于上，俗化于下"，民族地区的各级干部不但是

---

[1] 习近平：《领导干部要做尊法学法守法用法的模范》，《习近平谈治国理政》第二卷，外文出版社，2017，第 127 页。

执掌国家公权力的关键群体，同时也是相对文化程度较高的群体，不仅要具备法治思维水平和能力，还要在实践中不断提升运用法治思维和法治方式推动发展的能力和水平，成为社会主义法治建设的组织者和推动者。在民族地区推进国家治理现代化的过程中，不能照搬照抄国外的经验，也不能生搬硬套东部发达地区的经验，必须结合民族地区的地理特征、历史文化、经济社会等因素，在党的领导下广泛吸收借鉴外部政治文明的有益成果，从实际出发，走出自己的发展道路。

（三）立足"富民惠民"，坚持将民生改善作为第一目标

阿坝州是四川涉藏州县发展历史巨变的缩影，阿坝州在实践过程中，既立足当前，又着眼长远，从实际出发而不是照抄照搬、盲目攀比内地，以"藏区三大民生工程""一体两翼"等方式走出了一条具有四川和阿坝特色的发展之路。阿坝州经济社会发展的成就，都是立足于民生改善这第一目标。

1. 改善民生、凝聚人心是民族地区工作的出发点和落脚点

由于特殊的自然条件，藏羌彝走廊地区是我国贫困面积最大、贫困程度最深的地区之一。阿坝州一直以来都把解决困难群众脱贫问题作为改善民生、凝聚人心最突出的任务，在补短板上用全劲、使全力。通过发展文化生态旅游、特色农产品、现代生态农牧业等产业，帮助群众脱贫；通过"牧民定居""帐篷新生活"等措施改善农牧民生活条件；通过"9+3"免费教育计划改善群众受教育水平。阿坝州的经验表明，民族地区要切实改善民生，就要找准致贫的根本原因，通过完善基础设施和公共服务，带动资金和项目精准扶贫，真真切切解决贫困人口的实际问题，并通过帮扶提高贫困地区的内部发展动力。

2. "五个结合"是精准扶贫、全面发展的重要措施

要在民族地区做到全面深化改革，创新发展模式，就需要采用"五个结合"的模式，即把政府作用与市场作用、借助外力与激发内力、对内开放与对外开放、新型城镇化与新农村建设、开发建设与生态保护更好地结合起来。阿坝州发展文化生态旅游业的经验表明，对于民族地区，尤其要抓好特色产业发展、基础设施建设、保护生态环境三项重点工作，不断提

升可持续发展能力。生态是旅游业发展的前提，旅游业的发展又会更好地促进生态的保护；而基础设施是旅游发展的基础，旅游的发展也会助推基础设施的不断完善。民族地区应该因地制宜，依托特色民族文化资源做大做强旅游业，着力发展特色农牧业及其加工业，搞活商贸流通业；利用生态产业的发展助推基础设施和生态环保的改善。

3. 民族地区的基层组织和基层政权建设是基础工程

做好民族地区发展、稳定和民生各项工作，组织建设和干部队伍建设是关键。阿坝州在过去的灾后重建过程中，在全国各省、自治区、直辖市的帮助下锻炼了一大批能打硬仗、肯做实事的当地干部，他们在后来的发展过程中起到了关键的作用。因此，民族地区不仅要注重引进人才，更要注重培养选拔少数民族人才，夯实民族地区改革发展稳定的组织基础。通过大力加强民族地区党的建设，选好配强各级领导班子，加强执政骨干力量，从推进发展、改善民生、维护稳定的基层一线锻炼选拔干部，着力培养造就一支政治坚定、能力突出、作风务实的干部队伍。

民族地区的地形地貌、风俗习惯千差万别，特别需要一批植根当地、热爱家乡的基层干部。作为基层组织和基层政权的建设者和执行者，要充分发挥民族地区基层组织扎根群众、文化语言畅通的优势，始终把发展主题摆在中心位置；要深入践行以人为本的核心理念，把造福人民、服务大众作为一切工作的根本出发点和落脚点。各级基层组织要努力把党和各级政府的为民利民举措变成人民群众看得见、摸得着的具体实惠，及时掌握社会民生状态，切实维护群众合法权益，进一步密切与人民群众的血肉联系。

4. 通过"双轮驱动"推动民族地区的硬件建设和软件建设

硬件建设和软件建设的"双轮驱动"，指的是既要着力解决制约民族地区发展的基础设施短缺问题，又要着力加强教育引导，增强各族群众对党和国家的向心力，把物质力量和精神力量都汇聚到全面建成小康社会、实现中华民族伟大复兴的中国梦上来。

阿坝州的发展经验表明，做好民族地区"软件"环境建设的重点在于突出就业和教育。阿坝发展文化生态旅游业的过程，也是阿坝人转变就业方式、提升文化素质的过程；通过文化生态旅游业的发展，旅游景区、城镇线路周边的居民从传统的农牧业向旅游业转变；教育水平也通过文化交流、旅游培训等方式得到了进一步的提升。在就业方面，要根据地方特色优势，搞一些门槛低、见效快、效益好的项目，促进经济结构从传统农牧业向现代化农牧业、服务业转变，增加就业岗位，提高人民收入。要重视对成年农牧民的培训，要在民族地区推广国家通用语言文字，实施更多的帮扶引导，帮助当地的闲散劳动力在不同渠道实现就业。

（四）准确围绕"国家主体功能区"定位，坚持将生态保护作为第一责任

党的十八大提出了大力推进生态文明建设，归根到底，还是转变经济发展方式、发展和谐经济的问题。按照国家和《四川省主体功能区规划》相关规定，阿坝州属于限制开发的重点生态功能区，是长江黄河上游重要的水源涵养地，是川滇森林及生物多样性保护和青藏高原生态屏障的重要组成部分。根据这个定位，阿坝州经济发展不仅离不开生态，而且高度依赖生态。良好的生态环境本身就是生产力，就是发展后劲，也是民族地区的核心竞争力。在民族地区发展的过程中，要加强环境保护，发展循环经济和低碳经济，促进经济发展和人口、资源与环境相协调。

1. 以保护性开发的方式，破解保护与开发的难题

保护性开发是指以保护为前提，以开发促保护的一种发展方式，旨在帮助民族地区坚定走生产发展、生活富裕、生态良好的可持续发展道路。对于民族地区而言，许多地区位于经济不发达地区，却往往拥有丰富的自然资源和良好的生态环境，这些资源在市场配置的过程中并没有变成现实的收入，造成"捧着金碗去讨饭"的现象。有人将这一现象称为"绿色贫困"。阿坝州改变"绿色贫困"的启示在于，一方面要把开发建设与生态保护相结合，以文化生态旅游业为引领，做到既要金山银山，又要绿水青山，如阿坝州选取了"九寨沟""黄龙""四姑娘山""达古冰山"作为四个重点发展的生态景区，在东北、西南、中部区域分别带动经济社会的全面发展；另一方面也需要全社会对这些地区为保护生态环境所付出的生存发展成本予以承认，并建立生态补偿机制和生态服务功能支付制度。

2. 以旅游业作为"美丽产业"，为建设美丽中国创造更好的生态条件

建设美丽中国，是要使延续五千年悠久历史的中国天更蓝、地更绿、

山更青、水更净，实现经济繁荣、生态良好、人民幸福。这既是生态文明建设的落脚点和归宿，也是社会主义的基本特征和现代化建设的基本目标。如阿坝州西北部的草原位于长江黄河的源头，面临着过度放牧、草场退化的问题。近年来，通过推出"花湖""日干乔湿地""月亮湾""万里黄河第一弯"等景区，促进当地牧民到景区或依托牧场从事旅游业，减少放牧对草场的破坏，已经取得了较好的效果。旅游业作为举世公认的无烟产业，是民族地区最有优势、最富潜力的美丽产业，其资源消耗少、能耗低、参与门槛低、带动效应大。在民族地区以文化生态旅游作为产业转型升级的突破点，是从源头上扭转生态环境恶化趋势，为人民创造良好生产生活环境的重要措施，同时也是努力建设美丽中国，实现中华民族永续发展，为全球生态安全做出贡献的重要举措。

3. 以品牌创建为抓手，让生态保护有章可循

阿坝州在文化生态旅游发展的过程中，积极申报世界遗产、风景名胜区、自然保护区、历史文化名城、地质公园等品牌，通过一系列的品牌创建工程，划定了保护范围，明确了保护目标，引入了保护规范，带来了保护资金，创建了旅游品牌。在保护好生态环境的同时，也极大地促进了文化生态旅游业的迅速发展。

我国许多民族地区的特点是地形复杂、地盘广大，许多干部群众对保护生态的认识不够，对生态资源的调查不足，给生态保护带来了很大的难度。在我国日益重视生态文明建设和生态文化保护的趋势下，广大民族地区应该积极争取国家及环保、住建、林业、国土、文物等相关部委的支持，分门别类做好当地生态文化资源的调查，摸清家底，积极创建各类品牌，以品牌建设作为工作抓手，有的放矢搞好生态保护，并利用品牌的知名度和影响力，发展文化生态旅游业，做到生态效益和经济效益齐头并进。

（五）灵活运用"以旅为媒"措施，坚持将开放合作作为第一路径

"国之交在于民相亲，民相亲在于心相通。"坚持将开放合作作为第一路径，以生态文化旅游作为增进民间交往、促进民众感情交流的重要载体，在促进民族团结、促进民族地区开放中正在扮演着越来越重要的角

色。阿坝州九寨沟和松潘等县的旅游发展历程表明，通过发展生态文化旅游，促进民族地区的开发合作，对社会的和谐稳定具有重要作用。通过交流建立的民族友谊是驱除民族分裂思想、增强民族认同感、构建各族人民共有精神家园最有力的武器。

1. 坚持开放合作，实现从"输血型"援助向"造血型"援助转变

民族地区的发展，既要加大中央对民族地区的政策支持力度，也要特别重视自立自强。"外援"固然重要，实现全面小康从根本上还需要当地人民思想开放、自力更生、科学发展。实现从"输血型"援助向"造血型"援助转变的关键在于通过发展特色优势产业，将借助外力和激发内力相结合。例如阿坝州的汶川县，在2008年地震后得到广东省援助，发展了以羌藏文化等为主体的产业体系；在灾后重建基本完成后，汶川县在广东展开了一系列旅游营销活动，受到了热烈响应，建立了良好的合作交流氛围。目前，汶川县每年游客量达到600万人以上，旅游业发展的内生动力已经基本形成，实现了从"输血"向"造血"的转换。对于其他民族地区而言，要因地制宜发展旅游业或是其他生态文化产业，通过引进资金、技术、人才，与国际国内两个市场接轨，缩小与内地和沿海地区差距，从情感、心理上完全融入祖国大家庭，推动民族地区交通等基础设施建设和民族教育文化发展。

2. 坚持以文化生态旅游开发打破封闭，促进开放

目前，一些民族地区还存在着比较明显的"文化封闭"现象，这种状况影响当地群众接受现代化观念，从而制约了民族地区的现代化进程。要通过旅游带来的经济文化交流，树立国家认同和文化自信，并进行祖国观、民族观、宗教观、文化观等宣传教育。

以旅游作为民族地区打破封闭、促进开放的重要抓手，已经得到了阿坝州等民族地区的实践验证。文化生态旅游业不仅是富民的经济产业，还是促进开放的社会事业。旅游扶贫既是经济扶贫，又是精神扶贫，有利于打开贫困地区的封闭状态，能够提升当地居民素质和发展观念。在旅游的交流中，国家意识得到培育，民族认同得到提升，节庆等活动成为民族之间相亲相爱、相互交流的重要手段。

（六）科学采取"资源转化"战略，坚持将旅游产业作为第一引擎

在多年的发展过程中，阿坝州逐渐破解了民族地区普遍存在的"资源富集"与"发展滞后"之间的矛盾，逐步消除了"富饶的贫困"状态。矛盾转化的关键就在努力变资源优势为产业优势，变发展潜力为经济实力，特别是把培育和壮大文化生态旅游产业作为最根本的发展途径，依托独特的资源优势和生态优势，发展有比较优势的产业和产品。阿坝州通过自身的发展，证明了民族地区将旅游产业作为第一引擎是一条正确且可持续发展的道路。

1. 以旅游业带动相关产业融合发展

旅游需求无止境。在民族地区要充分发挥旅游综合产业优势，推动旅游与其他产业融合发展，拉长旅游产业链，共享旅游发展机遇，共同做大旅游产业。阿坝州的旅游发展，不仅产生了一批享誉世界的旅游景区，还催生了如"九寨沟"牌牦牛肉、松潘县"天堂香谷"薰衣草园、小金县"神沟九寨红"葡萄酒、壤塘县觉囊唐卡等农旅、文旅结合的产品。

因此，民族地区要利用文化旅游对产业和事业的广泛关联性予以深耕，以产业发展促进区域经济发展、社会稳定建设。要围绕文化生态旅游产业发展统筹文化旅游产业发展，推进基础设施和公共服务体系建设、生态环境建设与发展文化旅游的深度结合，推动文化旅游与民族手工业、文化产业、民族医药业等民族特色产业的结合与协调发展。发动群众作为维护社会稳定、保障旅游经济和文化活动正常运行的社会力量，在各地的文化生态旅游区形成民族地区发展稳定建设示范区暨对外宣传展示窗口、维护稳定的坚强阵地，影响带动周边地区的稳定发展，进而促进整个民族地区的发展稳定。

2. 以文化生态旅游业促进民族文化传承与创新

做好民族文化的传承和保护，是夯实民族团结进步的文化基础。阿坝州作为灾后恢复重建项目之一的"羌绣帮扶计划"的主要对象，采用了"基地+农户"生产帮扶模式，由阿坝州妇女羌绣就业帮扶中心负责实施，免费向羌族妇女传授羌绣制图、色彩搭配、针法等技能，提高羌族妇女的

刺绣水平，在各地建立了多个羌绣帮扶工作站，收购羌绣产品，有效带动了当地妇女就业。羌绣帮扶计划通过将传统文化转化为现代产品，对羌绣文化进行传承和保护，取得了良好的市场效益和社会效益。

在以文化生态旅游业推动民族文化传承与保护的过程中，要明晰传统民族文化保护、创新和发展的关系。保护、创新、发展之间的关系是辩证统一的，保护民族文化是基础和根本，创新是本质和灵魂，发展是保护和创新的最终目的。这是以文化生态旅游业促进民族文化传承和保护的基本规律。

3. 以文化推动旅游业的提档升级

阿坝州的文化生态旅游发展，走过了一条从单一的观光型旅游产品到多元化的生态文化旅游产品系列之路；形成了以九寨沟、黄龙为代表的生态文化旅游产品，以桃坪羌寨为代表的民族文化旅游产品，以红军长征纪念碑园为代表的红色文化旅游产品，以松潘古城为代表的历史文化旅游产品，以汶川地震遗址为代表的科学文化旅游产品共同构成的旅游产品体系。对于其他民族地区而言，要利用好自身的文化优势，把握好文化区位的特色资源、文化市场的特殊需求、文化旅游产业发展的特征趋势，传承创新生态文化旅游产品，推动旅游业的提档升级。

一是要依托生态文化，优化市场结构。民族地区要以最具独特性的生态文化观光产品为基础，实现从单一的观光旅游产品体系转向观光、休闲、体验相结合的综合型文化旅游产品体系。

二是要弘扬民族文化，打造品牌产品。民族地区要借助已经初具规模的文化演艺产业，更深入地传承和发展当地的民族文化，形成一道道民族文化的"大餐"，带动旅游业进一步发展。

三是要挖掘历史文化，创新旅游体验。力求构建开发出亲和力强、故事性突出、独特性明显的文化体验产品，在区域内形成多条文化旅游线路，构建多元化的文化旅游品牌。

四是推广科学文化，普及智慧旅游。深入推广面对大众的科普旅游，借助世界遗产、森林公园、地质公园等平台，向国内外游客普及自然科学知识。

4. 以旅游业促进新型城镇化发展

因地制宜发展以旅游业为支撑的民族地区特色城镇和乡村，是探索中国特色新型城镇化道路的重要尝试。目前国内在欠发达地区经济发展路径选择方面，仍主要强调工业的主导地位，没有考虑到诸如藏羌彝地区这种特殊海拔、特殊生态环境下的城镇化发展路径。而九寨沟县漳扎镇、松潘县川主寺镇等地区的旅游城镇化以旅游业发展为主导，促进了资源和人员的聚集，有效促进了区域现代化，是对中国特色现代化理论的补充和发展。在民族地区，要把新型城镇化与新农村建设相结合，以旅游产业为主导，将旅游业发展与完善基础设施和公共服务建设相结合，转变发展方式，优化产业结构，改善社会民生和保护生态环境。

结　语

阿坝州文化生态旅游发展的实践经验表明，要推动民族地区经济社会跨越式发展，实现同步建成小康社会的伟大目标，就必须坚持中国共产党的领导，坚持社会主义制度，坚持民族区域自治制度，坚持中国特色社会主义道路。民族地区要立足于自身条件，因地制宜地科学选取发展路径；要坚定不移地促进经济社会发展，坚定不移地保障和改善民生，坚定不移地促进各民族交往交流交融，确保国家安全和长治久安，确保经济社会持续健康发展，确保各族人民物质文化生活水平不断提高，确保生态环境良好。

（责任编辑　郭利芳）

图书在版编目（CIP）数据

藏羌彝走廊研究. 第四辑 / 陈井安主编 . -- 北京：
社会科学文献出版社，2025.5
ISBN 978-7-5201-9423-5

Ⅰ.①藏… Ⅱ.①陈… Ⅲ.①藏族-民族文化-中国
-文集②羌族-民族文化-中国-文集③彝族-民族文化
-中国-文集 Ⅳ.①K281.4-53②K287.4-53
③K281.7-53

中国版本图书馆 CIP 数据核字（2021）第 247301 号

藏羌彝走廊研究（第四辑）

主　　编／陈井安
执行主编／杨　环

出 版 人／冀祥德
责任编辑／赵　晨
文稿编辑／郑彦宁
责任印制／岳　阳

出　　版／社会科学文献出版社·历史学分社（010）59367256
　　　　　　地址：北京市北三环中路甲 29 号院华龙大厦　邮编：100029
　　　　　　网址：www.ssap.com.cn
发　　行／社会科学文献出版社（010）59367028
印　　装／唐山玺诚印务有限公司

规　　格／开　本：787mm×1092mm　1/16
　　　　　　印　张：14.25　字　数：223 千字
版　　次／2025 年 5 月第 1 版　2025 年 5 月第 1 次印刷
书　　号／ISBN 978-7-5201-9423-5
定　　价／89.00 元

读者服务电话：4008918866